同济大学经济与管理学院资助出版

同济经管
TONGJI SEM

全球化进程中公司治理与政府治理变革

陈 捷 王薇羽 谢显美 刘 东 著

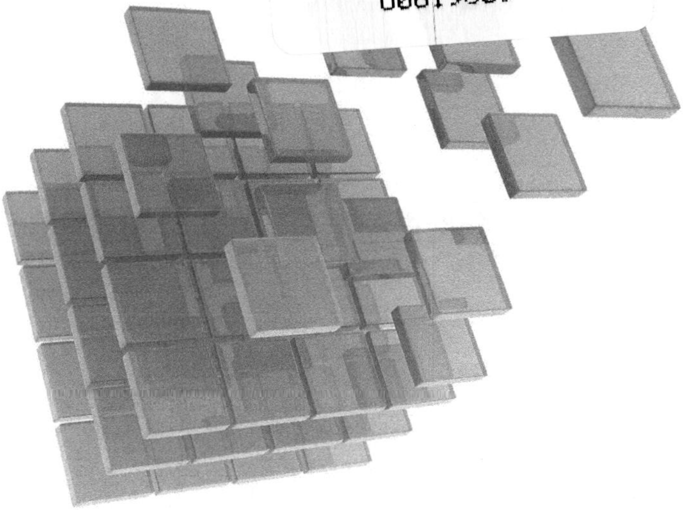

同济大学出版社
TONGJI UNIVERSITY PRESS
·上海·

图书在版编目(CIP)数据

全球化进程中公司治理与政府治理变革 / 陈捷等著
. — 上海 ：同济大学出版社，2024.6
ISBN 978 - 7 - 5765 - 0693 - 8

Ⅰ. ①全…　Ⅱ. ①陈…　Ⅲ. ①企业管理—关系—国家行政机关—行政管理—研究—中国　Ⅳ. ①F279.23 ②D630.1

中国国家版本馆 CIP 数据核字(2023)第 018439 号

全球化进程中公司治理与政府治理变革

陈　捷　王薇羽　谢显美　刘　东　著

出 品 人　金英伟　　责任编辑　尚来彬　　责任校对　徐春莲　　封面设计　陈益平

出版发行　同济大学出版社　　www.tongjipress.com.cn
（地址：上海市四平路 1239 号　邮编：200092　电话：021 - 65985622）
经　　销　全国各地新华书店、网络书店
排版制作　南京展望文化发展有限公司
印　　刷　江苏凤凰数码印务有限公司
开　　本　710 mm×1000 mm　1/16
印　　张　19.5
字　　数　340 000
版　　次　2024 年 6 月第 1 版
印　　次　2024 年 6 月第 1 次印刷
书　　号　ISBN 978 - 7 - 5765 - 0693 - 8

定　　价　98.00 元

前言 | FOREWORD

随着新一轮科技革命和产业革命的大规模快速发展，加上全球化进程的作用，世界正在形成新的政治、经济、社会和文化生态。在此条件下，政府和现代企业如何提高治理水平，妥善处理当前全球化进程中的契机与挑战，成为当下需要深入分析探讨的重要命题。

本书以“全球化进程中公司治理与政府治理变革”为主题，共收录了四篇文章，内容涉及在当前全球化进程中公司治理和相关政策变革的实践，综合了理论分析、实证研究、案例研究和调研访谈等多种研究方法，运用会计、组织管理、工程管理等多个交叉学科的理论，为提升公司及政府治理水平、改善项目绩效提供理论依据和经验证据，对后续企业和政府的发展与变革具有重要的借鉴意义。

第一篇作者为同济大学经济与管理学院组织管理专业的陈捷，围绕领导胜任力的培养问题，探究领导胜任力的评估和提升方案。文章以德必集团为研究对象，详细分析园区运营未来的发展方向与战略举措，以及组织所需要的核心能力，并运用行为事件访谈、问卷调研等方式，构建符合德必集团需求的领导胜任力模型。然后基于领导胜任力模型匹配了针对性的评估方式，如角色扮演、无领导小组讨论、文件筐、案例分析等，设计不同场景的模拟题本。在实施评鉴中心后，详细研究分析测评数据，明确德必集团管理者未来提升的主要能力要素，设计包括个人能力发展计划、学习与实践、复盘等多样化领导胜任力提升方案，为国内人力资源理论与操作提供一定的借鉴。

第二篇作者为同济大学经济与管理学院会计学专业的王薇羽，围绕企业的代理冲突问题，探讨资本市场开放对高管薪酬契约的治理作用，并从外部信息环境和内部公司治理结构两方面分析其影响机制。文章以沪市A股上市公司为研究样本，通过实证研究发现："沪港通"能够提高高管薪酬业绩敏感性，提升薪酬契约有效性，且其发挥作用的空间受外部信息环境和内部公司治理结构的影响。在信息透明度和股权制衡度较低的公司中，内外部监督力度不足，"沪港通"作为替代性的外部治理机制，发挥作用的空间较大，对高管薪酬契约的治理作用更加明显。但是，当上市公司高管权力过大时，治理机制失灵，"沪港通"无法发挥有效的治理作用。文章的研究结果为治理高管薪酬契约、优化公司相关治理结构提供了经验证据，同时可以为未来实施进一步的资本市场开放政策提供理论依据，对未来资本市场的进一步改革具有重要的实践意义和参考价值。

第三篇作者为同济大学经济与管理学院组织管理专业的谢显美，围绕民营制造业企业人才素质问题，评估主管培训迁移过程中的不利因素，并制定相应的策略，以提高培训迁移水平。文章选择民营制造业知名企业CHINT公司生产主管培训为研究对象，按照Holton培训迁移模型设计培训迁移影响因素的调查问卷并实施了调查，研究结果显示，CHINT公司生产主管培训的培训内容效度、运用资金投入、培训绩效沟通、培训激励机制、学习准备等方面尚未对培训迁移起到良好的促进作用。结合CHINT公司实际和调查研究结果，文章提出实施"精品课"工程改善内容效度，构建"学用并重"的训练营，建立创新工作室、实训道场、完善培训激励机制，建立培训目标与绩效沟通机制、完善培训预算、讲师见面会及"翻转课堂"等促进策略，以提升CHINT公司生产主管培训迁移水平，同时在一定程度上为CHINT公司提升整体培训迁移水平打下基础。文章为同处于转型升级的制造业企业在提升培训迁移水平方面提供借鉴和参考。

第四篇作者为同济大学经济与管理学院管理科学与工程专业的刘东，围绕大型建设工程政府治理机制，探讨政府治理核心内涵要素对项目管理绩效的影响机理。文章基于委托代理理论和 Scott 的组织制度理论，构建大型建设工程政府治理理论的概念框架，并通过文献研究、实证分析、案例研究等方法，对大型建设工程政府治理的内涵机制进行深入分析，探究大型建设工程政府治理对项目管理绩效的改善作用，进而为政府治理主体制定相应的治理策略提供参考和指导。

本书各篇内容关注当前全球化进程中公司和政府治理的实践，既从公司治理视角分析如何完善公司的相关治理结构和管理层监督机制，以及如何培养和提升管理者素质以适应复杂多变的商业环境；同时也从政府治理视角系统性分析和总结行政力量在大型建设工程项目绩效管理中的治理结构和治理机制，对处于全球化进程中的企业管理者及政府相关部门具有较强的借鉴意义。

目录 CONTENTS

第一篇

德必集团管理者领导胜任力评估及提升研究

陈　捷

第1章 绪 论

1.1 研究背景

在VUCA(Volatile易变的、Uncertain不确定、Complex复杂的、Ambiguous模糊的)时代,组织会面临越来越多的挑战[1]。2015年,达沃斯世界经济论坛一个有1 767名全球领导者参与的全球议程调查中,86%的被调研者认为,当今世界我们正在经历巨大的领导力危机[2]。普华永道[3]曾发布一份调研报告:大多数组织变革之所以失败,一个很重要的原因是缺少一个有力的变革领导团队。而有力领导团队的重要表现就是他们勇于在变革中"革自己的命",他们在变革中愿意"从我做起",身先士卒。

组织在面临变革时,唯有更新自身的组织模式、思维理念以及领导能力,才能在商业竞争中立于不败之地[4]。然而相对于思维理念和领导能力,组织在变革中会较多关注硬性的组织模式设计,如组织架构调整、岗位职能设计等,但容易忽略更为重要的软性因素,即人员理念的更迭以及领导能力的与时俱进。这样会造成组织虽然制定了明确的战略,也基于战略设计了相应的组织管控机制,但是战略却因为人的能力与意愿问题难以真正有效落地。有研究表明,具有高效领导的组织更容易创新并对外部变幻莫测的市场环境作出良好的反应[5]。因此企业在不断转型变革的大浪潮中,如何评估与发展员工尤其是管理者的领导胜任力是一个值得重点研究的课题。

上海德必文化创意产业发展(集团)股份有限公司是一家国内领先的文化创意产业发展服务商。从2006年起,德必就开始投资运营文化创意产业园区,2018年已经在国内的长三角地区和国际上意大利的几个城市、美国硅谷等成功签订了近70个创业产业园区,园区整体面积近100万平方米。

随着行业竞争的加剧,企业迫切需要转型来提升竞争力,德必集团的核心管理人员是决定战略能否有效传达、经营策略能否贯彻实施的重要群体。但核心管理者的领导胜任力与未来组织的需求仍存在不小差距,如企业正在全面推广"阿米巴"经营模式,原先管理一个部门职能的管理者需自负盈亏;原先职能管理者侧重做深专业，但未来更侧重不同职能的合作共赢；原先收取租金是企业盈利的第一要务，但未来更强调商业模式的创新，以求带来更高的客户价值。因此如何尽快提升核心管理者的领导能力成为德必集团目前碰到的重要议题。

1.2 研究目的及意义

本文尝试以德必集团管理团队的领导胜任力评估与提升为研究对象，应用相关理论并通过实践研究，从多种角度探索在组织变革中人员能力评估与提升的具体方法，以解决 VUCA 时代组织变革所忽视的核心问题，即如何通过领导胜任力来驱动、引领组织变革的成功。

德必集团面临的问题，一方面是管理者在领导胜任力上的实战磨炼较为缺乏，人才梯队青黄不接。在组织转型的关键节点，迫切需要通过有效的手段界定组织转型对领导能力的新的要求，评估领导群体现有能力存在的差距，并制定相应的领导胜任力提升举措。另一方面德必人力资源管理者需要借助此次领导胜任力评估与研究将相应机制、流程加以固化，打破过往零散的领导胜任力发展模式。

就理论意义而言，学术界普遍认为领导胜任力是一组可以被习得的行为技能，但是经验告诉我们，传统的培训策略难以让个体真正蜕变成领导[6]。在领导胜任力评估及提升的方案设计上，我们也会碰到各种挑战，比如基于组织未来的愿景及战略，难以清晰界定员工需要具备什么新的能力要素；没有有效的手段来评估员工究竟在哪些能力维度上处于优势，在哪些能力维度上需要提升；以及在整体能力发展方案上手段较为单一，缺乏系统性、持续性的跟踪，导致培训效果浮于表面。

上述现象表明能力评估与提升是一个需要科学设计的过程。如何设计出符合组织战略诉求的人员能力标准，如何让员工通过评估产生自我认知，以及如何通过评估后的差距制定可落地的提升方案需要在操作方面深入研究。

就实践意义而言，人才是组织赖以生存的基础，核心高管正是组织变革能否成功的关键力量。IBM 前董事长 Louis V. Gerstner 曾认为，伟大的组织机构，归根到底是某个人的影子与延伸。研究表明，领导胜任力直接对组织的创新能力有很大的影响[7]。此外，领导胜任力同个体与组织的产出，如员工敬业度与绩效增长均有明显的关联性[8]。这也解释了在全球著名咨询公司 DDI 与安永全球领导胜任力展望的报告中所显示的内容，即经过对全球 1 000 多位企业级高管的调研结果显示，在 28 项挑战中，企业高管们最关心的是自己内部的领导者，其中“发展下一代领导者”与“未能吸引/留住顶尖人才”两个挑战分别高居 64%与 60%的比例。

组织中的领导者如果展现良好的领导胜任力，则可以建立良好的团队氛围、提高员工效能、增进客户满意度，从而带来持久稳定的组织业绩。因此，研究组织中如何对领导胜任力进行有效评估与提升，对于组织的核心人才管理与成功转型具有重要的价值。

1.3　研究方法

本文在德必集团领导胜任力评估与研究过程中主要运用的方法为战略及文化演绎、文献资料研究、问卷调研、行为事件访谈。

第一，战略及文化演绎。战略演绎主要通过充分理解组织的使命、战略定位，以及基于大的方向所细化的近远期目标和战略举措，将其转化为员工的具体素质要求。文化演绎则从组织的文化出发，如领导讲话、年度总结材料等，进而将其解码为员工的行为要求，以获取关键能力指标。

第二，文献资料研究。通过电子文献、书籍等途径对领导胜任力相关研究与理论进行归纳与总结，同时梳理相关工具与方法，如胜任力建模、测评以及学习发展方案设计等，为后续企业实际问题的研究与解决奠定理论基础。

第三，问卷调研。根据领导胜任力的相关理论研究成果，编制相应的调研问卷，对德必集团管理团队进行调研，梳理领导胜任力目前存在的关键问题，明确组织未来需要着重发展的领导胜任力要素，从而为德必集团的高管领导胜任力指标提供重要输入。

第四，行为事件访谈。在领导胜任力建模阶段，通过对德必集团领导者进行行为事件的结构化访谈，了解其对组织领导胜任力现状的感受，以及对未来组织领导胜任力的核心诉求。在测评阶段，通过行为事件的结构化访谈，评估被测评对象领导胜任力水平。

1.4　研究内容和框架

1.4.1　研究内容

本文以定义标准、诊断差距、培养发展为整体主线。首先对德必集团组织未来的发展需要什么样的领导标准进行清晰的界定。然后对德必集团核心管理团队的领导胜任力进行测评诊断，了解基于未来标准，现有能力存在哪些差距和问题。最后结合国内外领导胜任力研究的先进理论和方法，提出领导胜任力发展的培养方案，从而实现问题的解决。

第 1 章是导论部分，阐述论文的研究背景和选题来源，同时说明论文的研究思路与方法，介绍主要研究内容与框架。

第 2 章主要对领导力、领导胜任力模型、领导胜任力评鉴、领导胜任力培养等相关国内外研究现状作介绍，并总结对本文研究的启示。

第 3 章主要对德必集团的组织与领导胜任力现状进行分析，如公司当前挑战、未来战略规划、领导胜任力存在的问题、内部管理支持等。

第 4 章从领导胜任力建模前期的调研、访谈后的数据分析入手，优化修订领导胜任力模型，并最终确定德必集团高管领导胜任力标准。

第 5 章基于建立的领导胜任力标准，对德必核心高管群体进行能力评估，分析组织领导胜任力现存的优势项及待提升项，为后续的能力方案设计建立基础。

第 6 章是对德必集团整体的高管能力发展进行设计，基于能力诊断结果，分析高管群体需要提升的领导胜任力主题内容，并设计灵活可落地的学习方式，促进组织领导胜任力的最终提升。

第 7 章是结论，对论文整体的研究内容进行总结，包括贡献与不足，并提出未来的研究方向。

1.4.2 论文框架

论文的研究框架主要分为四个部分（图 1－1）。

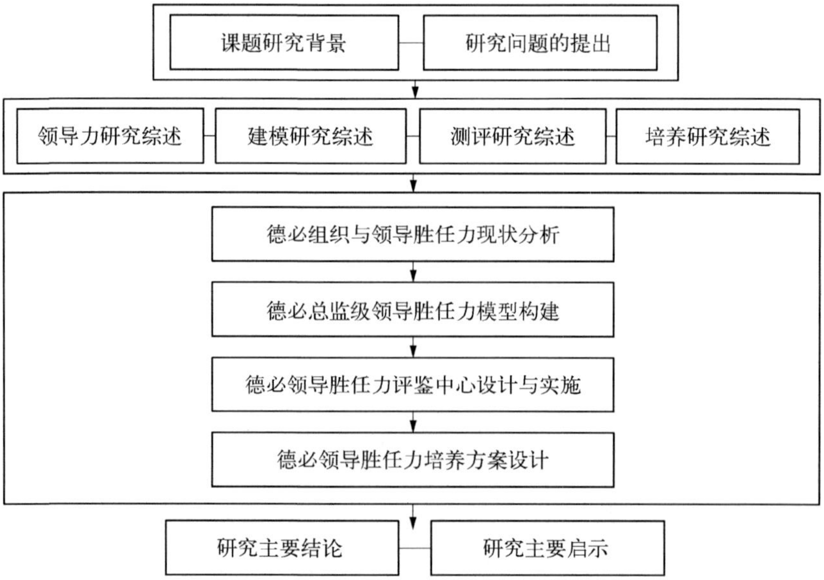

图 1－1 论文框架

第 2 章　相关理论概述

2.1　领导力相关理论

2.1.1　领导力的定义

学术界对领导力的定义千差万别，Popper 和 Lipshitz[9] 认为领导即以非强迫的方式鼓励他人行动。Dubrin[10] 认为领导力是通过领导对追随者的有效沟通、目标指引以及影响从而实现目标的过程。Alas[11] 认为领导与个人特质、领导行为、交互方式、角色关系、追随者感受、对追随者的影响、对工作目标的影响，以及对组织文化的影响相关。

综合以上各种定义，领导力的本质是影响力，正如史蒂芬（Stephen R. Covey）[12] 所言，真正的领导力能够有效影响他人，能够让他人追随。领导者需要通过拥有积极主动、以终为始、要事为先、获得双赢、知彼知己、集思广益、自我净化在组织内建立自己的影响力。

2.1.2　领导力理论演变

领导力理论在其历史发展过程中，产生了多种理论，比较有代表性的是特质理论、行为理论及权变理论。

1）领导特质理论

特质理论的基本假设是人天生具备一些领导的特质，Stogdill[13] 认为领导者的关键特质为灵活应对变化、环境敏锐、成就感、坚定直率、合作、果断、可靠、主导他人、活力、坚持不懈、自信、忍受压力、愿意担责。McCall 和 Lombardo[14] 通过对比成功领导者与失败领导者来获得一些重要的特质，如情绪稳定、敢于承认错误、良好的人际交往能力、智力广度。

2）领导行为理论

行为理论的基本假设是领导是可以培养而非天生的，成功的领导者都具有特定的一些行为模式。相对于特质理论，行为理论是一个巨大的跳跃，因为它开创了领导力发展的洪流。

3）领导权变理论

权变理论的代表者是 Fiedler[15]，他将领导风格归纳为“关系导向”与“任务导向”，另外，关系（团队成员对领导的信任、忠诚与被吸引程度）、任务结构（任务结构的清晰度，如工作任务有标准化的流程、文档及可被合理地管控）、权力（领导者有何种程度的权力来评估追随者以及给予奖惩）是影响领导者有效领导风格的决定变量。

谢克海[16]提出 5M 领导力，认为领导力理论的发展即是从 1M 到多 M 的过程，1960 年以前特质理论和行为理论占据主流地位为管理自我（Manage yourself）时代；20 世纪六七十年代领导—成员交换理论提出为管理下属（Manage your members）时代；随后诸多学者提出“对上管理”的重要性，即（Mange your boss）时代来临；至 20 世纪 90 年代，同级管理、横向管理等理论的提出为管理同事（Manager your colleagues）时代；随着组织外部环境的日益复杂，需要不断跨越组织边界进行资源整合进而进入管理外部伙伴（Manage your partners）时代。

2.1.3 对本研究的启发

综合以上文献来看，领导力理论随着时代的发展已经发生了巨大的改变，过往强调领导力由难以学习的天生特质所决定的观念已发生改进，领导力行为可以通过后天发展与培养，此外在习得的过程中，还需要关注情境因素。

我们在研究时，需要以更立体化的视角来看待当今的领导力，领导力的范畴与边界正在逐步扩大，从以管理自我为核心，到纵向管理上下级，横向管理同级，甚至到跨组织跨行业对外部伙伴的管理。

2.2 胜任力模型理论

2.2.1 胜任力模型理论基础

美国著名心理学家 David · McClelland[17]提出了胜任力的概念，并指出胜任力是能够真正起到鉴别作用的员工高绩效的行为特征。

1）冰山模型

Spencer[18]提出素质的冰山模型，共有七个元素，其中知识指的是个体在特定领域所获得的信息，技能是指个体完成特定脑力或者体力任务所需要具备的能力，自我概念是指个体对自我形象的认知，特质是指个体对特定情境所产生的持续而稳定的心理特征，动机是指驱动个体采取行动的持续的想法。

Spencer[18]将冰山上外显的知识、技能定义为基准性胜任力，将隐藏在冰山下的自我概念、特质、动机定义为鉴别性胜任力。而基准性胜任力是一个员工胜任岗位工作的门槛要求，容易通过培训等方式习得。鉴别性胜任力比较难以发展，但却是区分高绩效员工与低绩效员工的关键维度。

2）洋葱模型

学者 Richard Boyatzis[19]在 1982 年提出洋葱模型，即从外向内依次是知识、技能、态度、价值观、自我形象、特质与动机。其特点是越向外层，越容易习得与评鉴；越靠近内层，越难以习得与评鉴。

3）胜任力的情境因素

根据 Fildler[20]的领导权变理论，不存在一成不变的管理模式，领导者必须根据环境的变化灵活调整自己的行为。可以从三个层面进一步分解情境因素，即组织环境、工作特征及团队结构。组织环境又可以细化为战略定位、内部文化与权力结构；工作特征又可细化为任务结构、管控模式；团队结构则可以细化为团队状态、人际关系。

4）胜任力模型的类别

在组织中基于建模对象的差别，可以将胜任力模型分为“全员通用模型”“专业岗位模型”“领导胜任力模型”，其中“领导胜任力模型”主要针对管理者而言，在胜任力模型的框架下，指管理者带领团队取得高绩效所表现出来的一系列行为特征[18]。

2.2.2　胜任力模型的价值

在 Hay(合益)等国际咨询公司的推动下，胜任力模型从 20 世纪开始被广泛运用在跨国企业中，随后，中国一大批企业如华为、宝钢等也开始启动胜任力建模工作。George P. Hollenbeck 等[21]对领导胜任力建模对个体与组织的价值做了归纳，主要总结为两点。

第一，领导胜任力模型对于个体的价值是提炼了经验丰富领导者的经验与洞察力，明确了一系列有效的领导者行为，提供了个人可以参考的能力发展工具标准，提供了一个领导胜任力框架，可用于挑选、发展并且实现领导者的有效性。

第二，领导胜任力模型对于组织的价值是在组织内公开讨论什么样的领导行为是有效并重要的，帮助区分不同个体的领导胜任力表现，将领导者行为与组织的战略方向与商业目标相链接，为一个可以跨越不同职能与情境的领导胜任力标准提供参考。

2.2.3 领导胜任力模型的相关构成元素

詹姆斯等[22]提出领导胜任力的五种经典行为，即以身作则、共启愿景、挑战现状、使众人行、激励人心。Adam[23]曾经做过一个领导有效性调研，认为鼓舞他人、人际交往、方向指引、权利理解、与追随者协同、伦理导向是最重要的领导能力。Reinertsen[24]认为领导胜任力的要素需要包含对未来的前瞻性、建立目标、有效沟通、积聚众力实现愿景、规划制定、分配实施。Allio[25]认为优秀领导的首要目标是强化价值观、建立愿景和战略、保持业务成功的连续性、启动合适的组织变革。

中国科学院[26]提出领导胜任力五力模型，即前瞻力、感召力、决断力、影响力与控制力，这些核心因素会决定领导过程的质量以及领导目标的完成。徐剑、李锡元[27]研究指出，在中国的民营企业中，高层管理者的人际关系能力（包括服从意识、同情心、人际协调、领导能力、团队配合）、自我管理能力（包括控制能力、乐观豁达、时间管理、激励能力、忍耐力）对管理绩效产生较为积极的影响，但是综合职业技能（包括工作经验、专业知识、应急能力、思维能力、学习能力）对任务管理绩效影响较弱。

当今世界面临来自环境、社会、治理等方面的挑战与日俱增，越来越多的组织开始关注可持续发展的重要性，沃尔玛和通用汽车也相继提出了可持续发展的战略，Beth Knight 等[28]经过研究提出了可持续发展的领导胜任力模型，其中包括结果驱动（在行动中不断学习，快速决策并让业务进展顺利），变革代表（乐于拥抱变化，挑战成见并抓取新的机会），伦理导向（保持正直，建立互信的关系），有远见的思想者（跨领域思考，构思未来战略并坚持不懈）。

此外，不同层级管理者所需要具备的领导胜任力也不尽相同。国际著名的领导力专家拉姆·查兰等[29]曾在《领导梯队》一书中详细论述了领导力转型的六个关键阶段，即从管理自我到管理他人、从管理他人到管理经理人员、从管理经理人员到管理职能部门、从管理职能部门到管理事业部、从管理事业部到管理业务群组、从管理业务群组到管理全集团。在每个阶段所需要的领导技能、时间管理能力以及工作理念均有较大差异，因此给管理者跃升与转型带来巨大挑战。

领导力发展的第一阶段，需要一线经理不仅完成自己的工作，还要帮助他人完成工作，因此需要学习如何分配工作任务、制定计划以及辅导与激励他人；第二阶段，需要部门总监敏锐识别选拔出高潜力的一线经理，给予他们评估与辅导，并能够上升到公司战略来考虑问题；第三阶段，需要事业部副总经理拥有更强的战略思维，同时具备全局意识，兼顾不同部门的需求；第四阶段，需要事业部总经理能够从整个业务单元盈利发展的角度思考问题，比如如何平衡长期与短期目标；第五阶段，需要集团高管能够有效管理多个业务组合，应具备对业务投资组合进行合理的评估和基于业务进行资源分配的能力，另外，储备培养事业部总经理的能力也至关重要；第六阶段，需要首席执行官能够全局性制定公司的愿景与战略，思考经营理念，同时聚集一流的领导人才。

2.2.4　胜任力模型搭建的主要方法

1）归纳法

归纳法是指由个别结论推导出一般性结论的方法，其所遵循的思路是从特殊到一般，从个体到全体，从局部到整体。在胜任力建模过程中可以将绩优员工的行为归纳到岗位能力标准上，通过对绩效优秀者进行关键行为事件访谈，进而提炼绩优者的特征。一般来说，归纳法所需要的人力成本较高。

2）演绎法

演绎法主要指由一般性的结论推导出个别结论的方法，其所遵循的思路是从一般到特殊，从全体到个体，从整体到局部。在胜任力建模过程中可以将企业对员工整体性的要求落实到具体岗位能力要求上，演绎法通常需要对组织战略、文化、核心价值观等相关资料进行系统分析，进而总结出符合组织要求的能力特征。一般来说，演绎法所需要的成本相对较低[18]。

2.2.5　对本研究的启发

胜任力模型本质是高绩效行为的组合，通过科学有效的方法提取出高绩效行为是胜任力建模的关键，在构建的过程中，既需要对高绩效员工的行为进行访谈归纳，也需要基于战略、文化等进行演绎。

此外，胜任力也是权变的，不仅需要构建标准化的管理动作，还需要充分考虑环境的因素。组织里不同员工所面临的情境会有所不同，对于高层管理者来说，最重要的情境应是组织环境。在胜任力模型构建的过程中需要充分考虑社会发展阶段、企业类型、组织形式等给能力要求带来的差异。

2.3 领导胜任力评估理论

2.3.1 评鉴中心的概念

评鉴中心最开始是1929年被德国运用在挑选军官上的一项较为先进的综合性技术。评鉴中心在其历史发展中有较多的定义，比较权威的是1989年的评价中心国际学术大会所通过的定义，即通常基于多种输入来进行标准化评估，包括行为模拟练习、多名评测者会观察并记录被测者行为，并且最终通过专家讨论来打分定级。

评鉴中心的基本工作机制是：通过让被测评者参与基于工作情境精心设计的模拟练习，以及评估者记录被测评者在测评过程中的行为表现，来对工作绩效进行有价值的预测[30]。

2.3.2 评鉴中心的基本特征

第一个特征，评鉴中心包括多种测评工具的系统。如运用多样化的测评工具来交叉验证，包括无领导小组讨论、文件筐、结构化面试、案例分析、心理测验及行为面谈等。第二个特征，是评估专家多，即多位评估专家综合来看被测评者的表现状况。第三个特征，是情境设计与工作高度相关。第四个特征，是用途多样化，通过测评数据的横向与纵向分析，既可以服务于组织，如广泛运用在人力资源各个职能模块如组织诊断、人员选拔、高潜定位、人员晋升等过程中，也可以服务于个人，如员工自我认知的提升、IDP(Individual Development Plan，个人提升计划)的制定等[31]。

2.3.3 评鉴中心的基本假设与有效性

评鉴中心的基本假设有三点。一是个体存在差异性，如有的人相对外向，有的人相对内向；二是人的行为可以测量，通过评估被测评者的相应行为表现，即可推断出其心理素质；三是人的素质相对稳定，难以随着外界环境的改变而改变。

评鉴中心的效度在其发展过程中也得到了充分的验证。Hunter[32]通过研究发现，评鉴中心的分数与被测评者的分数相关性为0.43。Smith[33]通过研究发表了各种测评方法与绩效之间的相关系数，其中评鉴中心高达0.65，极大优于传统的测评方式，如非结构化面试(0.05～0.19)、个性测验(0.39)、行为面试(0.48～0.61)。

2.3.4　评鉴中心的核心技术

1）无领导小组讨论

无领导小组讨论（Leaderless Group Discussion，LGD）是指若干个受测者形成临时小组，且不委派小组的领导者，大家在规定时间内共同讨论一个问题，并形成相应的解决思路。无领导小组讨论在具体的操作中可以分为设置情境的LGD与无情境的LGD、指定角色的LGD与无固定角色的LGD、竞争类的LGD以及合作型的LGD。无领导小组的优点是较为贴近工作场景、直接观察被测评者群体的互动、效率较高、可以同时测量多个个体。无领导小组的缺点是组与组之间的测试氛围差异较大，有的小组会非常活跃，有的小组会相对沉默，所以评估者难以确定观察到的行为是基于个体的真实表现还是基于团体动力的影响[34]。

2）公文筐

公文筐测试（In-Basket Test）主要是指被测试者面对一系列工作相关的文件材料，需要进一步分析处理，并作出相关决策以及行动方案。公文筐的优点是较为贴近工作场景、被测评者可以充分发挥以及适合大规模测评。其缺点是难以测量一些交互性的能力特征，且耗时较长。另外，Chan 和 Schmitt[35]将视频形式的公文筐与纸笔形式的公文筐做了比较，发现视频形式具有更好的表面效度，随着科技的发展，电子公文筐会被越来越频繁地运用。

3）角色扮演

角色扮演（Role-Playing）主要指被测者进入一个预设的充满矛盾与挑战的场景中，进而通过各种方式处理问题。Bandura[36]认为角色扮演是一种非常可信与有效的测评手段。角色扮演的优点是与工作的关联性较强，通过一对一的交流较为深入地了解被测评者的能力表现，较为适合测评被测评者的冲突管理能力。角色扮演的缺点是需要找一名陪练即另外一名演员与被测者进行合作，但陪练的状态以及对每个人不同的表现可能对被测者的行为有一定影响[37]。

4）案例分析法

案例分析（Case Analysis）主要指让受测者阅读一个具体的案例，通过分析并形成相应的解决方案。学者吴谅谅指出，案例分析可以分为理论型（偏向于理论分析）、决策型（偏向于制定决策）、复合型（两者都具备）。案例分析与文件筐的测评方式较为类似，但案例分析所提供的背景信息会更加翔实，需要被测评者深度分析与思考，可以较为深入地评估被测评者的能力。案例分析的缺点是难以评估被测者的人际交互能力且易受被测评者文字表达能力的影响[38]。

5）结构化访谈（Structured Interview）

结构化面试的主要特点是对面试的要素、题目、评分标准及流程都有严格的界定，面试结果相对客观。结构化面试需要评估者基于被测者的回答持续地追问，且满足 STAR 原则，即就一个完整的事件挖掘出背后的 Situation（情境）、Task（任务）、Action（动作）以及 Result（结果），而非泛泛而谈。这也是结构化访谈优于传统半结构化访谈与非结构化访谈的原因。Wiesner 和 Cronshaw[39] 曾做过一项研究，在效度方面，结构化面试是非结构化面试的两倍。一套编制良好的结构化面试题本及流程能够减少经验欠缺的面试者与经验丰富的面试者之间的评分差距，且可以长期运用。结构化面试的缺点是对题本身的开发要求较高，且有较高的成本，不适合大规模测验。

6）管理游戏

管理游戏（Management Game）即通过游戏来模拟真实场景的方式，让被测者群体完成某一项任务。管理游戏结构化相对较弱，容易让被测者产生兴奋感，且被测学员可以自由发挥，容易发挥创新精神。但评鉴中心使用管理游戏相对较少，可能的原因一方面是施测和观察都较为困难，另一方面管理游戏和现实工作场景的相关性较弱，难以表现出现实工作场景中的实际水平。所以对于选拔来说，管理游戏更适合能力发展[40]。

2.3.5 对本文的启发

通过上述领导胜任力评估的相关理论回顾，我们可以发现评鉴中心是效度较高的一种测评方式，但在操作的过程中需要设置多个模拟练习、多名测评师，同时设计与被测者的工作场景需要高度类似的测评情境，才能起到良好效果。

此外，评鉴中心的多种测评方式如无领导小组讨论、文件筐、角色扮演、案例分析、结构化访谈以及管理游戏所具有的优点和缺点都不一样，适合测试的能力也不尽相同，所以在设计具体的测评方式时要综合考虑，有机组合。

2.4 领导胜任力提升理论

2.4.1 领导胜任力培养的主要路径与方法

Block 和 Manning[41] 在探讨领导力生命周期时强调建立一个有效的领导胜任力提升系统的关键。其中包含六个步骤：第一步是通过流程识别领导者发展需求；第二步是设计相应的学习过程和流程以弥补领导知识和技能的差距；第三步是让学员通过真实的工作场景来练习输入知识和技能；第四步是在工作场合中设置足够的支持，比如教练计划能够让正在发展的领导者获得持续的支持与反馈；第五步是建立相关的识别机制，认可领导者对组织作出的承诺与贡献；第六步是建立更新优化流程来保证领导者发展路径与组织的战略目标始终保持一致。

当然关于领导者培养的方式发展至今数不胜数，比如培训、行动学习、教练、标杆企业参访、私人董事会等。Allen 和 Hartman[42]建议在领导胜任力发展中需要包含四个主题：个人成长（包括对自我行为、价值观、偏好进行深入反思）、概念理解（学习关于领导力方面的理论）、反馈（了解自己领导技能的优势项与待提升项）以及建立技能（通过逐步练习让领导技能与工作生活常态化）。

2.4.2　领导胜任力培养有效的关键因素

虽然领导胜任力发展极其重要，但即使企业愿意投入 500 亿美元到领导胜任力提升上，也依然缺乏高效的方式真正提升它们[43]。相关理论表明领导胜任力培养需要关注以下要素。

一是强化企业战略与领导胜任力培养之间的关联性。组织往往不清楚为何要发展领导胜任力[44]，不能有效将公司战略映射到具体的领导胜任力发展上。Weiss 和 Molinaro[45]提出整合型领导胜任力培养方式，其中包含八个步骤：开发一个全面的关于整合型领导胜任力培养战略、将领导胜任力培养与组织面临的环境挑战相联系、灵活运用领导力标杆来为培养背书、平衡全球范围内共性的需求与当地个性的需求、采取一些新兴的设计或实施方法、确保领导胜任力发展与企业文化相吻合、重点关注学员领导力生涯的关键时刻，以及运用混合式学习方法。这种方式具有很强的战略性，因为整合中的任何元素都是为了组织更好地在市场上建立竞争优势[46]。

二是将领导胜任力培养融入真实的情境。Morrison[47]认为领导胜任力发展既需要理解知识概念，也需要将其付诸实践。领导者必须在真实的情境中历练，才能走出例行的思维模式，发生行为的真正转变。美国创新领导胜任力中心曾经提出著名的 721 理论，即 70％的岗位实践，20％的交流互动，10％的自我学习。对于高潜力的领导者来说，融入情境的个性化发展活动会带给他们更好的学习成效。

三是不仅注重个体领导胜任力的培养，且关注团队领导胜任力的打造。

Bolden[48]认为当今多数的领导培养注重的是个人技能的提升，推崇"英雄主义"。但在敏捷时代，团队与团队、个体与个体之间的边界逐渐模糊。组织的成功不再依赖单一的个体，跨项目、跨职能变得愈发频繁。如何让企业成员共享愿景是组织当前面对的重要议题。当然，我们提倡的并非表面的和谐，即为了保持一致而认同观点，组织内对于问题进行建设性与多样化的争论是非常有益的[49]。

四是设计持续训后跟进举措。Burke 和 Collins 认为组织需要考虑员工习得的知识和技能如何最大化利用，可以通过有效的课后跟进设计来促进知识与技能的转换。比如个人发展计划对于组织的员工来说，可以理清未来的能力发展路径，筹备关键资源，以及获得持续的跟进与调整[50]。组织在测评或培训后需要将个人发展计划落到实处。领导者在辅导下属时，不仅要考虑对当下绩效的评估，更需要探讨未来能力的提升。

五是建立良好的培养评估机制。柯氏四级评估的创建者 Kirkpatrick 建议从反应层、学习层、行为层、结果层等不同层面去评估学习的效果与收益。The Conference Board 也在《2016 年全球高管教练调研》中提出，企业可以采取不同方式来评估教练的价值。如被辅导者的满意度、教练的辅导成果、利益相关者正式与非正式的谈话、员工行为改变等。企业人事部门需要通过评估敏锐地持续推进员工领导胜任力的提升，并以此证明领导胜任力培养的价值。

2.4.3 对本研究的启发

通过上述文献的研究，我们可以看出，领导胜任力的培养方案需要从组织的视角来设计，动态调整并紧密连接市场环境、企业战略对领导胜任力的要求。同时摒弃传统用单一培训的方式来提升领导胜任力，而是采取混合式培养，如加入个性化发展活动来帮助学员实现能力的迁移。

在领导胜任力发展的研究中，不能忽视团队氛围对个体领导胜任力的影响，如通过在持续工作中复盘来引领团队互相学习经验、群策群力解决问题，并达成团队间的融合。

此外，评鉴中心完成后，需要有效引导员工制订个人发展计划而非关注测评结果本身，组织需要匹配相关的资源来支持学员行动计划的完成。通过过程行为的改变来评估领导胜任力发展的效果，并及时调整发展策略。

第3章　德必集团组织发展现状

3.1　德必集团介绍

3.1.1　德必集团基本概况

德必集团是一家文化创意产业发展的服务公司，集投资、设计、建设、招商、运营、平台创新于一体。公司从2006年开始建立了第一个创意产业区并成功招商，随后迅速扩张，在上海及国内外多个地区建立了文化创意园区，如虹桥德必易园、长宁德必易园、法华525创意树林、运动LOFT创意基地、徐汇创意阁、虹桥525、老洋行1913、徐汇德必易园、大宁德必易园、天杉德必易园、沪西德必易园、漕河泾德必易园等。

公司的使命是“助力中国创意”，所以在运营上不仅关注与给予客户舒适、生态、个性化的办公环境，同时注重园区产品的社区化运营，积极为入驻企业推出了多样化增值服务，如基础人才服务、投融资对接、法律和政策服务、创业辅导、财务顾问、品牌推广、文化创意产业CEO交流会等，吸引大批优秀文化创意企业入驻。

3.1.2　公司的组织架构图与业务状况

德必集团在2018年组织架构上主要下设八个核心部门，分别为总裁办、组织行政中心、财务中心、创新服务中心、文化创意设计院、营销中心、项目开发中心及运营中心(图3-1)。业务模式较为简单，其中总裁办负责拿地以及日常政府公关，在拿完地后需要考察地皮周边的环境，对未来的产业园区做产业定位。创新服务中心主要负责创新服务活动的相关设计。文化创意设计院负责对整体园区进行研发设计，项目开发中心需要基于设计的方案实施工程，营销中心负责园区整体的市场营销和招商工作，文化创意企业服务中心负责对园区进行运营，包括客户的服务、租金的收取与续租等。

在产品上，德必集团为了服务不同发展阶段的企业，开发了多种形态的产品，比如“德必易园系列”是专为中小企业提供的园区，“德必WE系列”可以与共创伙伴

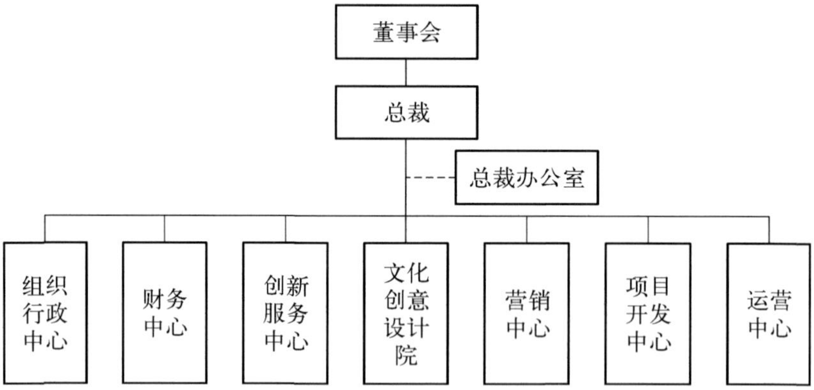

图 3-1 德必集团组织架构图

共同研发订制,“德必运动 LOFT 系列”集聚了众多运动企业品牌,此外,德必不断探索从企业初创期到发展期的全方位增值服务方案,打造公司生态圈,助力产业发展。

在财务上,随着德必集团的持续扩张和园区面积的增加,租金收入持续增长,创意增值服务给公司带来了新的利润来源,企业每年营业额近 10 亿元人民币,且能达到 30%的收入增长速度,在行业中处于领先地位。

3.2 德必集团业务挑战及发展战略

3.2.1 业务发展挑战

德必在整个企业的发展过程中,有良好的外部环境支持。随着国家经济的持续增长以及人民收入的持续增加,文化产业遇到新的发展机遇。自“十一五”规划以来,中央到地方出台了一系列鼓励文化产业发展的政策。这也极大催生了作为规模化、集约化重要载体的文化创意产业园区的发展。但是德必在文化创意产业园区大规模发展的同时,也面临诸多的业务挑战。

这些挑战包括以下几点:

① 创意产业园区及其产业服务是一个相对新兴的行业,德必已经在行业做到领先,但在很多领域缺乏成熟的经验可以借鉴;② 入驻率与租金竞争压力大,随着上海新增写字楼面积的逐年攀升,创意产业园区与传统写字楼之间的租金竞争愈演愈烈;③ 创新型增值服务缺乏,文化创意产业并非只是将废弃的工厂改造后收取租金,还需要提供完善的配套服务,围绕入驻园区企业各种需求提供相应服务,保持客户黏性,同时给组织带来新的盈利点,这些都是可持续发展的

关键;④ 文化定位与入驻率之间的平衡,文化创意园区应有清晰的产业定位,否则很难形成集群效应,但是在租住率不够的情况下,是否还可以引入其他类型企业,需要进行取舍与平衡。

3.2.2　组织未来战略

1）产品与业务模式的创新

（1）加强运营服务

作为园区的经营者,主要将老旧的厂房承租下来并转租给其他企业并从中赚取租金,德必集团营收的 70%来自租金,在经营利润上逐渐出现了瓶颈。德必集团在未来不仅满足于为客户提供良好的办公环境,还会将资源投入园区的社区化运营,搭建良好的客户服务体系,充分连接内外部资源,让新增的商业中心从原先的租金收取转变为联营参股,挖掘企业生命周期多种客户需求,提供更多增值创新服务,助力产业发展。

（2）产品的更新迭代

德必产业园区转变为文化消费与商业的融合跨越,以文化创意为核心,横跨产业地产与商业地产两大领域。在企业的未来发展中,做强现有品牌,如为中小企业定制的“德必易园系列”、为共创企业开发了“德必 WE 系列”,以及为体育类企业开展的“德必运动 LOFT 系列”,不断开发了多种形态的产品,如深入布局金融产业及大健康产业,推进美国硅谷项目的设立与筹备。

（3）招商方式的转变

德必集团过往的营销业务是在园区建成之后再开展,但未来营销中心需要将招商前置,即向先招后建转变。订单式招商的目的是一方面提升资金的利用率,另外,精确化用户需求有利于园区定位与未来的产业发展。

2）组织体系的转变

（1）组织结构调整

随着新区域、新业务的快速发展,德必集团未来需要有新的组织结构以满足其业务诉求。原先企业规模较小,适合集中式管控以提升运营效率。但未来组织越来越庞大,面面俱到式的管理已经束缚了组织的发展,所以大船式管理向舰队式管理的转变,由单中心封闭式控制向“独立多中心发展、开放平台式创业服务”逐步转变势在必行。

（2）内部管理体系

为了进一步激发单元的活力,在公司内全面落实推进阿米巴管理模式,通过独立核算和内部交易，提升员工经营意识。打造开放式的内部创业平台，建立员工与德必集团命运共同体。同时不断建立健全管理机制，规范化、标准化运营管理流程，确保未来园区扩张的可复制性，提升德必集团的竞争力。

3）人才管理的优化

公司目前人员结构和质量还需要提升，专业技术人才如拓展开发类、设计策划类、项目工程类、营销服务类和职能管理类目前还缺乏产业工匠与专家；管理者中执行人才偏多，战略人才偏少。

未来德必必须打造符合集团发展战略的前瞻性人才，提升管理者领导能力与业务能力，建立系统化的储备、选拔、培养、考核体系，为高速发展的德必集团提供源源不断的人才支持。

3.3 德必集团领导胜任力现状

德必集团 2018 年员工数量为 500 余人，管理人员 48 人，其中总裁及副总裁级别 4 人，总监级别管理者 13 人，经理级别 31 人。因为总监级管理者是德必集团各职能部门的第一负责人，对公司战略落地与业务发展起着不可替代的推动作用，所以本次领导胜任力的研究对象针对总监级别的管理者。为了研究的需要，进一步对研究对象的性别比例、学历状况、在职年限做了统计(图 3－2)。

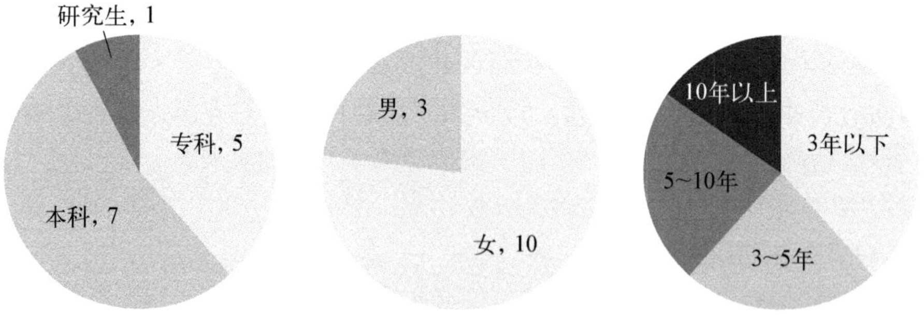

a. 学历分布比例　　b. 性别分布比例　　c. 企业工作年限分布比例

图 3－2　总监级研究对象相关信息统计

关于学历分布，德必集团本次研究对象中专科为 5 人，本科为 7 人，研究生为 1 人，总体来说，创意产业园区行业不属于高门槛、高科技行业，管理者学历层次不是太高。

关于性别比例，德必集团本次研究对象中男性为 3 人，女性为 10 人，可以看出总监层级女性管理者占绝大比例。

关于企业工作年限分布，德必集团本次研究对象中 3 年以下的为 5 人，3～5 年的为 3 人，5～10 年的为 3 人，10 年以上的为 2 人。由此可见，本次研究对象在德必集团工作年限跨度比较大，有部分老员工一直伴随公司的成长，但随着公司的扩张，也逐渐在引入新的职业经理人。

通过对德必集团总裁、副总裁 4 人的访谈，了解了德必集团总监级领导胜任力现状及所存在的问题，具体表现在创意产业园区行业整体发展速度很快，德必在其企业发展中，组织的人员能力尤其是管理者领导胜任力还不能与行业发展速度相匹配。

1）本位主义严重

公司目前是职能式的组织结构，各个部门存在较大的隔阂，部门管理者考虑问题时多从局部出发，而非站在战略的角度和组织整体的角度来考虑，甚至出现为了利益而不惜伤害组织的事件。比如项目开发中心的上游部门是设计院，下游部门是运营中心，公司在扩张过程中需要多项目同时进行，所以设计院经常会面临设计图纸无法按时交付的问题，项目开发中心在图纸不到位的情况下也难以稳定施工，导致项目延期，因此产生的部门利益冲突经常存在。

2）战略性思考不够

目前集团总监级管理者多集中在事务型、参谋型、执行层，但是具备主动战略思考的人才较少；团队管理者未能有效捕捉行业、竞争对手、政策给组织带来的影响，并制定针对性的解决方案。在访谈过程中德必集团总裁多次提及公司的管理者欠缺独立思考并主动提出多样化问题解决方案的习惯，而是依赖最高决策者的指令。德必也因此经历过惨痛的教训，公司曾定位在几年内聚焦于北上广发展，后来碰到一个拿地非常优惠的外区域项目，各部门管理者们并没有经过充分的调研、论证和战略性思考，公司仓促签下合约，随后蒙受巨大损失。

3）创新能力欠缺

公司目前的管理模式偏向于控制，授权较少，管理者在创新思维的理念和能力上都有巨大差距。团队管理者多拘泥于现有的业务模式，未积极在团队中营造创新的氛围或建立相应的机制来孵化创意。公司决策层虽然成立了创新服务中心，并作了诸多未来战略性的创新规划，如园区的互联网社交、互联网金融等，但是部门管理者多沉浸在传统业务职能当中，并未充分激发团队人员的创新理念，以及不能在原有业务上做升级优化。

4）人员管理能力较弱

随着德必集团业务的快速发展，多数总监级管理者经历了快速提拔的过程，在管理角色的转变上存在巨大的挑战。另外，在一些基本的管理技能如辅导、激励、任务分配等环节上较不扎实。在访谈中获悉公司管理者绝大部分没有学习如何选人，并因此无法识别出可胜任人才，导致业绩不佳和组织利益受损。另外，部分职能的管理者如设计院的总监对专业的投入远远大于团队管理的投入，所带来的结果是部门单个项目设计还能够有效运作，多个项目设计同时运转时，就力不从心了。

德必集团在发展历程中也曾积极向外部寻觅高端人才，但由于行业处于发展期，成熟的职业经理人较少，另外，空降的职业经理人在企业文化融合方面也存在很多问题，所以后期组织在领导者的选拔上主要以内部晋升为主。

第 4 章　德必集团领导胜任力模型的构建

德必集团领导胜任力建模主要分为三个阶段：第一阶段，为实证调研并收集相关数据，以找到影响员工绩效的关键行为；第二阶段，对调研阶段解码的关键行为进行整理归类，并参照胜任力指标库，初步形成胜任力模型；第三阶段，主要对胜任力模型的初稿进行校验和修订，形成胜任力模型的终稿。

4.1　领导胜任力建模的前期调研与分析

本次领导胜任力建模调研主要采取四种方式，即战略及文化演绎、文献资料研究、行为事件访谈、问卷调研。

4.1.1　战略及文化演绎

战略及文化演绎主要从德必集团组织战略和文化相关内容出发，充分理解企业的愿景、使命、战略定位、举措及文化诉求，以抽象出领导者所需具备的能力要求。本次战略及文化演绎研究通过阅读德必集团相关历史资料，如集团上年度工作总结与未来战略工作规划、周年庆董事长讲话、集团文化手册提取了 6 个关键能力指标，分别为持续创新、商业敏感、系统思考、团队领导、战略前瞻、统筹规划(表 4－1)。

表 4－1　战略及文化提取指标

战　略　及　文　化	能力要素
不断升级优化与园区管理，增强园区整体服务项目的创新能力	持续创新
在公司内全面落实推进阿米巴管理模式，打造开放式的内部创业平台	商业敏感
组织结构未来需要由职能式向事业部制转变	系统思考

续 表

战 略 及 文 化	能力要素
打造符合集团战略的前瞻性人才，提升管理者领导能力与业务能力	团队领导
深入布局金融产业及大健康产业	战略前瞻
推进美国硅谷项目的设立与筹备，充分利用全球资源，并集中在中国发力	统筹规划

4.1.2 文献资料研究

通过对文献进行研读，了解整个文化创意产业行业领导胜任力要求及指标，将其作为模型构建的输入来源。由于国内外对文化创意行业领导胜任力研究较少，本研究从 6 篇文献里提炼出行业管理者需要具备的 5 项关键能力，分别为战略前瞻、持续创新、系统思考、快速学习、团队协作（表 4－2）。

表 4－2 文献资料研究提取指标

相关文献	战略前瞻	持续创新	系统思考	快速学习	团队协作
创意产业人才素质要求与胜任力研究[51]	创意人才必须具备敏锐的洞察力，对新的事物、信息非常敏感，善于发现未被发掘的新领域	创意人才必须能够打破传统的思维方式，不被陈旧的知识结构束缚	创意产业涵盖十多个门类，各门类之间有一定的相关性，如果能将这些不同的领域衔接起来，形成一个产业链，那么肯定会推动创意产业的全面发展	创意人才必须是学习型的，他们必须能够通过不断的学习来掌握前沿知识，必须从最新的行业变动、知识更新中寻找创意的灵感	—
文化产业创意经理人创意领导力研究[52]	在文化产品的创意生产阶段，创意经理人是文化产品的创意价值甄别和创意风险评估的先决保证	文化创意为产品和服务注入新的文化要素，如观念、感情和品位等因素，为消费者提供与众不同的新体验，从而提高产品与服务的观念价值	—	—	创意不再是思维灵感一发的结果，而是多元思维相互作用的过程；创意不再是个人的战斗，而是团体和组织的协同

续　表

相关文献	战略前瞻	持续创新	系统思考	快速学习	团队协作
文化创意人才胜任特征要求[53]	任何新生事物或变化都可能成为创意人才创作的源头，所以他们必须保持对外界事物的敏锐的洞察力	创意人才思维敏捷，善于汲取各种创意元素，不断推陈出新，勇于向传统模式叫板	—	对新知识、新技能有强烈的渴望，积极利用多种途径为自己创造学习机会，善于总结成功和失败经验，以寻找提升自身能力的途径	—
文化创意人才的创新困境及对策[54]	对于文化创意产业而言，消费者的文化需求及兴趣点在不断转换，单个产品或内容的风险永远存在，判断一次流行风向尚有迹可寻，永远把握流行趋势却几乎不可能	创新是文化创意产品的灵魂；所谓文化创意产品就是要打破文化刻板印象的束缚，创造性地运用多种技术和方法重新定义和弘扬文化内涵与特征	文化创意人才的创新点子仅仅是创意产品的起点，要想真正产业化落地运营还需要完成设计、制造、销售、改进等一系列的流程	—	文化创意人才在发展中要特别注意吸引不同领域的人才，组建复合型团队，各抒己见、各出其力
文化创意产业研发人才胜任力的结构特征及其开发机制构建[55]	对新异刺激的敏捷响应，善于发现未被挖掘的新视角和新领域	文创产业需要的是创新的思想和理念，需要打破常规去开拓新的发展空间，在坚守中突破思维定式，创造性地“标新立异”	—	优秀的文创人才都有强烈的学习愿望、良好的学习习惯和丰富的知识积累，不断赋予自己更深厚的学养、更丰富的经验和更纯熟的技法	—

续 表

相关文献	战略前瞻	持续创新	系统思考	快速学习	团队协作
文化创意人才胜任力结构研究[56]	思维活跃，个性张扬，见解独到，敢于创新，勇于接受挑战，具有突出的想象力、创新能力、审美辨别能力和创意表现力	—	不仅具备扎实、宽厚的专业知识结构，深谙产品创新的内在要求和本质规律，而且在消费心理、组织行为、人文经济、创新管理、市场营销、高科技等诸多领域拥有“越界”能力	拥有坚实的学习能力、分析能力、领悟能力和适应能力，渴望拥有能够发挥所长、成就事业的机会	—

4.1.3 行为事件访谈

行为事件访谈法主要是通过被访谈者过去具有代表性的成功或失败事件进行了解，分析其在关键事件中的行为及心理特征，以寻找区分员工绩效的关键因素。在访谈中，为获得较为完整的行为事件，通常会采取 STAR（Situation、Task、Action、Result）原则。

1）行为事件访谈前准备

（1）确定访谈对象

胜任力建模的访谈对象通常选择本岗位或绩效层级高的员工，以提取高绩效的行为特征，另外需要选择建模岗位或层级的领导，以了解对建模对象有哪些行为期望。基于此，本文选择了德必集团各职能的高管（总监、副总监级别）以及德必集团的董事长作为访谈对象。

（2）编制访谈提纲

访谈提纲主要从了解公司的战略及企业文化、工作任务及所需要能力、过往成功（或失败）的案例着手进行设计（附录 A）。

2）行为事件访谈中实施

本次行为事件访谈了德必集团核心管理者，覆盖了董事长，以及总裁办、创新服务中心、运营中心、项目开发中心、组织行政中心、财务中心、文化创意设计院、营销中心部门总监 14 名总监、副总监。以下以运营中心某副总监为例展现一份访谈记录（表 4-3）。

表 4-3　访谈记录示例

运营中心副总监 XX 行为事件访谈记录(部分)
我的工作主要是协助运营中心总监进行区域中心战略管理及物业管理。另外我需要制定组织整个大区的各项工作规范与指导,保证大区各园区运营工作的有序开展,包括物业服务的监督与检查、费用收缴、资源调配、员工管理等。 我认为作为德必的管理者,首先需要跟上时代的步伐,不断学习,而且要拜 80 后、90 后为师,我经常会参加其他行业的一些交流会,也会不断与其他部门的管理者一起交流,从这些途径学到新的思路。其次我们需要提升商业敏锐度。商业敏感靠个人的思路很难,需要群策群力,在工作中我会要求自己多与员工、客户沟通,了解他们的真正需求,这样才有可能制定好的商业决策。另外需要带好团队,对团队成员要帮助他成长,给予他全力的支持与配合,他才能心无旁骛地工作,才能在团队里待得长久。 对我来说最有成就的事是解决了德必运动 LOFT 园区一家印刷公司的纠纷,这家公司在园区初建的时候就入驻了,一直非常支持德必的发展。但是因为它是印刷公司,平时散发的气味严重影响了周边的客户,遭到了多次投诉,但一直没有解决。2014 年年初,我继任了这个园区的总经理,由我负责处理这个问题。 作为一个初任园区的总经理来说,园区的出租率还是很重要的,而且也是集团考核我最重要的指标。但是为了集团的整体利益以及园区的明确定位与长远发展,我决定啃下这个硬骨头。 在面临这个任务时,我首先收集了大量关于这家印刷公司的资料与文件,包括周边公司屡次的投诉记录,以及德必园区因为气味的原因一些客户公司退出了运动 LOFT 的案例。我甚至还搜索了这家印刷公司的整体盈利状况,未来可能的发展规划,以及印刷公司从长远考虑选址的建议。 经过了四个月的多轮谈判,这家公司在没有对德必产生任何负面情绪的情况下离开了德必园区。园区在原先印刷公司的地点重新修建了餐厅,整个园区远离了气味,且增加了园区客户工作生活的便捷性。

3）行为事件访谈结果分析

针对行为事件访谈的结果,需要进一步详细分析与解码,提炼德必集团总监级管理者应具备的关键能力要素(表 4-4),下面以某运营中心副总监的访谈记录为例。

表 4-4　行为事件访谈结果提取指标

访　谈　内　容	胜任要素提炼
需要跟上时代的步伐,不断学习,而且要拜 80 后、90 后为师,我经常会参加其他行业的一些交流会,也会不断与其他部门的管理者一起交流,从这些途径学到新的思路	持续学习

续 表

访 谈 内 容	胜任要素提炼
商业敏锐度靠个人的思路很难，需要群策群力，在工作中我会要求自己多与员工沟通，以及客户沟通，了解他们的真正需求，这样才有可能制定好的商业决策	商业敏感 客户导向
作为一个初任园区的总经理来说，园区的出租率还是很重要的，而且也是集团考核我最重要的一个指标。但是为了集团的整体利益以及园区的明确定位与长远发展，我决定啃下这个硬骨头	大局观念
在面临这个任务时，我首先收集了大量关于这家印刷公司的资料与文件，包括周边公司屡次的投诉记录，以及德必园区因为气味原因一些客户公司退出了运动 LOFT 的案例。我甚至还搜索了这家印刷公司的整体盈利状况，未来可能的发展规划，以及印刷公司从长远考虑选址的建议	系统思考 问题解决
经过了四个月多轮谈判，这家公司在没有对德必产生任何负面情绪的情况下离开了德必园区	沟通影响

经过对所有 14 名对象访谈记录的解码后，共提炼了约 30 个能力指标，其中按照频次的排名获得 17 个核心指标，具体见附表 B－1。

4.1.4 问卷调研

问卷调研法可以作为行为事件访谈的一个有效补充。问卷调研的结构通常包括：基本信息（如岗位、姓名等）、问卷说明（调查的目的、填写注意事项等）、问卷正文（列举一些关键领导胜任力指标，并让问卷填写者进行选择或者按照重要性排序）。

本次调查受组织规模和管理者数量的限制，难以大量分发问卷。共分发了 16 份问卷，其中覆盖了总监层级管理者 13 名，经理层面管理者代表 3 名。回收了 11 份有效问卷。本次问卷设计主要列出常见的领导胜任力指标，让德必集团高层管理者填写（附录 B）。通过分析，共产生 15 项能力指标，根据频次的排名获得 11 个关键指标，即激励感召、追求极致、持续创意、知人善任、发展员工、有效授权、关爱他人、大局观念、问题解决、目标管理、快速学习。

4.2　领导胜任力模型的初步形成

4.2.1　确定能力指标项及模型框架

通过对战略及文化演绎、行为事件访谈、文献资料研究、问卷调研的结果进行综合分析，获得了多项胜任力指标。但并非所有指标都纳入胜任力模型里，原则上需要至少两种方法解码的指标才能入选。

在圈定了入选指标后，对指标进行有机组合，搭建模型框架，并充分考虑“能力构面”，即胜任能力的构成层面来更好诠释胜任能力内涵，通常这些层面为并列关系或递进关系。

经过研究与分析，德必集团总监级领导胜任力模型包括战略前瞻（包括商业敏感与大局观念 2 个构面）、科学决策（包括系统思考与问题解决 2 个构面）、卓越执行（包括统筹规划与目标管控 2 个构面）、创新提升（包括快速学习、持续创新 2 个构面）、团队领导（包括知人善任、有效授权、培养发展、激励感召 4 个构面）。

4.2.2　撰写领导胜任力模型初稿

在确定了领导胜任力模型框架后，进一步撰写模型的关键内容，主要包括三个部分，即指标定义、行为等级、行为标准。

（1）指标定义

指标定义需要阐述清楚该能力指标在高绩效员工身上表现出的核心内涵，即具备什么样的行为及达成何种目标。

（2）行为等级

行为等级通常设置为三级或者五级，需要有明显的难度递进关系，可以通过动作的强度、影响的范围、主动的程度、行为的一贯性来作区分。德必集团的每项胜任力分为三个行为等级：初级为“部分具备，有待提升”，即面对所需要解决的特定任务、问题、情境或挑战时，不能充分表现出所需要的行为，甚至表现出负面或消极的行为；中级为“完全具备，推动落实”，即面对所需要解决的特定任务、问题、情境或挑战时，表现出所需要的关键行为；高级为“营造氛围，建立机制”，即表现出更高水平的行为，尤其是涉及跨团队、跨小组或跨部门的情况时表现出良好的行为。

（3）行为标准

可以从前期调研访谈中相应提炼与摘取，选取可在实际工作中观察的行为，并作为未来选拔、考核、培养的重要依据。

4.3 领导胜任力模型的优化与确定

4.3.1 领导胜任力模型初稿的优化

因为领导胜任力模型的初稿主要是根据调研阶段的数据进行提炼和总结而来，过程中可能存在因为对行业或者组织理解不够而引起的偏差，所以，针对模型初稿，和业务专家共同研讨，并对模型进行优化显得尤为必要。

经过与相关主题专家进行半天研讨后（表 4－5），汇集了大家对于模型的修改建议，并做进一步的优化，主要体现在三个方面。

表 4－5 德必集团总监级领导胜任力模型优化研讨会

领导胜任力模型优化研讨安排	
研讨目标	通过研讨对德必领导胜任力模型进行进一步优化
专家构成	德必董事长、核心高管、人力资源部相关成员、外部顾问
研讨议程	1. 介绍领导胜任力模型初稿
	2. 展示胜任力指标入选的依据，指标整体逻辑
	3. 专家对胜任力模型提出修改建议 （1）胜任力模型的逻辑是否合理？ （2）胜任力指标是否有遗漏？ （3）胜任力指标名称是否精准？ （4）行为标准是否适合？

第一，在卓越执行维度增加“沟通影响”构面，沟通影响本身应该是员工及基层管理者就应该具备的能力，但是德必集团高层管理者尤其需要进一步提升自身的沟通影响力来解决项目推进过程中的资源协调和频繁冲突。

第二，创新提升维度增加“自我颠覆”构面，因为德必集团在当下竞争激烈的市场发展过程中需要抛弃过往的成就，颠覆固有的思维，以换取新的商业机会。

第三，快速学习更改为“跨界学习”，传统的学习模式已经发生改变，在德必集团当今的商业环境中，更需要考虑如何与其他行业，如互联网、智能制造等发生联动，提炼其精髓，并转换到自身的实践中。

4.3.2　领导胜任力模型的案例收集

针对能力模型，持续收集了德必集团内部的一些优秀案例（表 4-6），一方面可以对胜任力指标作形象化的诠释，另一方面对优秀行为者起到激励的作用，有益于领导胜任力模型后续的宣传与推广。

表 4-6　基于能力项的优秀案例收集（部分）

能力指标示例	正　面　案　例
沟通影响	徐家汇广场提供一套针对园区的机电设备，空调费每年需要几百万。项目部总经理觉得较科学，可以引进。但是工程部的总经理觉得价格太高。后来大家经过讨论，决定请相关领域的专家来做评估，最后的结果是引入一套新的设备，每年省出了 60 万～70 万元的成本。通过将事件利益相关者召集在一起，坦诚沟通，共同讨论，就可以化解矛盾
大局观念	公司创建了一个针对园区客户福利的阳光关爱机制。经理 1 000 元、主任 500 元、客服 200 的权限，而且必须执行。建立这个机制的出发点是我们需要有大局观念，但当时有很多人不能理解。这个机制的好处是将园区与客户的关系拉近了，即从对物的维护到对人的维护，通过对客户提供更多的细节服务来获得客户的青睐
知人善任	公司原培训中心有名主任，对培训非常热爱，有很广的知识面，且非常擅长授课，在整个中心的授课业务上有非常出色的表现。后来去晋升做培训经理，但是缺乏培训体系搭建这方面的经验，难以胜任。在充分对这名员工优劣势评估后，以及与相关部门和本人沟通后，决定推荐他担任副总裁助理，他在这个岗位上表现非常出色，而且兼任内部讲师的角色，给公司带来很大的价值

4.3.3　德必集团领导胜任力模型的最终确定

在经过前期调研分析获取关键指标，构建胜任力模型和关键行为撰写，以及专家研讨对模型的修订完善后，形成德必集团总监级领导胜任力模型框架（图 4-1）与行为标准描述（附录 C）。

德必集团总监级领导胜任力模型涵盖的五项能力，分别为“战略前瞻”“科学决策”“卓越执行”“创新提升”“团队领导”。“战略前瞻”包含商业敏感、大局观念 2 个构面；“科学决策”包含系统思考、问题解决 2 个构面；“卓越执行”包含统筹

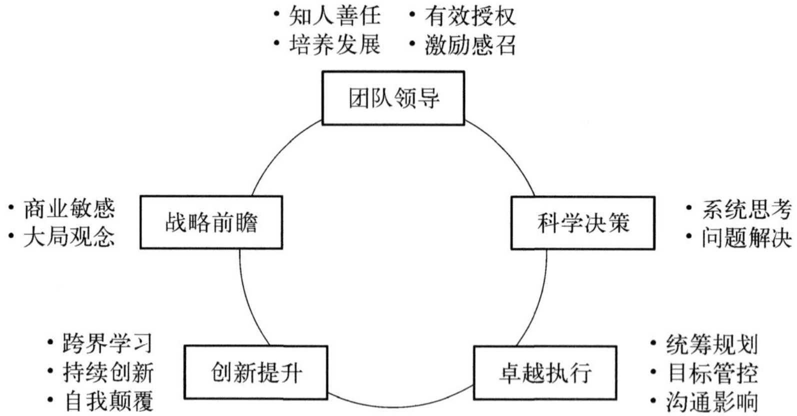

图 4-1 德必集团总监级领导胜任力模型框架

规划、目标管控、沟通影响3个构面;“创新提升”包含跨界学习、持续创新、自我颠覆3个构面;“团队领导”包含知人善任、有效授权、培养发展、激励感召4个构面。

第 5 章　德必集团领导胜任力评估

在领导胜任力模型建立之后，需要进一步通过评鉴中心的方式来明确德必集团领导胜任力的现状与差距。主要内容包括对评估方式的界定、测评场景与题本的设计、测评的实施，以及测评数据的分析，为后续领导胜任力提升的方案设计建立输入。

5.1　德必集团管理团队领导胜任力测评

5.1.1　评鉴中心测评工具的设计

1）建立评估矩阵

并不是某一个能力指标适合用所有的方式来评价，如案例分析并不适合评估被测者的沟通能力，角色扮演很难评估被测评者的系统思考能力。所以本次研究根据测评方式所适宜考察的特定能力来建立相应的评估矩阵，并确定公文筐、角色扮演、无领导小组讨论、案例分析、行为面试访谈法（Behavioral Event Interview，BEI）为本次评鉴中心的测评方式（表 5－1）。

表 5－1　不同领导胜任能力的评估方法

	公文筐	角色扮演	无领导小组讨论	案例分析	BEI
商业敏感	√		√	√	
大局观念	√		√	√	
系统思考	√		√	√	
问题解决	√	√	√	√	
统筹规划	√		√	√	

续 表

	公文筐	角色扮演	无领导 小组讨论	案例分析	BEI
目标管控	√	√	√	√	
沟通影响		√	√		√
跨界学习				√	√
持续创新					√
自我颠覆					√
知人善任	√	√			√
有效授权	√				√
培养发展	√	√			√
激励感召		√			√

2）测评场景设计

评鉴中心在题本的设计原则上需要模拟管理者在工作中的场景。本次评鉴中心以德必集团为蓝本，设计了一个虚拟企业德盈，目的是将被测评者置身于一个真实、熟悉的公司场景中，以提升测评的有效性。评鉴中心整体的背景设计包括学员角色即在德盈集团所担任的职位与负责的主要工作；学员任务即本次评鉴中心中所需要完成的具体任务；以及模拟公司的基本状况，如发展历程、企业战略、组织架构、财务收入等（表 5－2）。

表 5－2 评鉴中心测评场景

<table>
<tr><td colspan="2">学员角色</td><td>在今天的模拟练习中，您将扮演德盈集团文化产业事业部总经理张云，您的任务是全面负责该事业部的管理和经营</td></tr>
<tr><td colspan="2">学员任务</td><td>今天的任务包括和公司内部人士谈话，完成常规邮件处理、参加工作会议谈判以及制定一系列的问题解决策略</td></tr>
<tr><td>虚拟公司背景</td><td>德盈发展历程</td><td>2004 年 10 月，德盈成立于苏州，公司创业初期，主要以开发、出售、出租、管理苏州工业园区内写字楼等项目。
历经几年高速业务发展，也得益于苏州园区规模化扩张，至 2009 年，公司已经具备开发、运作产业、文化及重建项目的能力，苏州周边地级市运作的成功项目多达十余个</td></tr>
</table>

续　表

虚拟公司背景	德盈发展历程	2010 年，德盈运作上海嘉定原工业区改造项目，嘉定 LOFT 创意产业园区获得高度评价；为更好地服务华东地区市场，德盈办公地点迁址上海市区；同年 7 月，正式成立德盈集团。 2013 年，德盈与日本东映株式会社达成战略协议，引进日本动画人物版权，打造游戏动漫产业园项目，发力国内游戏产业。 2014 年，集团销售额达 28.7 亿元；管理项目达 21 个，服务企业达七百余家，管理面积达 220 万平方米
	德盈企业战略	战略目标：强化品牌，挖掘新的市场和客户需求，通过差异化经营，成为国内最强的文化产业运营集团； 战略路径：以卓越的运营能力带动品牌经营、坚持精品路线和差异化竞争、汇集优秀的文化、娱乐、游戏创业团队，为他们提供发挥能力的舞台和整合他们所需要的资源，形成内部的人才培养机制
	德盈企业的SWOT分析	优势(strengths，S)：较早专注于文化产业的建设，“德盈”品牌的知名度较高；对于复杂项目的运营能力很强，善于把握产品特点，对项目把握准确。 劣势(weaknesses，W)：人才储备不足，难以跟上业务发展需求，体系化和管理制度尚不成熟，新项目孕育和经营机制不完善，公司利润集中在常规文化产业项目，新项目经营状况普遍不佳。 机会(opportunities，O)：产业园区逐渐成为区域经济发展的引擎，带动着区域整体实力提升；地方政府政策的扶持和传统地产的衍生价值被挖掘；国内还没有成熟的文化产业运营集团公司，未来的复合型和大规模非常值得期待。 威胁(threats，T)：相比于产业园区的投资风险，文化、旅游等概念运营的产业园更加稳定和可控，传统开发商更加重视并已有很多跨界合作项目；文化创意产业涵盖面广、产业链很长，对资源整合的能力要求很高

3) 测评题本设计

以德盈集团的整体背景为依托，设计文件筐、无领导小组讨论、角色扮演、案例分析等具体的测评内容。以角色扮演题本为例，基于过程中使用者的不同共设计了三份手册。

(1) 手册 1：《角色扮演受测者指导手册》

制定目的是让角色扮演受测者了解扮演的背景，明确模拟任务需要达成的目的，并让其尽快进入扮演角色(表 5－3)。

表 5－3　角色扮演受测者指导手册

指导语	您好！欢迎参加德必高管发展评估项目。您现在即将进行的是角色扮演测试。在这一环节中，请暂时忘记您的身份和职务，以材料中给定的身份与您的下属何勤进行转岗面谈

续 表

您的角色	您将扮演德盈集团文化产业事业部总经理张云
任务要求	何勤的能力不能胜任新的市场形势的要求，恰逢苏州区域运营经理丁立提出离职，因此公司决定让其转岗，担任苏州区域运营经理一职。您希望通过沟通，促使他接受转岗的决定，激励他在未来岗位上好好表现。此外，还须说服他顾全大局，不要因为这个决定而作出有损于公司的事情。由于您 30 分钟以后还有个高层会议，因此这次谈话只有 30 分钟时间
测验时限	准备讨论：20 分钟 与何勤讨论：30 分钟
背景信息	下属何勤，现任文化产业事业部营销部苏州区域经理，负责苏州区域的营销工作，至今已经 3 年。 何勤今年 35 岁，本科学历，在德盈集团工作了 10 年，是整个德盈集团司龄最长的员工之一。何勤从最基层的园区运营管理做起，后来随着业务的扩张，转岗至项目销售人员。凭借着在做园区运营管理时与客户建立的良好关系基础，何勤业绩完成得不错，后来逐步成长为营销部的经理。何勤经验丰富，对细节敏感，并对下属要求严格，一丝不苟。但是，何勤也存在一些缺点。首先，他比较固执，对于他人意见的接受能力比较弱；其次，他有时会过度关注细节，而在目标感和创新意识上有所欠缺。 何勤对待其他部门的员工态度谦和，平易近人，但对于本部门的部分下属却缺乏耐心和尊重。他经常毫不留情地批评下属的工作。有一次，一名年轻员工连夜加班完成的一个企划方案，却因为在某些细节问题上考虑不周，被何勤当众讽刺“一夜弄了一杯白开水”。几名年轻的企划经理戏称：“要想让何经理批准我们的方案很简单，只要在几个备选里选最‘完美’的，看起来最牛的那个！” 目前，在何勤手下的 9 名员工里，许多员工都很年轻，有冲劲，但是工作经验不够丰富。在用人方面，何勤比较欣赏和重用的，都是对他毕恭毕敬且言听计从的员工，难以接受下属的反对意见和他人的批评，这导致很多员工因为看不惯其做派而离职。仅去年，就有 3 名下属离职，其中有个人原因，也有何勤的管理问题。 由于我国文化创意产业园建设势头强劲，在政府对文化产业园区的积极引导下，催生了一批产业集聚效应明显的创意产业园区。在这样的形势下，人才成为行业竞争的重要环节。管理层越发觉得，何勤作为营销部经理，其能力难以适应行业的发展要求。 事实上，虽然前几年苏州区域业绩完成情况良好，但是从 2017 年下半年至今，已经连续 4 个季度业绩没有达标，而且是华东市场 2018 年上半年业绩完成率最低的一个区域。华东区域营销总监赵丰也对何勤的工作感到不满，常常批评何勤的格局太小，缺乏突破和创新，比如，2017 年有一家刚创业建立的互联网公司 MYO 希望能够入驻何勤所管理苏州区域的某一园区，MYO 负责人向何勤讲述了 MYO 的未来的经营战略，期望德盈能够以租金入股的形式参与到公司的成长发展，但何勤认为以往从来没有过这种合作形式，拒绝了租金入股。然而 MYO 一夜暴红，短短的半年时间市值增加了 20 多亿元，公司觉得错失了与 MYO 的合作而非常地遗憾。

续　表

<table>
<tr><td>背景信息</td><td>一方面为了提升苏州公司营销工作的质量，另一方面集团希望未来能够提升园区运营服务水平，将苏州区域园区作为集团开展创新增值服务的试点区域，你和公司总经理以及人力资源总监商量后，决定采取以下人事变动。
(1) 不再让何勤担任苏州区域营销经理一职；
(2) 由何勤的下属，31 岁的李云（目前为苏州区域营销部副经理）负责部门的整体工作；
(3) 何勤改为担任苏州区域的园区运营经理，协助运营总监刘莉制定苏州区域所有园区的运营管理战略，负责苏州区域所有园区运营管理工作，为入驻所辖园区的客户提供服务。
该任命将从 2018 年 10 月 1 日起生效，目前尚未公布。
这个任命对于何勤来讲，很可能是个重大打击。首先，何勤一向和李云关系不睦。李云毕业于名牌大学，他思维开放，鼓励创新，富有朝气。李云还有一大优点是务实，他在鼓励创新的同时，能够对项目进行务实的分析。何勤和李云经常因为对问题的看法不一致而争吵，何勤也曾向你暗示要让李云换岗，但被你拒绝了。另外，何勤从园区运营管理工作转岗至营销工作，现在认为运营部门工作简单，不受公司重视，之前运营的经理丁立也是因为在公司没有发展而选择离开。
你认为何勤的管理风格和能力特点更适合园区运营工作，且何勤曾有过园区运营管理的工作经验。可以预料，何勤对这个决定的反应会非常激烈。因此，你决定在任命之前先跟何勤沟通一次。
其他信息：最近公司对所有中层以上管理人员作了一次 360°评估，何勤的评估结果如下（他本人对结果并不知情）

何勤的 360°评估结果（摘要）
<table>
<tr><th>指　标</th><th>自我评价</th><th>上级评价</th><th>同事评价</th><th>下属评价</th></tr>
<tr><td>责任感</td><td>4.5</td><td>3.5</td><td>3.0</td><td>3.8</td></tr>
<tr><td>诚信正直</td><td>5</td><td>5</td><td>4.2</td><td>4.2</td></tr>
<tr><td>创新意识</td><td>4.5</td><td>2.5</td><td>2.6</td><td>2.3</td></tr>
<tr><td>团队协作</td><td>4</td><td>3.5</td><td>2.4</td><td>2.5</td></tr>
<tr><td>专业知识</td><td>3.5</td><td>3</td><td>3.3</td><td>2.8</td></tr>
<tr><td>沟通能力</td><td>4</td><td>3.5</td><td>4.1</td><td>3.1</td></tr>
<tr><td>结果导向</td><td>4.5</td><td>2.5</td><td>3.1</td><td>2.8</td></tr>
<tr><td>激励团队</td><td>4.5</td><td>2</td><td>3.3</td><td>2.2</td></tr>
<tr><td>发展团队</td><td>4</td><td>2.5</td><td>3.3</td><td>2.4</td></tr>
</table>
</td></tr>
</table>

(2) 手册 2:《角色扮演者指导手册》

制定目的是为保证角色扮演的公正性,在每一轮的测评中设置同一名扮演者担任下属何勤的角色,并设计了《角色扮演者指导手册》,界定了操作流程与角色扮演中应采取的表现(表 5-4)。

表 5-4 角色扮演者指导手册

角色扮演者操作流程	步骤 1 欢迎受测者:"以下的测验,让您有机会示范如何处理员工的工作表现问题。" 步骤 2 解释测验的好处:"当您示范如何与员工检讨工作表现时,可让我们有机会观察您的实际表现。您亦可体会作为我们公司领导人员的感受。" 步骤 3 简介测验内容:"在测验中您是德盈集团文化产业事业部总经理张云。我会扮演您的下属何勤。" 步骤 4 提供受测者指引:提供有关情况及下属何勤的背景资料; 步骤 5 提供指引:"您将有 10 分钟时间阅读资料及准备讨论,讨论大约长达 10 分钟。如对资料有任何疑问,可在阅毕后提出。" 步骤 6 当受测者阅毕后,请回答他的问题,然后开始测验; 步骤 7 完成测验后,提出模拟测验结束提问; 步骤 8 向受测者收回测验的参考文件; 步骤 9 填妥评分表
角色扮演者态度与表现	你应采取态度:自我认为各方面都不错。在讨论的过程中,态度谦和,对上级尊重,你应向事业部总经理表达不满的情绪,但不至于抱着对立态度。但当引发转岗、李云接任问题时,情绪爆发。不大愿意与他交流,讨论时的态度可采取爱理不理。比较固执,关注细节,对下属严格,但对大局和目标感比较欠缺。 如果对方表现"针对及批判性的态度",你就"维护自己,表示不满"; 如果对方表示"诚意赞赏你过往的优秀表现",你就"表示感谢"; 如果对方表现"提出适当的问题",你就"持合作的态度"; 如果对方表现"查询太多问题",你就"维护自己,询问参加者实际上有什么意见"; 如果对方表现"积极解决问题",你就"持合作态度"; 注意:大部分的受测者只会运用测验所提供的资料,但有些会编造资料。在这种情况下,请仍然谨记你在扮演何勤的角色
角色扮演者模拟指引	开始模拟测验,可说:"您要见我吗? 我有一项紧急的工作需要在 5 点以前赶好,那我们只可以谈 30 分钟。" 模拟测验过程中,让受测者主动进行讨论。不要引导谈话,让被评估者提出具体的询问。 你须以坚定且合理的态度提出投诉,并回答问题。 倘若参加者编造资料,可说:"我不了解这些资料,我认为有关的政策是……"

续　表

隐藏信息	以老员工自居，对下属要求严格，认为下属员工是80后、90后，好高骛远，做事不够勤奋自觉，创新欠缺思考和分析。 认为当前市场下，市场竞争过于激烈，营销工作难度比较大。 认为李云年轻，做事情虽然比较认真，但对自己不够尊重。 认为李云对下属不严格，经常纵容部门里的年轻人，背着自己搞小圈子。 认为园区运营工作相对简单，不受公司所重视。 对于调职表示抗拒，职业发展方向发生重大变化，认为背离了自己这么多年的营销方面的努力，回到多年前的园区运营管理工作。 对于调职，认为是公司对不起老员工，对自己是一种变相的冷藏。 对于继任人选是李云，表示强烈抗议，认为公司欠考虑，对自己的领导威信是一种打击，让自己很没面子，而且也不认为李云的能力能管好营销工作，部门里的年轻人将更加无法无天
扮演技巧	反复强调下属的诸多不足，认为不符合公司和自己的要求； 对于李云表示不满，要求调走李云； 认为园区运营工作简单，无法发挥自己的价值； 如果没有提及继任人选，要主动询问，并给予问出结果的压力； 当对方言辞之中未能体谅，或说话不中听时，表现出不理解与愤怒，甚至可以表示要离职； 注意控制幅度，不要过分，以至于无法让测评对象发挥； 当对方表现出尊重、感召、注重个人发展、换位思考和体谅时，态度有所缓和； 到时间了，如果对方不提出结束，则找借口(还要在5点前处理完紧急工作，下次再交流)结束对话

(3) 手册3：《角色扮演考官参考要点》

制定目的是建立测评的依据与准则，保证不同考官对测评者评估的方向与尺度能够相对统一，以保证评估的公正性。在设计过程中，主要基于德必集团领导胜任力模型的关键行为以及模拟情景，制定相应“评分要点”以及“评分原则”(表5-5)。

表5-5　角色扮演考官参考要点

原　则	本次测评的题目比较开放，受测者可以从不同角度阐述自己的见解及理由。题目没有标准答案，重要的是在角色扮演过程中对受测者进行观察
评分要点	1. 有没有对下属的工作成绩进行肯定？有效安抚下属情绪？ 2. 能不能对下属存在的工作差距进行合理分析：团队管理能力、业绩差距、突破创新等。 3. 能否对下属进行有效激励，即发现未来工作岗位的发展空间，鼓励其在新的工作岗位上努力发挥个人价值。 4. 能否将下属未来的工作目标与德盈组织发展目标联系起来，形成合力

续 表

评分设计	根据受测者表现分为五档 不符合(1 分)：没有观察到，或几乎没有这方面的能力； 部分符合(2 分)：有些部分符合，但是仍需改进； 符合(3 分)：达到令人满意的程度，但还有发展空间； 很符合(4 分)：在这方面表现出很强的能力； 非常符合(5 分)：很好的范例； 尽量打整数分，小数只能打半分，对表现略有差异的被评估者要进行区分，如 3.5 分

5.1.2 测评工具的实施

1) 测评师的确定

社会心理学家的研究发现，评价员或者观察员的个体差异可能在四个方面影响社会评价，即价值观差异的影响、评价能力差异的影响、认知方式差异的影响、个人的情绪和偏见。而解决此问题的重要途径有设置多重模拟、安排多个测评师，以及测评前安排培训[57]。

在测评师数量的合理性上目前极少有研究涉及，主要原则可根据模拟的空间大小、时间长短、难度高低来合理设定。如空间范围大、时间长且难度高的模拟项目需要更多的测评师，以保证观察质量。

就测评师的来源而言，通常由公司的高层管理者或者外部顾问担任，从公司内部选择测评师的优势是成本较低，且能够在测评工作中对评鉴者有更深入与直观的了解；劣势是难以转变在日常工作中对评鉴对象产生的固有印象，影响测评结果的准确性。利用外部顾问做咨询师的优势是评鉴专业性更强，能站在第三方的立场给出公正的测评结果；劣势是成本较高，且对行业及公司的文化体制不够熟悉，影响对行为背后环境因素的分析判断。

本次评鉴中心的测评师主要邀请外部顾问。并严格设置了测评师的背景要求(表 5-6)。最后安排了六名测评师，其中每个单场模拟保证有两名测评师观察一名测评对象，其中一名为主测评师，另外一名是辅测评师。

表 5-6 测评师的背景要求

测评师类型	背景要求
主测评师	1. 5 年以上人才测评经验； 2. 独立设计过 4 种以上评鉴中心题本，如文件筐、无领导小组讨论、案例分析、BEI、角色扮演等；

续　表

测评师类型	背　景　要　求
主测评师	3. 作为主测评师曾经主导过 5 场以上的管理者评鉴中心； 4. 独立完成过 50 人以上评鉴中心报告的撰写与反馈
辅测评师	1. 2 年以上人才测评经验； 2. 在他人协助下设计过评鉴中心相关题本； 3. 参与过至少 3 场评鉴中心的观察记录活动； 4. 接受过评鉴中心的相关培训与认证

2）评师的培训

测评前的培训主要聚焦在三个方面：一是对评价标准的共识，主要包括维度的定义以及关键行为示例；二是测评工具的理解，主要包括评鉴中心的工作场景、各情景模拟的题本设计思路以及评判注意事项；三是观察技能的练习，主要包括行为区分的案例、行为记录的技巧等。

3）现场测评与记录评分

本次评鉴中心从核心部门，包括工程开发、财务中心、运营中心、组织行政中心、营销中心、创新服务中心、项目管理挑选了七名总监级别管理者进行测评。

评鉴中心在实施过程中，测评师对被测评者的行为做现场观察，并尽可能详细记录。此外，过程中的观察必须以行为为基础，评价者的观察范围包括每个参与者非言语的行为，如肢体动作；言语行为包括每个参与者所陈述的观点，但没有表明一些逻辑与事实，以及时间细节，包括说话语速、沉默时间长短等。在模拟结束后，测评师整理行为观察的结果并归类到相应的能力指标中。最后，测评师独立完成总体评分，并且公布结果，为后续小组整体评分讨论打好基础(表 5－7)。

表 5－7　打分汇总表

能力维度	分　数	关键行为记录
测评对象：		
测评师：		

4）小组讨论与决策

有关评鉴中心集体决策心理的研究结果表明，小组评价要比个人评价的效果更好。但最好的个人评价要优于小组的整体评价，因为小组评价仍存在一些弊端，如易屈服多数人或者权威人士的意见。小组讨论的关键是找到最准确的个人评价。所以在本次测评结束后举行了小组讨论，过程中需要测评师基于打分结果给予尽可能多的行为例证，并且鼓励大家从不同角度进行沟通交流，作出更精准的评价。经过小组的最终讨论，得到所有被评测者的得分状况（表 5－8）。

表 5－8　测评对象得分汇总表

等级 分项	商业敏感	大局观念	系统思考	问题解决	统筹规划	目标管控	沟通影响	跨界学习	持续创新	自我颠覆	知人善任	有效授权	培养发展	激励感召
A	2	3.5	2.5	3	3	3.5	2.5	2.5	2.5	2	3	3.5	2.5	3
B	2	3	2.5	3	3.5	4	2.5	2	2	2	3	4	2	2.5
C	4	3.5	4	4	3.5	3.5	3.5	3.5	3	3	3.5	3	3	3.5
D	2.5	3.5	2.5	3	3	3	3	3.5	3	3	2.5	2.5	3	3
E	3	3.5	2.5	3.5	2.5	3.5	3	2.5	2.5	2.5	3.5	3	2.5	3
F	3	2.5	2.5	2.5	2.5	2	3	3	2.5	2	2.5	2	2.5	2.5
G	3	3.5	3.5	3	3	3.5	2.5	3	2.5	3.5	3	3	2.5	2.5
平均分	2.8	3.3	2.9	3.1	3	3.3	2.9	2.9	2.6	2.6	3	3	2.6	2.9
最高分	4	3.5	4	4	3.5	4	3.5	3.5	3	3.5	3.5	4	3	3.5
最低分	2	2.5	2.5	2.5	2.5	2	2.5	2	2	2	2.5	2	2	2.5

5.2　德必集团领导胜任力测评结果分析

测评数据的分析主要从两个角度：角度一是统计所有维度的平均分以及每个维度的最高分和最低分；角度二是统计各维度在每个分数段的人数分布，如 3 分以上及 3 分以下的能力维度。通过以上分析，获取团队的平均水准以及整体能力的优势项与待提升项。

5.2.1　管理团队存在的主要能力问题

经过平均分数据分析可知，群体所有维度的平均得分 2.9 分，总体来讲，还具有一定的发展空间。从平均分来看，大局观念、目标管控、问题解决得分相对较高（超过 3 分）；持续创新、自我颠覆、培养发展等得分相对较低（图 5－1）。

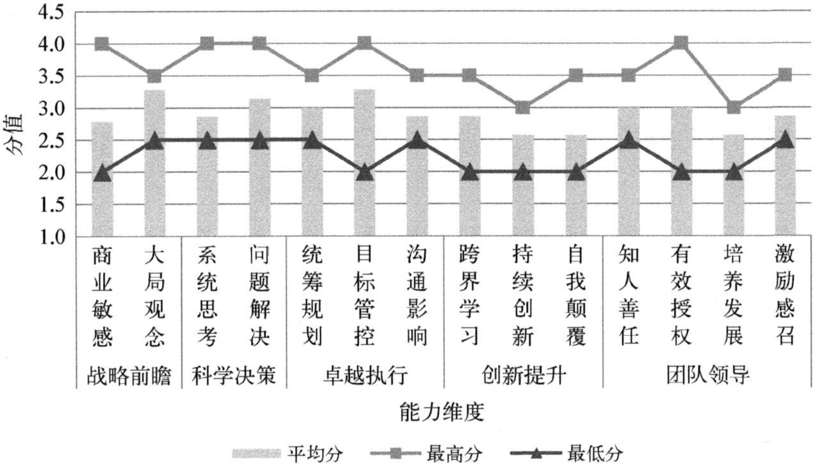

图 5－1　群体测评结果平均分数据分析表

经过各能力维度在各分数段分布数据分析得出，针对 3 分以下（部分符合或不符合）的维度，系统思考、持续创新、培养发展多达 5 人次，自我颠覆为 4 人次，商业敏感、沟通影响、跨界学习、激励感召为 3 人次。针对 3 分以上（很符合、非常符合）的维度，大局观念、目标管控多达 5 人次（图 5－2）。

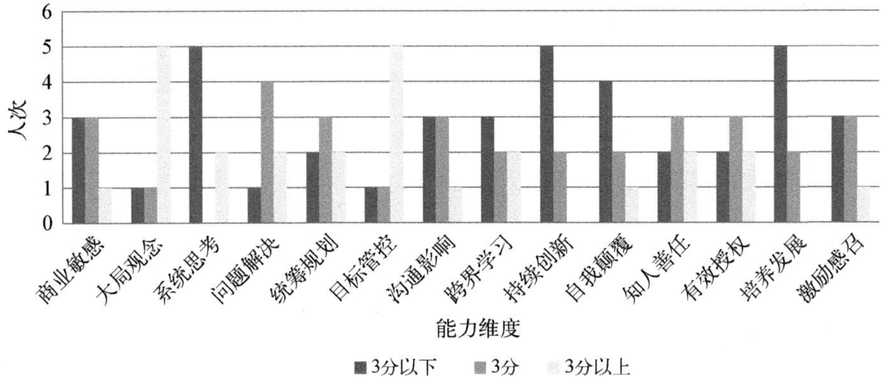

图 5－2　群体测评结果分数段分布分析表

通过以上相关统计分析，对德必集团本次测评的结果做了相应归纳和总结。

1）团队能力优势项

整体来说，受测群体在“大局观念”“目标管控”上得分较高，具有比较强的执行力，在面对有确定目标和方向的事情时候，能够努力开展工作，按照预定的计划有策略地推动工作，最后达成工作目标。

2）团队能力待提升项

（1）测评群体影响他人的能力需要提升。在无领导小组里，大家普遍关注自身观点，较少顾及他人利益与诉求。但在一个商业模式较为复杂、需要频繁对内对外沟通的环境，需要关注公司整体战略目标达成以及各方利益的平衡。

（2）多数受测员工依赖过往的管理经验，容易忽略关键的商业信息。另外，受测群体关注点停留在具体事务性工作上较多，缺乏主动分析外部环境和政策对业务的影响的积极性，并将财务、市场、运营进行有机结合。

（3）“持续创新”与“自我颠覆”表现不均衡，部分受测员工能够积极响应企业或他人提出的创新要求，并且对传统思路质疑；但也有个别受测者对他人的创新想法不关心或者不敏感，习惯否认他人新的观点。

（4）多数受测者在解决问题时仅仅聚焦在特定任务或问题上，难以上升到组织或者更宏观的视角去思考，导致问题分析不够深入，难以找到症结并提出优质的解决方案。

（5）多数受测者表现为“重业务、轻管理”，虽然能够根据下属不同特点合理分配工作，并在下属寻求帮助时及时给予支持。但是在管理方法和技能方面表现较为单一，缺乏系统性的下属培养规划以及灵活的激励方法。

5.2.2 人员能力差距背后的原因分析

对于德必集团高层管理者所表现出的能力差距，经过与德必集团管理者及与测评师研究分析后，得出如下原因。

1）管理者能力跟不上组织的快速成长

拉姆·查兰[29]将领导胜任力梯队分成七个层级，即管理自我、管理他人、管理经理人员、管理职能部门、管理事业部、管理业务群组、管理全集团，每个层级的转换都需要在角色认知、管理技能和时间管理上做巨大的升级。德必集团处于快速成长期，公司在非常短的时间内建立了多个园区以占领市场，许多管理者在还未胜任当前角色的情况下即被快速提拔，缺乏管理经验的积累。

2）缺乏有效领导胜任力项目的支撑

德必集团在企业快速发展的过程中，也意识到管理者的能力跟不上组织快速发展的问题，举办过多场领导胜任力培训，或者派公司管理者去参加相应公开课，但因为缺乏有效的能力标准，培训主题的内容缺乏针对性。另外，训后有效的跟踪难以落实到真正的工作中，培训整体效果不佳。

3）管理者缺乏自我认知

德必集团在行业内一直处于比较领先的地位，公司管理者也是其他竞争对手猎取的对象，在这种情况下，管理者个人缺乏对自我领导胜任力的清晰认知，管理者改变自我行为，提升领导胜任力的意愿还没有充分激发。

4）缺乏良好团队工作机制

组织一言堂的文化较为严重，公司在逐渐壮大的过程中关键事项的决策多依赖于董事长一人来制定。群体层面在缺乏良好的团队沟通机制的情况下，发生利益冲突时多采取争吵或者依赖权力的方式来决定，而非采取群策群力的方法达成共识。

5）业务流程与组织结构

公司在发展过程中多注重财务性指标，忽视组织体系与流程的建设，各部门之间仍存在职责空白和流程界面的模糊地带。且传统职能部门的架构设置方式让管理者更易从本部门的角度考虑，难以站在组织宏观的角度去思考问题，导致在部门之间的沟通上存在很大障碍。

第6章　德必集团领导者培养方案设计

根据测评的结果制定领导胜任力的发展方案，主要从目标与内容、学习方法来统筹设计，在设计的过程中，不仅需要关注被测评学员的共性需求，还要根据学员个体测评结果的差异、岗位的差异设计针对性的提升方案。

6.1　领导者培养目标

根据评鉴结果，本次德必高管领导胜任力共性提升的内容为：创新提升、系统思考、商业敏感、沟通影响、团队领导。为了实现领导胜任力差距的弥补，以及未来组织对领导胜任力长效培养机制建立的需要，从个体、群体、组织三个层面加以设计。

1）个体层面

提升德必管理者在创新提升、系统思考、商业敏感、沟通影响、团队领导方面的共性能力以及个性能力，形成有效的领导行为，不仅可以适应现在的岗位要求，同时可以为未来德必集团战略转型作好准备。

2）团队层面

建立群策群力的沟通机制，打破以往各自为政的局面，形成“自我探索，相互倾听，共享愿景”的氛围，促进各业务部门形成合力，推进战略的落地。

3）组织层面

借助德必集团领导胜任力模型，固化德必集团领导胜任力行为规范与要求。同时通过本次领导胜任力发展方案的研究形成一套与德必集团发展相适应、具有特色的人才培养与开发机制，推动“互联网”转型和社群模式在新模式、新方法、新思路方面的探索。

6.2　领导胜任力培养方案主要方法

领导胜任力培养不可一蹴而就，它是一个系统的过程，需要综合考虑观念改变、知识输入，以及行为改变，以达到良好的效果。德必集团本次领导胜任力培养方案设计的主要方法为个人发展计划制定、学习与实践、阶段性复盘。

在胜任力提升方案落地的核心困难是如何与学员本身的工作密切结合，即在工作的过程中提升自己的领导胜任力，而非脱离工作本身进行学习，否则不但没有训练的基础，还容易给学员带来额外的负担而影响学习动力。所以方案的三个环节，即个人发展计划制订、学习与实践、阶段性复盘均需要紧密围绕管理者的工作任务来设计与开展。此外，需要在计划制订时充分考虑后续所需的支持资源，如给学员配备相应的导师、对领导胜任力提升情况进一步跟踪与辅导。

6.2.1　个人发展计划制订

本次个人发展计划针对参加评鉴中心的 7 名总监级管理者。内容制订的主要原则是需要联系公司的战略与业务，以及岗位本身工作任务的特点，避免个人发展计划的空泛。如德必集团业务战略未来需要更多的创新增值服务给予客户，各部门的总监级管理者在制订个人发展计划时，需要联系岗位工作职责，思考如何颠覆过往的思维模式，收集更多的创新想法并在部门业务上实现创新。

行动计划的制订过程主要是三个步骤。步骤一是确定能力项，在学员阅读完个人测评报告，并与领导胜任力模型关键行为对比后找到个人现阶段最需要发展的能力指标。在能力项的选择上可以是优势项或待发展项，主要着眼于未来更好地开展工作或提升领导胜任力。步骤二是基于确定的能力指标制定具体的目标与行动方案。步骤三是确定相关支持因素，如为了便于持续监督推进和学习效果评估确定衡量的办法与时间节点，以及完成行动方案所需要组织提供的资源。所有行动计划的维度需要被测评者在独立思考完成后与其管理者讨论并达成共识(表 6 - 1)。

表 6 - 1　个人能力发展计划样例

个人能力发展计划					
能力项	目标	可采取的行动	衡量办法	时间节点	所需资源
培养发展	人才、干部培养及储备	1. 制订团队成员的发展目标，并引导其结合组织需要和个人情况进行职业规划，推动其职业发展；对团队群体的能力水平有清晰的认知和评价，明确团队群体未来发展的方向。	1. 引导团队成员制订职业规划方案。 2. 管理培训生 2 名，培养出 1 名经理级(含副职)	全年	德必学校组织行政中心

续　表

个人能力发展计划					
能力项	目标	可采取的行动	衡量办法	时间节点	所需资源
培养发展	人才、干部培养及储备	2. 积极安排参与德必学校的各类匹配学习课程、寻求外部培训机会，建立学习、辅导、培养反馈机制；考虑员工职业发展需求，设计有针对性的培养辅导计划，并监督培养计划的实施；积极推动，将团队建设成学习型组织	干部及1名主任级（含副职）干部	全年	德必学校组织行政中心
激励感召	激励制度出台及落实	1. 制定部门激励制度，能够针对团队成员的需求，采取合适的激励措施对团队成员的行为产生积极影响。 2. 营造一个关注团队文化的公司氛围，建立团队文化，形成向心力，持续激发团队员工的工作积极性和组织归属感	1. 按实际事务激励、奖励优秀干部。 2. 团建4次（含外拓2次、运动1次、参观优秀企业1次）	上半年	组织行政中心人事部与行政关爱部
自我颠覆	接待交流、外出参会及拓展	1. 参与公共事务与接待层面的日常频繁性工作，加强自身主导并安排团队员工每月1次的参与接待、外出参会、外出拓展，不断汲取营养，获取新信息，学习消化吸收。 2. 在月度培训时增加安排团队讨论、脑力激发模块。鼓励团队用颠覆的方式思考问题，收集革新想法并试图转至实现	1. 参加接待或外出参会各1次，外出拓展2次。 2. 在工作中，开展创新优化2项举措，拥抱变化，提升工作效率	上半年	文创研究院
需要获得的经验					
1. 建立团队激励机制，奖惩有度，有制度可遵、有规章可循。 2. 做好团队成员自我职业规划，并为此设立培训方案，以培养和储备干部。 3. 以开放和包容的心态拥抱时代变革，顺应时代潮流；善于思考和反思新旧业务的冲突，时刻保持危机感，努力寻找变革，颠覆旧有模式，寻求突破					

6.2.2　学习与实践

在学习阶段主要设计的方式是培训及阅读，培训的价值是为企业的管理者统一管理理念与方法，同时搭建一个共同交流的平台以解决企业棘手的问题，此外，还可以基于德必集团企业的特征量身定制相关案例及课件，以做到有的放矢。书籍可以作为培训的一个有效补充，企业可采用举行读书会、读书心得撰写等形式来鼓励员工持续发展相关能力。本次研究将团队共性待提升能力指标与培训主题，以及相关书籍进行了相应匹配与设计（表 6 - 2、表 6 - 3）。

表 6 - 2　课程主题设计

商业敏感	创新提升	系统思考	沟通影响	团队领导	形式	主　题
			√	√	课程	“打造高绩效团队”
√	√	√			课程	“创新思维”
	√	√			课程	“系统思考与问题解决”
√	√	√	√	√	课程	“情商与领导力”
√	√				课程	“互联网及大数据在商业中的运用”

在实践阶段主要是在岗练习，即将所学到的知识和技能进一步运用到岗位实践中，从而达到行为的固化。在学员参加完成培训后，需要填写课后行动计划（表 6 - 4），思考如何将相关理论运用到管理实践中。

6.2.3　阶段性复盘

复盘需要阶段性对学员在岗位中的实践情况进行回顾，并在群体互动中分享学习。其价值是可以通过自我反思快速提升个人能力，也可以使群体形成良好的互助氛围，提升团队的协作能力；对于组织，可以使企业萃取优秀的知识经验并达成共享，提升企业员工的整体能力。

本次复盘设计主要针对制定“个人能力发展计划”的 7 名总监级管理者，复盘的核心原则是需要关注不同学员业务与岗位的特点，来促使学员将“个人发展计划”真正融入实际工作中并解决德必集团目前的领导胜任力问题。如经过能力发展与培养后，针对本位主义，部门总监是否建立了大局观，提升了部门之间的合作水平；针对战略思考，部门总监是否开始主动捕捉行业以及竞争对手信息，并提出战略性的思考建议；针对创新能力是否可以结合本部门的业务特点，激发团队的创新活力；针对团队管理能力是否在共性的管理任务，如辅导、激励、工作分配等任务行动上有了显著提升。

表 6－3 阅读主题设计

相关书籍	作者	商业敏感	大局观念	系统思考	问题解决	统筹规划	目标管控	影响沟通	跨界学习	持续创新	自我颠覆	知人善任	有效授权	培养发展	激励感召
《管理至简》	亨利·明茨伯格		√			√	√	√				√	√	√	√
《系统思考》	丹尼斯·舍伍德			√	√										
《第五项修炼》	彼得·圣吉			√	√										
《卓有成效的管理者》	彼得·德鲁克		√			√	√	√				√	√	√	√
《谁是创新的杀手？——七步创新法助力个人、团队及组织持续创新》	安德鲁·格兰特/盖亚·格兰特/杰森·盖雷特									√	√				√
《大数据时代》	维克托·迈尔-舍恩伯格	√							√	√	√				
《平台战略：正在席卷全球的商业模式革命》	陈威如/余卓轩	√							√	√	√				
……	……	……	……	……	……	……	……	……	……	……	……	……	……	……	……

表 6－4　课后行动计划

<table>
<tr><td colspan="4">课后行动计划</td></tr>
<tr><td>学员姓名</td><td></td><td>部　　门</td><td></td></tr>
<tr><td>联系电话</td><td></td><td>现任职务</td><td></td></tr>
<tr><td colspan="4">请填写今天的学习中令你印象最深的三点：</td></tr>
<tr><td colspan="4"></td></tr>
<tr><td colspan="4">请填写通过今天的学习让你觉得可以付诸行动的两步：</td></tr>
<tr><td colspan="4"></td></tr>
<tr><td colspan="4">在运用这些知识和技能的同时，你预计会有哪些困难？您需要哪些帮助？</td></tr>
<tr><td colspan="4"></td></tr>
<tr><td colspan="4">请简述近一个月可以实施的一个计划：</td></tr>
<tr><td colspan="4"></td></tr>
</table>

复盘过程中，可以就德必集团管理者的“能力发展计划”以及“课后行动计划”进行提问与反馈，如这段时间聚焦“能力发展计划”的哪些活动？是否达成了阶段性目标？在过程中表现出哪些有效行为？是否存在相关无效行为，如有，背后原因是什么？如果要实现德必领导胜任力行为要求，未来该如何调整？预期碰到什么障碍？你希望组织给予哪些资源支持或者其他协助？

通过一系列的探寻，帮助管理者检查领导胜任力提升计划的进展，同时反思管理知识与技能的掌握情况，分析任务未达成的背后原因，从而激发管理者提升问题解决的能力，并为未来领导胜任力的持续改善提供方向。

第7章 结　　论

7.1 研究结论

随着创意产业园区行业的竞争加剧，对于组织内部的关键人才尤其是管理者的领导胜任力提出极高的要求，其决定着业务的战略能否落地，文化能否有效传播以及团队成员是否有极高的敬业度与留任率。笔者通过对德必集团领导胜任力模型建立的研究，以及利用评鉴中心分析核心人员的能力强弱项，进而为管理者的能力获取更为精准的方向。本文的主要的观点与结论有以下几点。

（1）领导胜任力发展是一个系统化的工程，德必集团之前散点式的培训模式难以有效提升管理者的能力。需要通过建立领导胜任力标准给予管理者明确的能力指引，通过测评建立清晰的自我认知，通过多元化的培养，如实践、教练等方式来帮助管理者习得新的行为模式。

（2）根据战略文化演绎、文献资料研究、行为事件访谈、问卷调研的方式建立了德必集团领导胜任力标准，分别为"战略前瞻"（商业敏感、大局观念），"科学决策"（系统思考、问题解决），"卓越执行"（统筹规划、目标管控、沟通影响），"创新提升"（跨界学习、持续创新、自我颠覆），"团队领导"（知人善任、有效授权、培养发展、激励感召）。

（3）对照德必集团领导胜任力模型，通过评鉴中心获得德必集团领导者能力的强弱项，即在统筹规划、目标管控指标上相对较强，在商业敏感、创新提升、系统思考、沟通影响、团队领导指标上需要进一步提升。

（4）针对评鉴中心的测评结果，匹配相应的学习内容，并通过个人发展计划、学习与实践、群体反思的学习过程设计，让德必集团管理者逐渐习得组织期待的行为模式并实现在工作上的固化。

7.2 贡献与不足

笔者通过分析德必集团的未来发展战略，组织当前所存在问题，利用行为事件访谈、问卷调研等方法解码关键能力要素，建立了符合德必集团未来发展的领导胜任力模型。并基于领导胜任力模型评鉴管理者群体的能力弱项，为后续的领导胜任力提升建立精准的输入。

本次研究不仅为管理者提供了领导胜任力行为要求和未来发展方向，最核心的贡献是建立了一套符合德必集团需求的领导胜任力开发系统，使企业可以通过持续的领导胜任力提升驱动组织的可持续发展。

受经验与时间的限制，本次研究存在一定的局限性，未来关于领导胜任力建模及测评还需要从以下几个方面开展进一步的研究。

（1）建模阶段

在行为事件访谈环节，着重抽取组织中绩效优秀的团队管理者以及董事长、副总裁等，但研究过程中不可避免存在对组织理解不透彻的状况，在未来还需要基于公司战略调整来持续优化领导胜任力模型。

本次领导胜任力建模主要采用战略与文化演绎、行为事件访谈、问卷调研的方法来获取行为数据，进而进行能力指标解码，但有可能存在研究者分析主观或者关键信息遗漏的状况。

此外，德必集团已经是创意产业园区的领先企业，缺乏相应的行业对标样本，所以本次领导胜任力模型构建仅从德必组织内部去分析提取；未来如果可以获得同行业标杆企业领导胜任力模型的样本，可以从更为广阔的视角来进行对照分析，提升模型的前瞻性。

（2）测评阶段

本次评鉴中心共安排了 6 名测评师，因为受到人力的限制，每名被测评者主要有 2 名测评师负责观察，如果可以适量提高测评师的数量，可能有更好的观察效果，提高测评的精确性。

本次评鉴中心测评师有 3 名是专职的咨询顾问，另外 3 名是兼职的测评师，为了弥补专业的差距，在测评前做了统一的培训，但是因为缺乏相关真实评鉴场景的实操经验，可能会对分数评定产生一定影响。

针对评鉴中心实施后的总结，由于时间原因，所有测评师没有及时在现场讨论当天测评的观察记录与打分结果，而是在第二天上午补上这个环节，可能会造成部分信息的遗漏。

参 考 文 献

[1] JOHNSON B. Leaders make the future[M]. San Francisco,CA: Berrett Koehler,2009.

[2] Global Agenda Councils, Outlook on the Global Agenda 2015[R/OL].[2014－10－17] https://www.weforum.org/reports/outlook-global-agenda-2015/.

[3] 普华永道.积极求变,砥砺奋进：2018年中国企业转型之路[R].2018－04－27.

[4] 杨国安.组织能力的杨三角[M].北京：机械工业出版社,2010.

[5] VARDIMAN P, HOUGHSTON J, JINKERSON D. Environmental leadership development: toward a contextual model of leader selection and effectiveness[J]. Leadership & Organization Development Journal, 2006, 27(2): 93－105.

[6] HARUNG H, TRAVIS F, BLANK W, et al. Higher development, brain integration, and excellence in leadership[J]. Management Decision, 200947(6): 872－894.

[7] CHEN L, ZHENG W, YANG B,et al. Transformational leadership, social capital and organizational innovation[J]. Leadership & Organization Development Journal, 2016, 37(7): 843－859.

[8] KELLOWAY E K, TURNER N, BARLING J, et al. Transformational leadership and employee psychological well-being: the mediating role of employee trust in leadership [J]. Work & Stress, 2012, 26(1): 39－55.

[9] POPPER M, LIPSHITZ R. Putting leadership theory to work: a conceptual framework for theory-based leadership development[J]. Leadership & Organization Development Journal, 1993, 14(7): 23－7.

[10] DUBRIN A J. Leadership: research findings, practice, and skills[M]. New York, NY: Houghton Mifflin Company, 1995.

[11] ALAS R, TAFEL K, TUULIK K. Leadership style during transition in society: case of Estonia[J]. Problems and Perspectives in Management, 2007, 5(1): 50－60.

[12] 史蒂芬·柯维.高效能人士的七个习惯[M].高新勇,王亦兵,葛雪蕾,译.北京：中国青年出版社,2018.

[13] STOGDILL R M. Handbook of leadership: a survey of the literature[M]. New York: Free Press, 1974.

[14] MCCALL M W, LOMBARDO M M. Off the track: why and how successful executives get derailed[M]. Greenboro, NC: Centre for Creative Leadership, 1983.

[15] FIEDLER F E. A contingency model of leadership effectiveness[M]//In L. Berkowitz

(ed), Advances in Experimental Social Psychology. NY: Academic press, 1964.
[16] 谢克海.5M视角下的领导力理论[J].南开管理评论,2018(4),219-224.
[17] MCCLELLAND D C. Testing for competence rather than for "Intelligence"[J]. American Psychologist, 1973, 28(1): 1-14.
[18] SPENCER L M, SPENCER S M. Competence at Work: models for superior performance,[M]. New York: Wiley, 1993.
[19] RICHARD E B. The competent manager: a model for effective performance[M]. New York: Wiley, 1982.
[20] 诺姆四达集团.解码胜任力[M].北京：光明日报出版社,2014.
[21] HOLLENBECK G P, MCCALL M W, SILZER R F. Leadership competency models [J]. Leadership Quarterly, 2006, 17(4): 398-413.
[22] 库泽斯,波斯纳.领导力：如何在组织中成就卓越[M].6版.徐中,沈小滨,译.北京：电子工业出版社,2018.
[23] ADAM J G. The national survey on public leadership: abridged results[M]. Boulder, Colorado: Leadership Education and Development Institute, 1999.
[24] REINERTSEN J, PUGH M, BISOGNANO M. Seven leadership leverage points[J]. Organization Development Journal, 2005, 14(7): 23-7.
[25] ALLIO R J. Leadership development: teaching versus learning Organization Development Journal[J]. Management Decision, 2005, 43(7/8): 1071-1077.
[26] 中国科学院"科技领导力研究"课题组,苗建明,霍国庆.领导力五力模型研究[J]. 领导科学,2006(9)：20-23.
[27] 徐剑,李锡元.我国民营企业的高管人员胜任力建模实证研究[J].企业活力,2012(10)：44-49.
[28] BETH K, FRED P. Behavioural competencies of sustainability leaders: an empirical investigation[J]. Journal of Organizational Change Management, 2018, 31 (3): 557 580.
[29] 拉姆・查兰,斯蒂芬・德罗特,詹姆斯・诺埃尔.领导梯队：全面打造领导力驱动型公司[M]. 徐中,林嵩,雷静,译. 北京：机械工业出版社,2011.
[30] HOWARD A. A reassessment of assessment centers: challenges for 21st century[J]. Journal of Social behavior & personality, 1977, 12(5): 13-52.
[31] 邓玉冰. 基于领导力培育的企业干部测评方法实证研究[J].当代经济,2017(12)：100-101.
[32] HUNTER J E, HUNTER R F. Validity and utility of alternative predictors of job performance[J]. Psychological Bulletin, 1984, 96(1): 72-98.
[33] SMITH M. Calculating the sterling value of selection[J]. Guidance and Assessment Review, 1988: 4.
[34] 桑顿三世.评鉴中心在人力资源管理中的应用[M].上海人才有限公司评鉴中心研发专家组,译.上海：复旦大学出版社,2004.
[35] CHAN D, SCHMITT N. Video based Versus Paper and Pencil method of assessment in

situational judgment tests: subgroup differences in test performance and face validity perceptions[J]. Journal of Applied psychology, 1997, 82(1): 143-159.

[36] BANDURA A, ADAM N E. Analysis of self-efficacy theory of behavioral change[J]. Cognitive Theory Research. 1977, 1(4): 287-310.

[37] 任旭林,陈垟羊.角色扮演法的开发程序与应用[J]中国人力资源开发,2016(10): 30-34.

[38] 吴谅谅.人力资源开发管理技能——心理学在现代人事管理中的应用[M].北京:华夏出版社,2002.

[39] WIESNER W H, CRONSHAW S F. A meta-analytic investigation of the impact of interview format and degree of structure on the validity of employment interview[J]. Journal of Occupational psychology, 1988, 61: 275-290.

[40] 解冻.基于发展中心理论的企业领导力开发研究[D].上海:上海交通大学,2007

[41] BLOCK L, MANNING L. A systemic approach to developing frontier leaders in healthcare[J]. Leadership in health services, 2007, 20(2): 85-96.

[42] ALLEN S J, HARTMAN N S. Leadership development: an exploration of sources of learning[J]. Advanced Management Journal, 2008, 73(1): 10-62.

[43] KELLERMAN B. The end of leadership[M]. New York: Harper Collins, 2012.

[44] JACKSON B, PARRY K. A very short fairly interesting and reasonably cheap book about studying leadership[M]. London: SAGE, 2008.

[45] WEISS D, MOLINARO V. Integrated leadership development [J]. Industrial and Commercial Training, 2006, 38(1): 3-11.

[46] FRANCIS A. Leadership development and leadership effectiveness [J]. Management Decision, 2009, 47(6): 989-999.

[47] MORRISON J, RHA J, HELFMAN A. Learning awareness, student engagement and change: a transformation in leadership development [J]. Journal of Education for Business, 2003, 79(1): 11-17.

[48] BOLDEN R., WITZEL M, LINACRE N. Leadership paradoxes: rethinking leadership for an uncertain world[M]. Abingdon: Routledge, 2016.

[49] LEONARDO O, WIITA N, MILANE C. The best Senior teams thrive on disagreement [J]. Harvard Business School Cases, 2017: 1.

[50] BURKE V, COLLINS D. Optimising the effects of leadership development programmes [J]. Management Decision, 2005, 43(7/8): 975-87.

[51] 李津. 创意产业人才素质要求与胜任力研究[J].科学学与科学技术管理,2007(8): 193-195.

[52] 向勇.文化产业创意经理人创意领导力研究[J].北京联合大学学报,2011(3): 87-93.

[53] 刘欢.文化创意人才胜任特征要求[D].西安:西安石油大学,2014.

[54] 胡丹丹,刘晶,孙昊.文化创意人才的创新困境及对策[J].管理观察,2018(30): 112-114.

[55] 吴贵明.文化创意产业研发人才胜任力的结构特征及其开发机制构建[J].东南学术,

2017(6)：110－116.
[56] 赵敏祥，励立庆，吴珺楠. 文化创意人才胜任力结构研究[J].浙江工业大学学报，2014，13(4)：417－422.
[57] 陆红军.人才评价中心[M].北京：清华大学出版社，2005.

附录 A 德必集团总监级领导胜任力模型构建访谈提纲

××您好！

非常感谢您参加今天的访谈。今天我们会用大约 60 分钟的时间跟您聊一聊您主要的工作内容、完成这些工作需要具备的能力素质，以及您在工作实际中的一些成功案例，从而帮助我们更好的勾画出德必集团领导者的胜任要求。访谈时间大约 50 分钟。

1. 您是哪一年进入德必集团的？您感受到的德必核心价值观和文化是什么？我们的高管团队是如何理解和贯彻公司文化的？

2. 请介绍一下您对德必集团发展战略的理解。目前德必在行业中处于怎样的发展阶段？

3. 请简单介绍一下您所负责管理的业务主要工作内容以及您的主要工作职责。

4. 面对繁杂的工作内容，您是如何分配您的精力和时间的？您花费精力最多的事是什么？最关心、关注的事情是什么？

5. 您认为需要具备哪些能力才能把这些工作做好？为什么？您认为您在哪些方面做得比较不错？希望在哪些方面进一步提升？请分享您过往工作经历中成功的案例。

6. 从您的角度看，您认为德必集团高管团队在哪些方面做得比较不错，哪些方面还有待提升？请举例说明。

7. 德必集团的快速发展给高管团队带来了很多机遇和挑战，您认为德必集团未来的发展对您本人提出了哪些更高的要求？对整个高管团队提出了哪些更高的要求？

8. 您有没有什么问题想要问我们的？您对此次项目有哪些期望和建议？谢谢您接受我们的访谈。

附录B　德必集团总监级领导胜任力模型调研问卷

第一部分　问卷说明

感谢您参与德必领导胜任力模型问卷调研!

本次问卷主要目的是了解您对德必高管胜任力的思考和建议。回答没有对错之分,我们旨在为领导胜任力模型构建收集信息,所有答卷信息将会保密,敬请放心。

您的反馈对于项目开展非常重要!衷心感谢您的支持与配合!

第二部分　胜任力部分

胜任力是指能够导致高绩效行为的能力和素质。

通过对德必集团相关资料的初步分析,我们初步确定德必高管需要具备以下的胜任力。

1. 您对这些胜任力词语描述有没有修改意见?若有修改,请填写在右边的空格内。

2. 请在“是否选择”列内填写“是”或“否”。

3. 请您在下表的空格内增加您认为关键的但没有包含在上表中的胜任力项。

附表 B-1　德必集团高管应具备的胜任力及其定义

序号	胜任力	指　标　定　义	修改意见	是否选择
1	商业敏感	表现出对商业运作和公司盈利增长的公司相关杠杆的深刻理解;并能够运用个人经验迅速评估商业计划和流程,以找出进一步优化建议		

续 表

序号	胜任力	指 标 定 义	修改意见	是否选择
2	客户价值	在制定战略重点、业务决策、组织流程时充分考虑内外部客户的观点，并倡导客户服务的价值观		
3	战略思维	在制定战略举措时需要系统化考虑市场驱动、组织资源、价值观、新兴市场及技术等因素		
4	系统思考	在考虑问题时可以看到问题背后的系统，并能考虑到系统里不同因素及因素之间的交互关系，从而加以协调		
5	拥抱挑战	对于市场及组织一切变化采取积极的适应态度，并能够在变数中寻找提升点并加以利用		
6	资源整合	能通过对企业内外对不同来源、不同层次、不同内容的资源进行识别、选择、配置，从而有机融合并达成商业目的		
7	求真务实	依据实事求是的思想认识事物的本质，并且在企业管理实践中不断升级		
8	坚守承诺	能够在组织内部对于自己的承诺做到言必信、行必果，在团队中树立良好的榜样		
9	好学进取	不断保持对行业及跨领域新鲜事物的敏感性，不断汲取新的信息，并敏锐发现可供组织借鉴的环节与内容		
10	追求极致	可以专注在一个业务上，持续付出时间和精力，做精做专，保持组织乃至行业的领先性		
11	知行合一	在组织管理中，充分考虑理论与实践的交互影响，并能够做到思考、实践、总结以达成知与行的统一		
12	关爱他人	在团队中充分了解个体的需求，并且营造互帮互助的氛围，促进员工敬业度的提升		
13	团队合作	团队成员可以彼此借用资源与才智，并能合理处理不和谐因素，以达成团队最终目标		
14	知人善任	充分了解团队成员的优劣项，并将人才合理配置到最适合的岗位，以发挥团队整体效能		

续　表

序号	胜任力	指　标　定　义	修改意见	是否选择
15	发展员工	建立有效的制度、流程以培养发展组织中员工,并创建使员工充分发挥潜能的环境,使组织可以应对未来的挑战		
16	激励感召	采取不同的手段充分激励组织中的员工,让大家对愿景与目标保持充分的认知,并保证持续行动的热情		
17	授权他人	能够通过合理的方式将工作委派给下属,给下属提供更多的自主权,以达成组织目标		

附录C　德必集团总监级领导胜任力行为描述

能力1名称：战略前瞻。

能力1定义：多渠道收集相关商业信息，保持对行业动态、组织发展的敏感度，从全局的层面认识和设定目标。

附表C-1　能力1构面与能力等级

构面/等级	能力构面定义	部分具备，有待提升	完全具备，推动落实	营造氛围，建立机制
商业敏感	广泛了解信息，理解当下趋势对于组织的影响，时刻保持商业敏感度	• 无法理解组织的运作模式； • 不关注商业信息，未养成主动收集商业信息的习惯； • 仅针对特定问题，收集有限的信息，而忽略了关键商业信息； • 无法意识到外部环境和政策等对于组织战略可能造成的影响	• 能够理解组织的运作模式； • 通过多种渠道，主动发现并广泛收集大量与业务相关的内部信息和外部市场信息，例如与公司或竞争对手相关的经济、政治和社会动态，新技术的最新进展等； • 能够了解当前趋势、政策等给当下组织带来的影响	• 在部门或公司内部建立机制，打造具有丰富商业信息的环境，例如建立系统和流程进行商业信息共享，制定定期收集商业信息的查访制度等，帮助公司实现系统化的商业信息收集与使用； • 建立方法和流程，确保所有成员对于关键信息保持敏感度，理解当前趋势、政策等对组织未来所造成的影响
大局观念	理解战略对于组织整体的影响，并在设定目标时从公司整体利益和业务流程出发	• 难以理解公司战略目标对不同部门所产生的工作影响和要求； • 设定团队或个人目标时，仅从局部利益出发，忽略公司整体目标	• 能够理解战略目标对于各部门的工作影响和要求； • 设定团队或个人目标时，确保与公司目标和愿景相一致，并考虑这些目标对公司其他部门所造成的影响	• 在部门或公司内部建立流程，确保所有成员理解公司战略对每个人的工作影响和要求； • 建立方法和流程，引导大家在制定团队或个人目标时，考虑对于公司整体目标影响，确保所设定的目标与公司战略和愿景相一致

能力 2 名称：科学决策。

能力 2 定义：系统分析问题，全面评估多个可行方案的风险与影响，找到兼顾组织短期与长期发展的最佳策略。

附表 C-2 能力 2 构面与能力等级

构面/等级	能力构面定义	部分具备，有待提升	完全具备，推动落实	营造氛围，建立机制
系统思考	多角度系统性分析问题，找到关键环节和解决方案，并评估风险	• 仅从过往经验或实施存在的障碍方面思考方案，倾向于使用已有的做法，而忽略考虑其他相关因素； • 仅能对相关信息进行简单的归类，而无法推演出新的方案； • 方案仅仅针对解决特定的任务或问题，而无法在组织或更为宏观的方面与现状进行融合	• 能够从多个角度思考问题，并从组织等更为宏观的层面进行分析； • 找到关键环节和解决方案，分别评估对公司短期目标与长期发展所存在的风险与影响	• 在部门或公司建立一定的方法和流程，鼓励大家从更宏观的角度评估和分析问题； • 引导大家考虑各种相关因素，形成与组织战略、市场发展趋势相匹配的解决方案
问题解决	发现问题，定义问题，分析问题并找到多个解决方案	• 无法发现问题本质； • 无法定义问题； • 无法基于发现或定义的问题进行有效分析，无法找到关键因素； • 仅制定一个计划或策略，不考虑备选方案； • 拒绝考虑或采纳他人提出的其他方案	• 能够快速发现问题本质； • 能够准确定义问题； • 能够基于发现和定义的问题多角度系统分析，找到关键环节和因素； • 能够至少提出两个符合公司现状的解决方案； • 能够尝试理解他人所提出的不同方案，并在必要时进行适当采纳	• 建立方法，帮助团队快速发现问题本质； • 建立标准和流程，带领团队准确定义问题； • 引导团队多角度系统地分析问题，找到关键环节和因素； • 建立方法和流程，鼓励每个人提出多个不同的可行方案。 • 引导大家客观比较所有方案的利弊，最终确定最佳策略和备选预案

能力 3 名称：卓越执行。

能力 3 定义：为实现工作方案而确立清晰详细的行动计划，监督资源是否被合理利用；采取有效措施确保按照计划开展工作；并且在开展各项工作时，能够运用各种沟通和技巧，影响和推动任务达成。

附表 C－3　能力 3 构面与能力等级

构面/等级	能力构面定义	部分具备，有待提升	完全具备，推动落实	营造氛围，建立机制
统筹规划	明确项目总目标，整体统筹安排计划，考虑全局，兼顾细节，以求作出全局的最优行动计划	• 能够有意识地对内外部现有资源进行盘点，对潜在资源挖掘不足； • 能够为实现团队方案拟定具体内容与步骤，但对各种潜在的影响因素考虑不足； • 工作遵照事先计划执行，能够较合理地安排和完成各项任务，但对计划外的问题应对不足	• 能够基于工作方案的总目标要求，梳理内外部各利益相关方的关系，对内外部各种资源进行综合考虑，但当资源不足时更多关注部门或个人； • 考虑各种潜在的影响因素，能够将总体方案分解成具体工作任务，制订相应的实施计划； • 能够采取针对性的预防措施，为可能出现的突发事件准备对策预案，将意外事件带来的影响最小化	• 着眼于德必集团未来战略发展要求，从全局角度，整体规划内外部各种资源，合理布局且兼顾细节； • 建立为工作方案制定执行规划的机制，引导团队将目标转化成可执行的具体完成标准，明确团队成员职责及完成时间； • 营造密切关注未来发展变化、敏锐识别机遇和风险、并积极准备充分应对措施的团队氛围
目标管控	通过各类资源的合理利用和对任务优先顺序的安排，保证计划的高效、顺利实施，并在项目可能遇到各种不确定因素时进行总体控制，以达成工作目标	• 跟踪工作执行情况，按要求及时采取措施，但多任务处理时难以确定轻重缓急； • 在项目执行中，控制项目质量、时间、成本和风险的能力不足； • 能够定期检查团队成员的工作情况，但是当出现在时间节点未完成任务的情况时，不知道如何处理	• 能够按照工作计划，控制各项工作任务顺利实施；并努力平衡各项任务的优先顺序； • 能够明确提出项目质量、时间和成本方面的要求，当遇到问题和风险时能够提供相应解决方案； • 及时掌握团队成员的工作情况，在工作过程中进行监督说服和指导带教，确保工作目标的达成	• 基于团队整体工作计划及任务优先顺序，监控各个工作项目的实施，保证计划的高效、顺利。 • 按照科学的项目管理方式，引导团队成员共同控制项目质量、时间和成本，引导团队成员把握工作中的风险并采取必要的行动将其控制在既定范围内； • 通过建立健全监督系统，掌控团队工作执行过程中的重大事件和关键节点，并适时给予指导，在适当时候，有效运用纪律/惩处制度确保目标完成

续　表

构面/等级	能力构面定义	部分具备，有待提升	完全具备，推动落实	营造氛围，建立机制
沟通影响	能够觉察和理解他人感受和内心需求，运用各种沟通和影响技巧，引导和推动各方从共同的利益及目标出发，促进工作目标的顺利达成	• 能够有意识地聆听和尊重不同意见，平等沟通，尝试站在他人的角度去思考问题，但由于观点或立场不同，无法真正做到设身处地思考和解决问题； • 愿意表达自己的观点，能够有理有据地表达自己的观点，但沟通方式比较生硬，无法根据对象不同选择恰当有效的方式进行说服； • 面对冲突，无法适度把握退让和原则性的平衡，缺乏有效化解冲突和矛盾的方法	• 以双赢为出发点，发掘利益共同点，建立互信互谅的长期伙伴关系； • 因人而异采取不同的沟通策略，并运用个人影响力，让对方接受自己的想法、作出自己期望的行动； • 平衡各方面利益，给予所有相关人员发言权，寻求恰当的解决办法和途径化解冲突	• 积极组织和参与德必集团员工活动，积极推动德必真诚、坦荡、开放、沟通、共赢的企业氛围； • 鼓励团队成员学习和交流各种有效的沟通策略，带动团队成员不断提升和恰当运用个人影响力，有力、高效推进各项工作； • 在组织内营造一个对不同观点兼收并蓄的开放氛围，鼓励和尊重所有人员积极发表观点和意见，引导各方从共同利益出发，高效快速地解决问题、协调关系，以迅速达成一致

能力 4 名称：创新提升。

能力 4 定义：保持对新事物的敏感性，具有主动跨界学习的意愿，不断引进、借鉴新观念、新方式，勇于变革创新，提高工作绩效，并且主动传递分享给他人，促进共同成长。

附表 C-4　能力 4 构面与能力等级

构面/等级	能力构面定义	部分具备，有待提升	完全具备，推动落实	营造氛围，建立机制
跨界学习	思维活跃，视野开阔，不局限于本职工作，保持对新事物	• 关注创意产业相关资讯，具有关注流行、热点信息的意识； • 能够从广泛的	• 兴趣广泛，对新兴技术、新奇事物、热门话题等有强烈的探究欲，对工作密切相关的流	• 在团队内强调跨界学习的重要性，鼓励团队成员开阔思路，多角度分析问题，关注不断变化和革新的宏观环境；

续 表

构面/等级	能力构面定义	部分具备，有待提升	完全具备，推动落实	营造氛围，建立机制
跨界学习	的敏感性，对看似无关的信息保持关注，并能敏锐寻找到可以借鉴和利用的信息	资讯中发现对自身工作有价值的信息； • 尝试将热点信息与当下工作进行连接	行、热点信息反应灵敏； • 善于钻研，能够从海量、无序的资讯中发现规律并加以利用，将不同领域的精髓巧妙迁移到德必集团； • 快速将热点信息与当下工作进行恰当连接，加以借鉴并将其应用到实际工作中	• 关注和提升团队成员对热点信息的敏感性，建立合理的分享机制，鼓励团队内对热点敏感的同事在组织中多传授其分析和把握热点信息的方法，并鼓励团队成员及时分享对德必发展有价值的信息； • 营造良好的学习氛围，鼓励团队成员借鉴和应用其他领域好的经验和方法
持续创新	在工作中不断创造或引进新观念、方式，提高工作绩效的能力	• 认识到了创新的必要性，但是不知道如何创新，很少对旧有工作方式进行改进，不能灵活处置外部环境提出的新要求； • 解决问题时，尝试新的方法，提出一些新思路、新创意，但是没有充分考虑这些创新想法是否可以真正落地实施	• 愿意开放接纳新的想法和创意，对于企业或他人提出的创新要求、创新规划积极响应，并且在实际工作中愿意尝试使用创新的思路和方案； • 向常规工作方法提出疑问和挑战，想办法尝试不同的解决方案，灵活变通完成，面对新挑战、解决新问题时注重使用创造性思维； • 提出的创新思路和方案能够解决实际工作中遇到的问题	• 鼓励团队成员进行创新，允许团队成员尝试新事物，营造并维护员工创新的环境； • 引导团队成员养成经常重新审视的工作习惯，寻求对旧的工作方法、公认理念等的突破，鼓励大家用创新的方式面对新挑战，解决新问题； • 引导团队成员从实际应用角度衡量创新思路和方案的有效性，建立合理创新机制，对好的创新想法进行鼓励，对不充分的创新想法进行再加工，使得其更具有实用价值

续　表

构面/等级	能力构面定义	部分具备，有待提升	完全具备，推动落实	营造氛围，建立机制
自我颠覆	积极开放，能够突破旧有模式，寻求变革，顺应瞬息万变的市场变化要求	• 对于新事物比较谨慎和保守，不愿冒险，不敢尝试打破旧有规则； • 当公司内出现的关于变革的建议和要求时，无法快速理解和认同	• 以开放和包容的心态，拥抱时代变革的主旋律，顺应不断颠覆的潮流； • 善于思考和反思新旧业务的冲突，时刻保持危机感，努力寻找变革，颠覆旧有模式，寻求突破	• 在团队内强调在瞬息万变的宏观环境下要时刻保持危机意识，鼓励团队成员破而后立，不断拥抱变化、自我颠覆； • 鼓励大家用颠覆性的方式思考问题，并通过小组讨论、脑力激发等形式收集大家的革新想法； • 帮助团队成员快速理解环境和企业的新变化，快速适应企业发展的新要求

能力 5 名称：团队领导。

能力 5 定义：根据组织需要和团队员工特点，合理配置团队、进行控制授权以优化团队行为，并且通过提高员工能力、激励和塑造团队凝聚力，建设一支组织绩效优异的德必团队。

附表 C-5　能力 5 构面及能力等级

构面/等级	能力构面定义	部分具备，有待提升	完全具备，推动落实	营造氛围，建立机制
知人善任	能够准确识别团队成员，把团队成员安排到适当的岗位，使其充分发挥特长、施展才干	• 通过简单片面的主观判断去了解评价下属，对团队成员的特点、能力缺乏了解或者了解不充分，对团队成员之间共同的工作模式认识不清； • 简单随意使用、任用员工，不考虑员工之间的配合以及员工和岗位的匹配程度	• 充分了解团队成员的特点、能力水平以及团队成员之间的共事合作的模式； • 根据业务需要和团队成员的不同特点、能力水平及合作方式，合理分配任务或搭配团队组合，提高团队整体绩效	• 关注现有团队成员的工作动态，并且主动发掘与现有人员有不同经验、不同背景的人才，为团队发展注入新活力； • 根据组织发展需要平衡人员，尤其是关键岗位人员的中长期需求和供给关系，在团队内营造珍惜人才、合理发挥人才优势的氛围

续 表

构面/等级	能力构面定义	部分具备，有待提升	完全具备，推动落实	营造氛围，建立机制
有效授权	能够合理授予团队成员权利和职责，使其在完成任务时具有一定的自由度，并对其进行有效监督和指导	• 对下属的才能缺乏信任与尊重，不放心委派工作，大部分的事情都自己做，或把好的差事都储藏、保留给自己； • 可以委派工作，却未把权力传递出去，不知道如何授权给别人； • 对委派授权出去的工作缺乏监督控制，认为权力已授予，责任需要下属自行承担	• 对下属能力客观评价后，充分授予其权力并明确其职责，使之具有按自己的方式完成任务的自由度； • 勇于承担授权给下属的相关责任，给予下属在非关键问题处理上犯错并从错误中学习的机会，对下属在关键问题处理上进行有效控制和指导	• 营造团队合理授权的开放氛围，鼓励领导者相信下属，腾出时间处理更重要的事情，积极为被领导者提供锻炼成长机会。 • 建立合理的授权及承担机制，在授权的同时，明确各项职责的承担，并注重对各项任务进行适当的监督和指导
培养发展	能够根据团队成员的发展需求，提供适宜的条件和支持，帮助团队成员的发展进步	• 对团队成员的职业倾向不清楚，无法预测其未来的发展方向，对团队成员能力水平识别不准确； • 当团队成员提出发展需求时能够给予一定支持，但没有主动提供有针对性、系统的培养方案	• 经常与团队成员讨论其个人发展，清晰团队成员的职业倾向，能准确预测团队成员在各种情况下可能会怎么样，对员工目前的优势以及待发展能力有比较深入的认知； • 积极为员工创造学习成长的机会，为员工安排有针对性的工作任务、培训项目或其他实践机会，追踪员工的能力开发进度，并及时提供反馈与辅导以系统性支持员工的发展	• 清楚团队成员的发展目标，并引导其结合组织需要和个人情况进行职业规划，推动其职业发展，对团队群体的能力水平有清晰的认知和评价，明确团队群体未来发展的方向； • 积极推动建设学习型组织，建立辅导培养反馈机制，考虑员工职业发展需求，设计有针对性的培养辅导计划，并监督培训计划的实施，实现团队成员和组织共同发展的目标

续　表

构面/等级	能力构面定义	部分具备，有待提升	完全具备，推动落实	营造氛围，建立机制
激励感召	针对不同的情况，灵活采取不同的激励手段，施展领导魅力，以领导和鼓舞下属，激发下属的工作热情	• 缺乏对团队成员的肯定及认可，不关注团队成员的需求； • 当员工遇到困难需要帮助时，不能及时给予鼓励和支持，缺乏提高员工绩效的激励措施； • 团队缺乏活力、凝聚力，员工士气较差	• 能够感知、分析和判断团队成员的需求，并对不同层次的需求进行评价； • 能够针对团队成员的需求，通过合适的激励措施对团队成员的行为产生积极影响； • 拥有真实的号召力，提出令人折服的远见，激发团队成员的认同和热情	• 在部门或公司内营造关注员工真正需求的氛围，结合组织需求有方向地引导员工需求； • 建立科学的激励机制，针对团队成员的需求有针对性地运用多种激励措施，并考虑到这些激励措施对组织带来的近期和远期的影响。 • 营造一个关注团队文化的公司氛围，建立团队文化，形成向心力，持续激发德必员工的工作积极性和组织归属感

第二篇

资本市场开放能提升高管薪酬契约的有效性吗

——基于“沪港通”交易制度的准自然实验

王薇羽

第1章　绪　　论

1.1　研究背景及意义

1.1.1　研究背景

“开放带来进步，封闭必然落后。”近年来，我国正逐步推进资本市场开放进程。

1990年12月，深交所和上交所先后营业，我国资本市场交易步入正轨，彼时市场中只有内地投资者，资金来源较为单一。随着我国市场机制日趋完善，经济全球化趋势不断加强，我国资本市场的大门逐渐向境外投资者敞开。自1992年首次推出可供境外投资者投资的B股以来，H股、合格境外机构投资者（Qualified Foreign Institutional Investor，QFII）、合格境内机构投资者（Qualified Domestic Institutional Investor，QDII）以及人民币合格境外机构投资者（RMB Qualified Foreign Institutional Investor，RQFII）制度的相继推出加速了我国资本市场开放进程。但在上述制度框架下，开放均是单向的。

2014年11月，“沪港通”的启动从根本上改变了我国资本市场封闭的状况，内地投资者和香港投资者可以通过“沪港通”投资对方交易所市场中的股票，我国资本市场首次实现了双向开放。随后，“深港通”“沪伦通”相继启动，实现了深交所与港交所以及上交所与伦交所市场的互联互通，我国资本市场的大门对越来越多的境外投资者敞开。图1-1所示为自“沪港通”开通以来，北向资金的累计净买入量。由图1-1可知，自沪深港通开通以来，北向资金净买入量持续攀升，已成为影响我国资本市场的一股不可忽略的力量。

与此同时，2018年以来A股相继被纳入明晟和富时罗素指数并且纳入因子不断提高，对外资的吸引力进一步提升，境外投资者成为A股市场交易的重要力量。在此现实背景下，资本市场开放产生的经济后果引起实务界和学术界的共同关注。

大量研究表明，资本市场开放不仅能从市场风险[1]、全要素生产率[2]以及私

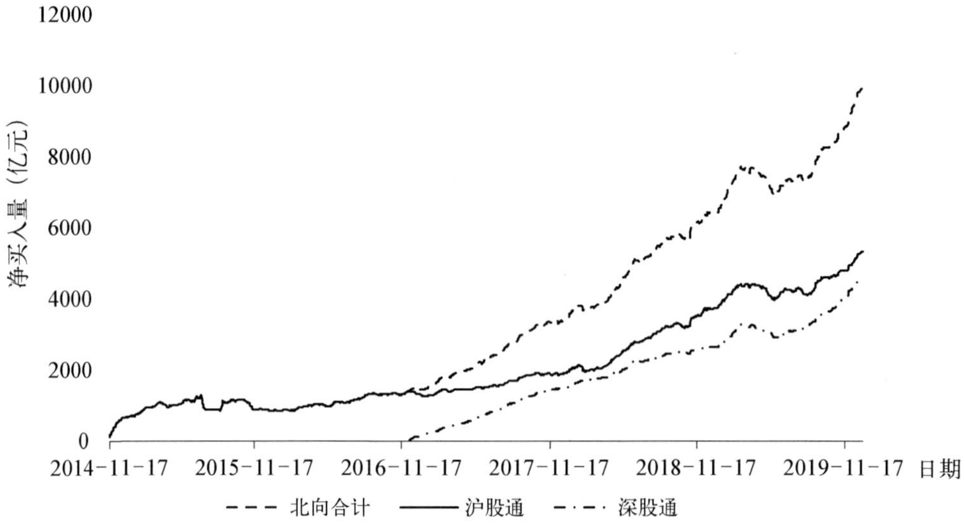

图 1-1　北向资金累计净买入量

人消费支出[3]等方面影响市场开放与国家的宏观经济，还可以通过约束高管行为、提高公司的治理水平[4]来发挥外部治理作用。

随着我国职业经理人市场的发展，委托代理问题成为目前公司治理亟待解决的命题。根据最优契约理论，股东通过选择特定的业绩指标对高管的经营行为进行考核，制定薪酬契约，加强高管薪酬与业绩之间的关联性，能够降低监督成本，有效缓解委托代理问题。但在现实中，高管很可能利用自身权力来设计符合自身利益的薪酬契约，如近几年频繁出现的“天价薪酬”“零薪酬”等薪酬与业绩严重脱节的现象，此时高管的薪酬契约已经不再是缓解委托代理问题的方式，反而成为代理问题的一部分[4]，反映了公司治理方面的缺陷。

随着资本市场开放，具有成熟交易经验的境外投资者进入 A 股市场，对 A 股上市公司治理形成了外生冲击。已有研究表明，资本市场开放增大了高管的流动性，使其面临更大的被撤换的风险[5]，从而有效约束其自利行为，缓解代理问题。那么，资本市场开放能否通过约束高管自定薪酬的代理行为，提高薪酬业绩敏感性，从而提升薪酬契约的有效性呢？目前，关于这一方面的研究还鲜有学者涉及。基于这样的制度和背景，本文拟基于“沪港通”交易制度的准自然实验，探究资本市场开放对高管薪酬契约的治理作用。并进一步从外部信息环境和内部公司治理结构两方面入手，深入探讨“沪港通”对高管薪酬契约治理作用的影响机制。

1.1.2　研究意义

研究“沪港通”制度在公司微观层面产生的经济后果对研究资本市场开放的政策效应具有重要的理论意义和现实意义。

从理论意义上来看，本文的研究拓宽了有关资本市场开放作为公司外部治理机制的研究，尤其是针对我国高管薪酬体系的研究是对现有文献的补充。此外，本文研究结论提供了资本市场开放对新兴市场治理效应的证据，弥补了相关研究主要集中于西方成熟资本市场现状的缺憾，供其他新兴市场参考和借鉴。

从现实意义上来看，本文的研究为治理高管薪酬契约提供了另一个视角，为公司优化相关治理结构提供了经验证据。同时，“沪港通”在我国资本市场开放进程中具有里程碑式的意义，分析其实施效果对未来资本市场的进一步改革具有重要的实践意义和参考价值。

1.2　研究内容及方法

1.2.1　研究内容

本文以 2014 年 11 月“沪港通”试点开通为契机，研究资本市场开放对高管薪酬契约的治理作用，并进一步从外部信息环境和内部公司治理结构两方面入手，深入探讨“沪港通”对高管薪酬契约治理作用的影响机制。本文针对资本市场开放与高管薪酬契约有效性的关系进行理论分析并提出研究假设，通过实证检验得出研究结论并给出政策建议。本文的研究框架如下。

第 1 章，绪论。对本文的研究背景、意义、内容与方法以及本文的创新点进行阐述。

第 2 章，理论基础与文献综述。首先，界定“沪港通”“高管薪酬契约”等概念并阐述相关理论基础。其次，梳理国内外资本市场开放和高管薪酬契约的相关文献，进行文献综述。最后，对已有文献进行评述，指出现有研究的局限性。

第 3 章，理论分析与研究假设。在国内外已有文献分析的基础上，根据相关理论，对资本市场开放与高管薪酬契约有效性的相关关系进行机理分析，并基于分析提出研究假设。

第 4 章，实证研究设计。首先根据研究内容筛选出研究样本，其次选取本文的被解释变量、解释变量以及控制变量，并对变量进行定义和度量，最后构建实证研究模型。

第 5 章，实证检验。通过描述性统计、相关性分析、回归分析及稳健性检验等几种方式，对样本数据进行分析，以检验本文提出的研究假设。

第 6 章，研究结论与政策建议。根据实证检验的结果总结研究结论，提出有针对性的政策建议，并全面分析研究过程中的不足之处。

具体研究的技术路线如图 1－2 所示。

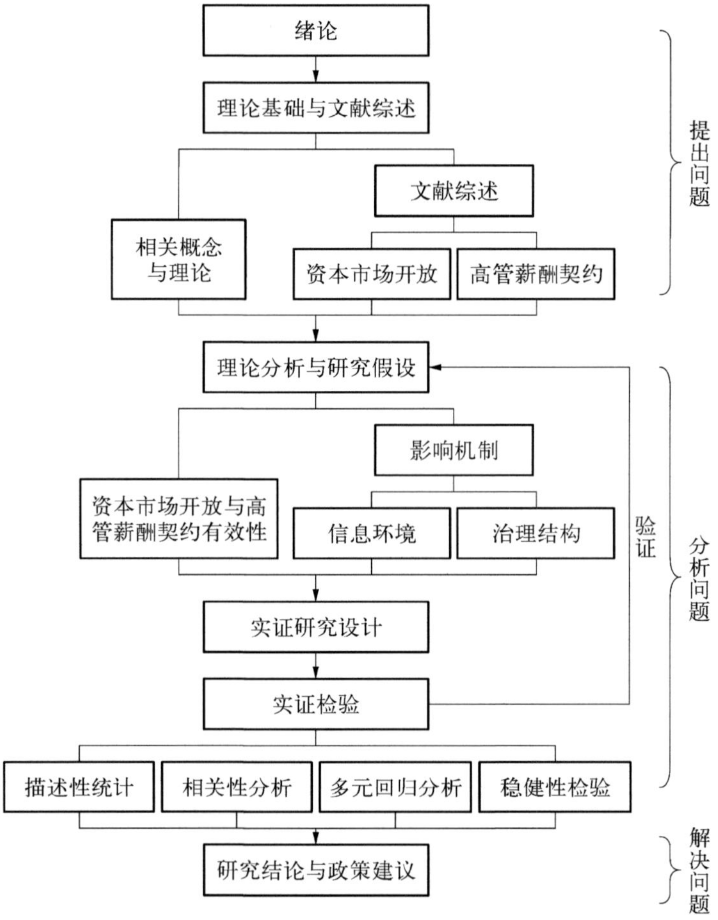

图 1－2 技术路线图

1.2.2 研究方法

首先，采用文献研究法，通过搜集和分析现有资本市场开放和高管薪酬契约的研究文献，发现已有文献体系的空白和不足，进而确定本文的研究方向。

其次，采用规范分析法，在委托代理等理论的基础上，运用逻辑推演，阐述资本市场开放作为一种外部治理机制对高管薪酬契约的治理作用以及影响机制，提出本文的研究假设。

最后，采用实证分析法，以“沪港通”启动为契机，构建实证研究模型来探究资本市场开放对我国上市公司高管薪酬契约的治理作用。进一步从信息环境和公司治理结构两个角度，分析其对我国上市公司高管薪酬契约有效性的影响机制。

1.3　本文的创新点

本文从一个新的视角——资本市场开放角度研究其对高管薪酬契约有效性的影响。目前，关于资本市场开放在宏观层面产生的经济后果的研究比较广泛，但由于选取样本的背景不同等因素使得研究结论不一致；而关于资本市场开放在微观层面对公司的治理作用的研究，主要从公司信息环境、治理结构等视角研究其治理机制，关于该制度对高管代理行为的治理作用的研究还相对较少。

此外，公司代理问题相关的治理机制与公司所处市场环境以及制度背景有密切联系，随着我国资本市场的不断发展，“沪港通”“深港通”以及“沪伦通”等资本市场开放制度逐渐落地。在这样的制度背景下，将资本市场开放作为公司的外部治理机制，探究其对高管薪酬契约的治理作用具有重要的实践意义。

第2章　理论基础与文献综述

2.1　相关概念界定

2.1.1　沪港通

“沪港通”交易制度是指我国于2014年11月正式启动的沪港股票市场交易的互联互通机制，是我国资本市场实现双向开放的第一步。“沪港通”分为“沪股通”和“港股通”两部分，境外投资者可经由港交所买卖上交所上市的“沪股通”名单中的股票，而内地投资者则可经由上交所买卖港交所上市的“港股通”名单中的股票。可见，影响我国A股市场的部分主要是“沪股通”。首批进入“沪股通”试点标的的股票有568只，后续根据公司的基本经营情况不断调整，截至2019年12月31日，“沪股通”成分股共调整了31次，其中调整标的个数大于2只的有11次。

2.1.2　高管薪酬契约

高管薪酬契约是指公司股东为实现对经理人的有效监督，缓解委托代理问题而制定的薪酬激励契约。根据委托代理理论，股东把经营权让渡给高管，不再直接负责企业经营，这样股东就难以观察高管的努力和尽责程度；为避免或减少高管因追逐自身利益而损害企业利益的行为发生，股东通常选择特定的业绩指标对高管的经营行为进行考核，制定薪酬契约，将高管利益与其自身的利益联系在一起。

2.1.3　高管薪酬业绩敏感性

高管薪酬业绩敏感性是指高管薪酬与公司业绩的关联程度。高管薪酬业绩敏感性高，能够激励高管更加致力于提升公司业绩，实现公司的财务管理目标；反之，高管薪酬受公司业绩影响小，提升公司业绩的积极性小，使高管与股东的目标发生分歧，产生代理问题。由此可见，高管薪酬业绩敏感性越高，薪酬契约越有效。

2.2 理论基础

2.2.1 委托代理理论

委托代理理论是现代企业不断扩张和发展的产物。委托代理理论认为，随着现代企业不断扩张和发展，所有者兼任经营者的模式不再适用于企业发展，所有者应保留企业所有权，将企业的经营权交给职业经理人，聘请其经营管理公司，两者形成委托代理关系。然而，由于企业所有者与经理人目标不一致，并且二者的信息不对称，所有者无法有效监督和约束经理人的行为，使其作出损害所有者利益的机会主义行为，从而产生委托代理问题。

委托代理理论是本文展开讨论的基础，股东为缓解委托代理问题，保障自身利益，与经理人制定契约，约束其行为，本文探讨的便是资本市场开放对二者所制定的契约的影响。

2.2.2 最优契约理论

最优契约理论是委托代理理论的产物。最优契约理论认为，通过制定薪酬契约，增强代理人的薪酬业绩敏感性，能够协调代理双方的利益，使代理成本最小化。该理论认为，由股东大会选举产生的董事会与股东的目标一致，能够完全以股东的利益诉求为行为依据，制定有利于保障股东利益的最优薪酬契约，而经理人也会自愿遵从该项安排。

可见，在最优契约理论下，高管薪酬契约能够有效解决企业所有者与经理人之间的委托代理问题。

2.2.3 管理层权力理论

与最优契约理论不同，管理层权力理论认为，高管薪酬契约本身是代理问题的一部分。管理层权力理论的创始人 Bebchuk 和 Fried[4]认为，最优契约理论需要满足三个基本假设才能有效发挥作用：① 董事会能够进行有效谈判；② 市场机制能够对高管薪酬进行有效约束；③ 股东可以有效行使权利。但现实中实现这些条件较为困难：第一，保持董事会的独立性具有一定困难，高管可能通过操纵董事甄选流程来损害董事会独立性，因此董事会并不是总能进行有效谈判。第二，由于高管薪酬大多是利润在所有者与经理人之间的分配，对公司运营影响不大，因此市场机制难以有效约束高管薪酬。第三，在现代企业制度下，股东很少参与公司的日常经营，难以有效行使权力。因此，高管极有可能借助自己掌握的权力对薪酬契约的制定和考核过程施加影响，从而影响自己的薪酬，削弱薪酬契约的有效性，达到为自己牟利的目的，这使得高管薪酬契约本身成为代理问题的一部分。

事实上，管理层权力理论与最优契约理论并不冲突，在两种理论下，薪酬契约的有效性均与薪酬业绩敏感性呈正相关关系。因此本文结合以往研究，选取薪酬业绩敏感性作为薪酬契约有效性的代理变量，研究资本市场开放对它的治理作用。

2.2.4 国际资本流动理论

资本市场开放能够引起国际资本流动，这也是经济全球化的重要特征之一。引起国际资本流动的原因主要有三个：第一，资本市场开放。各个国家为提高国内经济增长速度，繁荣本国经济，会制定针对外企税收等方面的优惠政策，吸引外资投资本国市场，从而促进国际资本流动。第二，投资回报率。追求利益最大化的投资者往往会选择投资回报率较高的国家或地区进行投资，资本在国际的流动随着投资回报率的变化而变得越来越频繁。第三，资本过剩。随着经济不断发展，当国内投资无法满足拥有过剩资本的投资者时，投资者就会选择进行国际投资，从而促进资本的国际流动。

麦克杜加尔认为资本会自由地从资本价格低的地方向资本价格高的地方流动，并提出了普遍适用于国际资本流动的麦克杜加尔模型，该模型认为资本可以自由地从资本充裕的国家或地区流向资本稀缺的国家或地区，并且由于资本的自由流动，资本可在世界范围内重新进行资源配置，使得世界总产值增加，促进全球经济的发展。

本文则是以我国“沪港通”开通为契机，研究资本市场开放后，国际资本流入我国市场引起的经济后果。

2.3 文献综述

2.3.1 资本市场开放的相关文献综述

自 20 世纪 80 年代以来，经济全球化趋势不断加强，世界各国相继开放了本国资本市场，允许境外投资者投资。现有文献从不同的角度研究了实施资本市场开放政策所带来的经济后果，然而实证结论众说纷纭。关于资本市场开放带来的经济后果,现有文献主要从宏观和微观两个层面展开。

1)资本市场开放在宏观层面产生的经济后果

目前关于资本市场开放对宏观经济产生影响的研究所得结论并不一致。

新古典主义理论认为,资本市场开放能够对宏观经济产生积极效应,大量的研究结论也证明了这一观点。Chari 和 Henry[1]检验了资本市场开放对公司资产定价与风险的影响,研究发现金融自由化能够使公司股价被重新评估,降低市场的系统性风险。Bekaert 等[2]认为金融开放有利于全要素生产率的提高和资本的增长,并且对全要素生产率产生的正向影响要大于资本增长,由此解释了金融开放对经济的影响是长期性而非暂时性的。Mitton[6]控制内生性问题后,发现资本市场开放能够降低杠杆率、带动投资以及提高企业盈利能力,从而促进本国股票市场的发展。

这些结论在发展中国家的资本市场开放过程中也得到了验证。Henry[7]运用 11 个发展中国家的数据,得出资本市场开放能够使得国内资本成本下降和资本边际生产率受到冲击进而形成投资繁荣的结论。Funke[3]以 16 个新兴市场国家为研究对象,发现资本市场开放能够促进私人消费支出。刘海飞等[8]研究发现"沪港通"能够通过促进沪港两市网络的融合,进而起到提升股票市场稳定性的作用。

总体来说,实证研究更多地支持资本市场开放对宏观经济产生的积极效应。

然而 20 世纪 90 年代亚洲爆发一系列金融危机之后,研究学者开始重新审视资本市场开放的政策效应,并且提出了不同的观点。Bae 等[9]研究发现,新兴市场的股票回报波动率与资本市场开放程度之间存在正相关关系,开放程度越高,股票回报受全球市场风险影响的程度就越高。Choe 等[10]研究发现,境外投资者与本地投资者相比虽具有较强的分析处理信息的能力,但由于缺乏相应的本地信息,存在较高的短期行为。李巍等[11-12]研究发现资本市场开放会破坏本国的金融稳定状况,加剧国内经济增长的不稳定性,且这一负面效应在发展中国家或转型国家影响更甚。

上述实证结果不一致主要是由于研究选取的样本数据来自不同国家,而跨国数据容易受到当地资本市场成熟度和法律体制等影响,产生变量遗漏进而错误估计相关参数[13]。Klein 和 Olivei[14]在研究中同时选取了来自发达国家和发展中国家的样本,研究发现,资本市场开放的积极效果在很大程度上是由样本中的发达国家推动的。类似地,Eichengreen 等[15]的研究结果显示,只有在投资者保护良好、会计准则严格等市场机制相对完善的国家或地区,资本市场开放才能产生积极影响。因此，选取同一国家的样本数据能够消除不同国家因制度不同导致的变量遗漏而对研究结果产生的影响[13,16]。

2）资本市场开放在微观层面产生的经济后果

关于资本市场开放在微观层面产生的经济后果的研究，得出的结论相对于宏观层面来说要更为一致。

现有的结论普遍认为，资本市场开放能够改善公司信息环境，使公司治理结构得到优化，最终提升公司的治理水平。Bae 等[17]研究发现，资本市场开放能够通过增加市场中公司的特定信息，提高分析师的覆盖率，进而改善公司的信息环境，使得市场操纵和盈余管理相应减少。Lel 和 Miller[5]研究认为资本市场开放使高管面临更大的被替换的风险，从而使其机会主义行为得到有效约束，改善公司治理。Incheol 等[18]也得出了境外投资者的参与能够改善公司治理的结论。张宗益和宋增基[19]以及董秀良等[20]分别以公司引入境外战略投资者和跨境交叉上市为例证明了资本市场开放对公司治理水平的提升作用。

基于“沪港通”的制度背景，近年来国内学者研究了资本市场开放对我国 A 股上市公司的治理作用，具体来说，“沪港通”能够改善我国 A 股上市公司的信息环境，降低公司股票的波动性，提高企业的投融资效率，抑制上市公司违规，从而优化公司的治理结构和治理水平。郭阳生等[21]基于分析师关注度进行研究，发现资本市场开放能够使分析师预测更加准确，从而使信息环境得到改善。刘焱等[22]从会计信息可比性的视角发现了资本市场开放对信息质量的提升作用。钟凯等[23]研究发现“沪港通”能够通过提高企业信息披露质量，使股价的异质性波动率降低，钟覃琳和陆正飞[16]通过研究证明资本市场开放对股票价格信息含量有提升作用。李沁洋和许年行[24]也得出了类似的结论。陈运森等[25]从上市公司分红视角发现资本市场开放有利于提升上市公司的现金股利支付。邹洋等[13]、陈运森和黄健峤[26]以及师倩和姚秋歌[27]则从公司违规以及投融资的视角研究了资本市场开放对我国 A 股上市公司的影响，研究结果表明资本市场开放可以通过提高公司的信息质量而抑制上市公司违规、提高企业投资效率以及缓解融资约束。但到目前为止，还未有研究从高管薪酬契约的视角探讨资本市场开放对公司的治理效应。

2.3.2 高管薪酬契约的相关文献综述

随着现代企业制度不断发展，公司的所有权与经营权日渐分离，存在于公司股东和经理人之间的委托代理问题更加突出。为缓解该问题，股东通过制定基于业绩的薪酬契约，将高管薪酬与公司业绩挂钩，利用公司业绩来量化高管的努力和尽责程度，以期减少代理双方之间的利益冲突，共同实现企业价值最大化的财务管理目标。

国内外文献的研究结果证明，高管薪酬与企业业绩之间确实存在着高度敏感性，体现了薪酬契约在缓解委托代理问题方面的作用。Hall 和 Liebman[28] 以及 Conyon 等[29] 均发现高管薪酬与公司业绩之间存在着正相关关系。李增泉[30] 以我国早期资本市场的公司数据为基础，研究发现高管薪酬与公司业绩并不相关。随着我国高管薪酬体制改革以及公司治理环境的改善，我国逐步建立起基于业绩的高管薪酬制度。杜胜利和翟艳玲[31] 以我国 A 股上市公司为研究对象，发现公司绩效与总经理薪酬之间具有高度敏感性。王鑫[32] 将高管薪酬分成货币性薪酬、股权收益和职务消费三部分，研究发现我国制造业上市公司高管的货币性薪酬与公司的会计业绩呈显著的正相关关系。

但近年来，高管利用自身权力影响薪酬契约的制定和业绩的考核，不少企业出现经营业绩欠佳时，高管薪酬并没有同比例下降，甚至出现不降反升的“薪酬倒挂”现象，薪酬契约成为代理问题的一部分[4]，这引起了学术界和实务界的广泛关注。大量学者开始探究高管薪酬契约的治理机制，以期提高高管薪酬契约的有效性。目前，关于高管薪酬契约的治理的研究分内部治理和外部治理两方面。

1）高管薪酬契约的内部治理机制

经学者实证研究表明，独立董事网络特征、股权结构等内部治理机制均能够提高高管薪酬契约的有效性。陈运森和谢德仁[33] 从董事网络的角度研究，发现公司高管薪酬业绩敏感性与独立董事网络中心度显著正相关。在股权结构方面，有学者研究发现私募股权[34] 和机构投资者[35] 的参与均对高管薪酬契约有效性起到显著正向促进作用。此外，潘红波等[36] 通过对国有企业董事长和总经理在非上市控股股东单位纵向兼任的相关问题研究，发现董事长或总经理的纵向兼任会提高公司整体薪酬水平，降低薪酬业绩敏感性。

2）高管薪酬契约的外部治理机制

除了内部治理机制外，市场化进程、法治水平、媒体监督以及融资融券等外部治理机制也能提高高管薪酬契约的有效性。具体来说，王俊秋和张奇峰[37] 将深市公司作为研究样本，发现高管薪酬业绩敏感性与信息透明度存在显著的正相关关系。与之类似，张列柯等[38] 和唐学松等[39] 发现提高会计信息可比性有助于增强高管薪酬契约的有效性；杨德明和赵璨[40] 得出媒体可以借助“政府”这一中介发挥监督职能，从而规范高管薪酬的结论。伊志宏等[41]研究发现，市场化进程越快，压力抵制型机构投资者对提高高管薪酬业绩敏感性的正向促进作用越明显。与之类似，江伟[42]发现市场化程度能够规范高管薪酬，戴治勇[43]研究发现处于高法治水平地区的公司的高管薪酬契约往往更有效。苏冬蔚和熊家财[44]考察了股票流动性与高管薪酬契约的关系，研究发现股票流动性的提高使得市场中的投资者更加积极地挖掘公司信息，从而对高管形成有效监督，提高总经理薪酬股价敏感性，降低代理成本。马惠娴和佟爱琴[45]以我国融资融券试点为背景，发现了卖空机制对高管薪酬契约有效性的提升作用，进一步拓宽了高管薪酬契约外部治理机制的研究。

2.3.3 现有研究文献评述

本文从资本市场开放和高管薪酬契约两方面进行文献梳理和归纳，发现了以下几个问题。

第一，目前关于资本市场开放在宏观层面产生的经济后果的研究比较广泛，国内外学者分别从资本市场开放对市场风险、稳定性、投资以及私人消费支出的影响等角度进行了论证，但由于跨国数据容易受到资本市场成熟度和法律体制等的影响，使研究因遗漏变量导致参数估计错误，从而造成研究结论的不一致；而关于资本市场开放在微观层面对公司的治理作用的研究，目前主要从公司治理结构、信息环境视角研究其治理机制，并且在此层面上研究得出的结论相对宏观层面来说要更一致。

第二，国内外学者从内部和外部治理两方面为提升高管薪酬契约有效性提供了解决途径，内部治理机制包括独立董事网络、股权结构等；外部治理机制包括市场化进程、法治水平、媒体监督以及卖空机制等，这些研究对上市公司股东以及市场政策制定者具有重要的借鉴意义和参考价值。

第三，由于"沪港通"制度在 2014 年 11 月正式启动，目前国内基于"沪港通"对资本市场开放产生的经济后果的研究还相对较少，尤其是对高管薪酬契约的治理作用的研究还存在一定的空白，而与公司代理问题相关的治理机制与公司所处市场环境以及制度背景有密切联系，随着我国资本市场的不断发展，"沪港通""深港通"以及"沪伦通"等资本市场开放制度逐渐落地，在这样的制度背景下将探究资本市场开放作为公司外部治理机制，这对高管薪酬契约的治理作用具有一定的现实意义。

第3章　理论分析与研究假设

3.1　资本市场开放与高管薪酬契约有效性

“沪港通”实施后，我国资本市场双向开放的时代正式到来，这不仅为我国投资者提供了配置海外资产的渠道，还为我国A股市场引入了更多的境外投资者。根据已有的文献研究，本文认为资本市场开放作为一种外部治理机制，可能会通过以下两条途径约束高管的投机行为、提升高管薪酬契约有效性、改善公司治理水平。

第一，“沪港通”能够通过改善公司的信息环境使高管行为得到更有效的监督，提高薪酬业绩敏感性。一方面，“沪港通”实施后，境外投资者可以经由港交所买卖标的公司股票，与内地投资者相比，境外投资者具备更完善的专业知识和更先进的沟通分析工具去处理市场信息[18]，同时，随着资本市场开放程度的提高，分析师覆盖率会相应提高，预测准确度也相应增加[17,21]，信息环境得到改善。而信息环境的改善能够使得经理人的行为受到更有效的监督，从而抑制其机会主义行为[37]，代理问题得到缓解，薪酬业绩敏感性提高。另一方面，被纳入“沪港通”标的名单的公司为符合香港资本市场对信息披露的要求，会更加积极地进行信息披露，提高会计信息质量[22]，会计信息质量的提高能够提高业绩指标衡量的精确性，使股东更准确地评价高管的努力和尽责程度，合理确定高管薪酬，提高薪酬业绩敏感性[37]。

第二，“沪港通”制度能够通过改善公司治理结构，提高高管薪酬业绩敏感性。具体来说，具有成熟交易经验的境外投资者投资我国A股市场，能够对其所投资公司形成有力的监督，弥补公司内部治理机制的不足，优化公司治理结构[13,18]，抑制高管的机会主义行为。一方面，公司治理结构的改善有助于股东对经理人进行有效监督，缓解代理问题，提高薪酬业绩敏感性；另一方面，公司治理结构的改善使得公司面临的控制人市场更活跃，从而增加了公司被并购事件影响的可能性[46]，也使股东对管理者的监督动机加强，高管的自利行为得到有效抑制，薪酬契约的有效性提高。

基于以上分析，本文提出以下假设：

假设 1 “沪港通”能够提高高管薪酬业绩敏感性，提升薪酬契约有效性。

3.2 影响机制分析

3.2.1 信息环境对资本市场开放与高管薪酬契约有效性的影响

如前所述，“沪港通”制度治理高管薪酬契约的途径之一是通过改善公司的信息环境，使高管行为得到更有效的监督，从而提升高管薪酬契约的有效性。上市公司被列入“沪港通”标的名单后，能够吸引更多分析师跟踪其股票，经营信息得到更全面的披露，从而使信息透明度提高，信息环境得以改善[17,21]，也使内部股东及外部潜在投资者能够对高管行为进行更为有效的监督；同时，信息环境的改善能够提高业绩衡量的准确性，进而提高高管薪酬业绩敏感性，提升薪酬契约有效性[37]。但这一提升作用会受到公司原来的信息环境影响，当公司原来所处的信息环境较好、信息透明度较高时，高管行为本身已能够较好地受到股东、投资者以及社会公众的监督，且业绩衡量也较准确，高管薪酬与公司业绩之间存在较高的关联性，因此“沪港通”对高管薪酬契约的治理作用会不明显。而当公司原来所处的信息环境较差、信息透明度较低时，内外部监督均无法发挥其治理作用，“沪港通”制度可以通过改善公司的信息环境，提高信息传递效率，减少信息不对称来对高管形成更有力的监督，从而对高管的机会主义行为进行有效约束，以提高高管薪酬业绩敏感性，缓解代理问题。

基于以上分析，本文提出以下假设：

假设 2 “沪港通”对高管薪酬契约的治理作用受信息透明度的影响，在信息透明度较低的公司中，“沪港通”对高管薪酬契约的治理作用更加明显。

3.2.2 公司治理结构对资本市场开放与高管薪酬契约有效性的影响

“沪港通”制度还可以通过改善公司的治理结构来提高高管薪酬契约有效性。如前所述，“沪港通”开通后，那些交易策略成熟、投资经验丰富以及信息处理能力强大的境外投资者投资我国 A 股市场，能够对其所投资的公司形成有力监督，改善公司的治理结构[13,18]，抑制高管的自利行为，提高薪酬契约的有效性。

但境外投资者能够发挥的监督治理作用对于不同股权结构的公司来说是不同的。一般来说，公司的股权制衡度越高，股东对经理人的监督越有效，其信息不对称性本身较低，因此作为高管激励机制的薪酬契约有效性便较高，进而“沪港通”能够发挥的边际治理效应可能不显著。而在股权制衡度较低的公司中，大股东通常拥有绝对的控制权和话语权，其“掏空”行为更严重，为了掩盖其自身的“掏空”行为，可能会扩大公司的信息不对称程度，甚至与经理人达成互惠互利的交易，通过制定过于慷慨的高管薪酬契约以换取对自身有利的待遇[35]；“沪港通”开通后，拥有丰富投资经验、强大信息处理能力以及成熟交易策略的境外投资者更容易识别这一交易，从而对高管形成更有力的监督，弥补现有公司治理结构的缺陷，提高薪酬契约有效性。因此，在股权制衡度较低的公司中，“沪港通”对高管薪酬契约的治理作用更加明显。

基于以上分析，本文提出以下假设：

假设 3a　“沪港通”对高管薪酬契约的治理作用受股权制衡度的影响，在股权制衡度较低的公司中，“沪港通”对高管薪酬契约的治理作用更加明显。

此外，管理层权力也是反映公司内部治理结构的特征之一，与反映股东对管理层权力制约能力大小的股权制衡度不同，管理层权力直接反映了公司高管自定薪酬的能力。根据管理层权力理论，高管能够通过操控董事会等手段影响自身薪酬的制定[4]。在管理层权力较大的公司中，管理层自定薪酬的权力往往更大，从而出现薪酬与公司业绩不同步甚至倒挂的现象，使薪酬契约严重失效。但由于管理层较大的控制权和话语权，作为外部投资者的境外投资者难以改变“内部人控制”的局面，无法对其实施有效的监督，抑制其寻租行为；而在管理层权力较小的公司中，内外部治理机制均能发挥较好的监督治理作用，提高高管薪酬业绩敏感性。因此本文推测，在管理层权力较小的公司中，“沪港通”对高管薪酬契约的治理作用更加明显。

基于以上分析，本文提出以下假设：

假设 3b　“沪港通”对高管薪酬契约的治理作用受管理层权力的影响，在管理层权力较小的公司中，“沪港通”对高管薪酬契约的治理作用更加明显。

第 4 章　实证研究设计

4.1　样本选择与数据来源

本文以 2014 年 11 月“沪港通”试点开通为契机，研究资本市场开放对高管薪酬契约的治理作用。因 2016 年 12 月开通的“深港通”距 2018 年可用完整数据仅有 2 年，因此为避免外生因素冲击，本文剔除深市上市公司，选取 2011—2018 年在沪市的 A 股上市公司为研究样本。同时还依据以下标准剔除了部分样本观测值：

(1) 金融行业的公司样本；

(2) 样本期间被 ST、* ST 的样本；

(3) 相关变量缺失的样本；

(4) 2014 年 11 月 17 日至 2018 年 12 月 31 日期间被调出过“沪股通”名单的公司样本。

本文对所有连续变量在 1%和 99%的水平上进行了缩尾处理以控制极端异常值对结果的影响，最终得到 4 032 个有效观测值。本文所用数据均来自 Wind 数据库，利用 Stata14 进行统计分析。

4.2　变量定义与模型设计

4.2.1　变量定义

1) 被解释变量：高管薪酬

由于我国上市公司的高管薪酬以货币性薪酬为主，并且我国实施股权激励的时间较晚，相关制度尚不成熟，高管持股比例较低，而又难以衡量非经济薪酬，因此本文仅研究高管的货币性薪酬。本文参考现有文献[47]，将公司金额前三名高管薪酬总额的自然对数作为高管薪酬的代理变量(变量符号为 *LnSalary*)。

2）解释变量：公司业绩、“沪港通”

目前常用的公司业绩（变量符号为 *ROA*）衡量指标有会计业绩和市场业绩两类。由于市场业绩容易受到资本市场的影响，会计业绩的市场噪声更小，更能反映公司的真实经营成果和高管的尽责程度，因此本文采用会计业绩衡量公司业绩。借鉴已有研究[45]的做法，本文选取总资产报酬率（变量符号为 *ROA*）作为公司业绩的代理变量。

“沪港通”（变量符号为 *Open*）为本文的主要解释变量。借鉴现有研究文献[13,16]的做法，本文以公司当年是否被列入“沪港通”试点名单为标准，定义虚拟变量，若公司当年列入“沪港通”试点名单，则取值为 1，否则为 0。

3）控制变量

本文参照已有相关文献[38,40]的研究设计，选取企业规模（变量符号为 *Size*）、资产负债率（变量符号为 *Lev*）、销售收入增长率（变量符号为 *Growth*）、成长性（变量符号为 *MB*）、风险（变量符号为 *Risk*）、股权集中度（变量符号为 *TOP1*）、高管持股比例（变量符号为 *MSR*）、独立董事比例（变量符号为 *Indep*）、董事会规模（变量符号为 *BS*）、两职兼任（变量符号为 *Dua*）和产权性质（变量符号为 *SOE*）进行控制。此外，本文还控制了个体和年份双向固定效应，以缓解公司个体间的内生性，以及宏观环境变化带来的影响。具体变量定义见表 4 - 1。

表 4 - 1　变量定义表

类型	变量名称	变量符号	变量定义
主要研究变量	高管薪酬	*LnSalary*	高管薪酬的代理变量，取金额前三名高管薪酬总额的自然对数
	公司业绩	*ROA*	公司业绩的代理变量，取总资产报酬率，即净利润/总资产
	“沪港通”	*Open*	虚拟变量，若公司股票当年列入“沪港通”试点名单，则取值为 1，否则为 0
控制变量	企业规模	*Size*	公司总资产的自然对数
	资产负债率	*Lev*	公司总负债/总资产
	销售收入增长率	*Growth*	（当期营业收入－上期营业收入）/上期营业收入

续 表

类型	变量名称	变量符号	变量定义
控制变量	成长性	*MB*	公司期末资产的市场价值/账面价值
	风险	*Risk*	公司股票当年月回报率标准差的年化值
	股权集中度	*TOP1*	第一大股东持股比例
	高管持股比例	*MSR*	高管所持股数占公司总股数的比例
	独立董事比例	*Indep*	公司独立董事占董事会总人数的比例
	董事会规模	*BS*	董事会总人数的自然对数
	两职兼任	*Dua*	虚拟变量，若董事长与总经理为同一人，取值为1，否则为0
	产权性质	*SOE*	虚拟变量，若公司的实际控制人为国有，取值为1，否则为0
	个体固定效应	*Firm*	个体虚拟变量
	年份固定效应	*Year*	年份虚拟变量

4.2.2 模型设计

为研究资本市场开放与高管薪酬契约有效性之间的关系，本文基于薪酬业绩敏感性，借鉴邹洋等[13]和马惠娴等[45]的做法，建立 Level 模型(4-1)。此外，本文借鉴方军雄等[47]的做法，构建 Change 模型(4-2)作为稳健检验。

$$LnSalary_{i,t}=\alpha_0+\alpha_1 Open_{i,t}+\alpha_2 ROA_{i,t}+\alpha_3 Open_{i,t}\times ROA_{i,t}+\sum Controls+\sum Firm+\sum Year+\varepsilon_{i,t} \quad (4-1)$$

$$dLnSalary_{i,t}=\alpha_0+\alpha_1 Open_{i,t}+\alpha_2 dROA_{i,t}+\alpha_3 Open_{i,t}\times dROA_{i,t}+\sum Controls+\sum Firm+\sum Year+\varepsilon_{i,t} \quad (4-2)$$

其中，$LnSalary_{i,t}$为公司当年金额前三名高管薪酬总额的自然对数；$dLnSalary_{i,t}$为公司当期与滞后一期金额前三名高管薪酬总额的自然对数之差。$Opent_{i,t}$为“沪港通”标的的虚拟变量，若公司当年列入“沪港通”试点名单，则取值为 1，否则为 0。$ROA_{i,t}$为公司业绩的代理变量，用公司当年总资产报酬率表示；$dROA_{i,t}$为公司当期与滞后一期总资产报酬率之差。交乘项 $Open_{i,t} \times ROA_{i,t}$与 $Open_{i,t} \times \mathrm{d}ROA_{i,t}$为本文的关键变量，根据假设 1，若系数 α_3显著为正，则说明资本市场开放能提高高管薪酬业绩敏感性，从而提升高管薪酬契约有效性。同时，模型还控制了个体固定效应（*Firm*）和年份固定效应（*Year*），以缓解公司个体间的内生性，以及宏观环境变化带来的影响。

第5章　实 证 检 验

5.1　描述性统计

本文对各变量进行了描述性统计，以初步了解各变量的分布特征，描述性统计结果如表5-1所示。

表5-1　全样本描述性统计

变　量	观测数	均　值	标准差	最小值	中位数	最大值
LnSalary	4 032	14.365	0.748	12.535	14.377	16.432
ROA	4 032	5.926	5.868	−12.593	5.002	27.742
Open	4 032	0.369	0.483	0	0	1
Size	4 032	22.833	1.598	19.222	22.707	27.269
Lev	4 032	0.517	0.201	0.084	0.520	0.945
MB	4 032	3.525	5.400	0.467	2.159	43.078
Growth	4 032	0.114	0.316	−0.568	0.079	1.907
Risk	4 032	0.398	0.169	0.129	0.366	1.019
MSR	4 032	0.019	0.067	0	0.000	0.415
TOP1	4 032	0.363	0.155	0.078	0.345	0.758
BS	4 032	2.188	0.201	1.609	2.197	2.708
Indep	4 032	0.372	0.053	0.333	0.333	0.571
Dua	4 032	0.142	0.349	0	0	1
SOE	4 032	0.613	0.487	0	1	1

由表 5 - 1 中数据可以看到，变量高管薪酬（*LnSalary*）由于是高管薪酬取自然对数之后的结果，因此在结果上呈现出的差异不大，标准差为 0.748，均值为 14.365，换算后可得样本中的上市公司金额前三名的高管薪酬平均水平约为 170 万元。公司业绩（*ROA*）的最小值为－12.593，最大值为 27.742，标准差为 5.868，说明我国上市公司业绩之间存在差异，有部分公司发生较大亏损。“沪港通”（*Open*）的均值为 0.369，说明所选取样本中有 36.9％的观测值的股票可供境外投资者通过“沪港通”进行交易。

控制变量方面，企业间规模（*Size*）和资产负债率（*Lev*）差异较大，企业规模方面，最大值近 7 000 亿元，最小值不足 2.5 亿元；资产负债率方面，最大值达 94.5％，最小值仅有 8.4％，中位数为 52.0％，说明公司间偿债能力不一，有超过一半的公司资产负债率高于 50％。由高管持股比例（*MSR*）可以看出，我国上市公司高管持股比例均值仅为 1.9％，标准差为 0.067，普遍较低，这也在一定程度上证明了本文选取货币性薪酬作为被解释变量的合理性。第一大股东持股比例（*TOP1*）平均为 36.3％，且标准差较小，为 0.155，说明我国上市公司股权分布较集中。存在两职兼任（*Dua*）的公司样本占总样本的 14.2％。董事会方面，样本公司董事会规模（*BS*）平均 9 人，最少 5 人，最多 15 人，公司之间差距较大；独立董事比例（*Indep*）最小值为 33.3％，平均水平为 37.2％，基本满足证监会对公司独立董事占董事会成员总数不低于 1/3 的要求。

5.2 变量间的相关性分析

为避免各变量之间的多重共线性问题，同时为本文研究提供更可靠的结论，本文对各主要变量进行了相关性分析，结果见表 5 - 2。

表 5 - 2 相关性分析

变量	*LnSalary*	*ROA*	*Open*	*Size*	*Lev*	*MB*	*Growth*
LnSalary	1	—	—	—	—	—	—
ROA	0.255***	1	—	—	—	—	—
Open	0.414***	0.174***	1	—	—	—	—
Size	0.516***	0.109***	0.467***	1	—	—	—

续 表

变 量	*LnSalary*	*ROA*	*Open*	*Size*	*Lev*	*MB*	*Growth*
Lev	0.078***	−0.274***	0.011	0.351***	1	—	—
MB	−0.203***	−0.016	−0.125***	−0.428***	0.095***	1	—
Growth	0.066***	0.209***	0.013	0.031*	0.039**	0.067***	1
Risk	−0.109***	−0.097***	−0.042***	−0.175***	0.041***	0.222***	−0.007
MSR	0.036**	0.078***	0.033**	−0.061***	−0.058***	0.014	0.061***
TOP1	0.070***	0.145***	0.097***	0.378***	0.065***	−0.161***	−0.049***
BS	0.116***	0.036**	0.082***	0.256***	0.111***	−0.114***	−0.036**
Indep	0.034**	−0.059***	0.027*	0.105***	0.044***	0.014	−0.004
Dua	−0.008	0.024	0.008	−0.106***	−0.042***	0.085***	0.013
SOE	−0.065***	−0.119***	0.005	0.226***	0.126***	−0.136***	−0.097***
变 量	*Risk*	*MSR*	*TOP1*	*BS*	*Indep*	*Dua*	*SOE*
Risk	1	—	—	—	—	—	—
MSR	0.062***	1	—	—	—	—	—
TOP1	−0.084***	−0.169***	1	—	—	—	—
BS	−0.093***	−0.088***	0.088***	1	—	—	—
Indep	0.011	0.010	0.046***	−0.381***	1	—	—
Dua	0.016	0.085***	−0.107***	−0.148***	0.045***	1	—
SOE	−0.085***	−0.337***	0.352***	0.202***	0.023	−0.189***	1

注：***、** 和 * 分别表示在 1%、5%和 10%的水平上显著。

表 5-2 中各变量之间大多存在显著的相关关系，因此本文在之后的回归中将严格控制这些变量。此外，表 5-2 中绝大部分变量间相关系数的绝对值小于 0.5，进一步地，本文利用 Stata14 得到各变量的方差膨胀因子最大值为 2.59，均

值为1.38,远远小于10,因此严重的多重共线性关系问题在各变量之间并不存在,故可以利用该模型进行回归分析。

5.3 多元回归分析

为验证本文的假设1,探究"沪港通"与高管薪酬契约有效性之间的关系,本文分别利用Level模型和Change模型进行回归,回归结果如表5-3所示。

表5-3 资本市场开放对高管薪酬契约的治理作用

变量	Level模型	Change模型
ROA	0.006***	—
	(4.02)	—
Open×*ROA*	0.007***	—
	(3.25)	—
dROA	—	0.000
	—	(0.27)
Open×*dROA*	—	0.005**
	—	(2.41)
Open	−0.045*	−0.001
	(−1.73)	(−0.07)
Size	0.268***	0.038***
	(18.48)	(2.75)
Lev	−0.286***	−0.177***
	(−4.68)	(−3.16)
MB	0.009***	0.004**
	(5.13)	(2.50)

续　表

变　量	Level 模型	Change 模型
Growth	0.029	0.089***
	(1.64)	(5.30)
Risk	−0.026	0.080**
Risk	(−0.66)	(2.14)
MSR	0.313	0.336*
	(1.61)	(1.78)
TOP1	−0.072	0.194**
	(−0.74)	(2.07)
BS	0.141**	0.054
	(2.34)	(0.92)
Indep	0.017	0.120
	(0.10)	(0.70)
Dua	−0.016	0.036*
	(−0.78)	(1.76)
SOE	−0.057	0.022
	(−1.19)	(0.47)
Constant	7.930***	−0.960***
	(22.66)	(−2.83)
Firm	控制	控制
Year	控制	控制
Observations	4 032	4 032
R-squared	0.380	0.029

注：括号内为 t 值；***、**、* 分别表示在 1%、5%和 10%的统计水平上显著。

由表 5－3 中数据可知，Level 模型中，*ROA* 的系数在 1%的水平上显著为正，支持了以往研究中关于公司业绩与高管薪酬正相关的结论，交乘项 *Open*×*ROA* 的回归系数为 0.007，*t* 值为 3.25，在 1%的水平上与 *LnSalary* 显著正相关，Change 模型中交乘项 *Open*×*dROA* 的系数也显著为正，说明“沪港通”开通后，成为“沪港通”标的的上市公司高管薪酬业绩敏感性显著提高，从而支持了假设 1，即“沪港通”能够提高高管薪酬业绩敏感性，提升薪酬契约有效性。

5.4　影响机制分析

5.4.1　信息环境对资本市场开放与高管薪酬契约有效性关系的影响

为验证假设 2，本文借鉴已有的研究[16]，将分析师跟踪数量(*Analyst*)作为信息透明度的代理变量，并将样本按分析师跟踪数量分为两组，利用模型(4－1)①对分样本进行回归，回归结果见表 5－4 第 2 列和第 3 列。由回归结果可以看到，信息透明度低的一组交乘项 *Open*×*ROA* 的回归系数为 0.013，在 1%的水平上与 *LnSalary* 显著正相关，这与假设 2 一致，即在信息透明度较低的公司中，“沪港通”对高管薪酬契约的治理作用明显。而信息透明度高的一组中，公司业绩 *ROA* 的回归系数显著为正，说明在此环境下，高管薪酬业绩敏感性较高，交乘项 *Open*×*ROA* 的回归系数虽然为正但不显著，说明“沪港通”制度作为一种替代性的外部治理机制，在信息透明度较高的公司外部治理环境下，发挥的治理作用有限。

以上结果支持了假设 2，即“沪港通”对高管薪酬契约的治理作用受信息透明度的影响，在信息透明度较低的公司中，“沪港通”对高管薪酬契约的治理作用更加明显。

5.4.2　公司治理结构对资本市场开放与高管薪酬契约有效性关系的影响

为验证假设 3a，本文参照以往研究[48]，将股权制衡度(*Balance*)用公司“第二大股东至第五大股东持股比例之和/第一大股东持股比例”来表示，并按股权

① 由于 Level 模型和 Change 模型回归结果基本一致，又考虑到 Level 模型拟合效果更好，因此在影响机制分析中本文仅以 Level 模型进行进一步分析。

制衡度将样本分为两组，利用模型(4－1)进行回归，回归结果如表 5－4 第 4 列和第 5 列所示。由表中数据可知，在股权制衡度较低的一组中，交乘项 *Open*×*ROA* 在 1%的水平上与 *LnSalary* 显著正相关。这与假设 3a 一致，即在股权制衡度较低的公司中，"沪港通"对高管薪酬契约的治理作用明显。而股权制衡度较高的一组中，交乘项 *Open*×*ROA* 的回归系数虽然为正，但不显著，说明"沪港通"制度在股权制衡度较高的环境下对高管的监督作用有限。

表 5－4　影响机制分析结果

变　量	信息透明度低	信息透明度高	股权制衡度低	股权制衡度高	管理层权力小	管理层权力大
ROA	0.002	0.011***	0.004**	0.006***	0.007***	−0.006*
	(1.18)	(4.71)	(2.42)	(2.70)	(4.07)	(−1.87)
Open	0.014	−0.001	−0.103***	0.055	−0.038	−0.060
	(0.32)	(−0.03)	(−3.09)	(1.23)	(−1.40)	(−0.77)
Open×*ROA*	0.013***	0.004	0.011***	0.002	0.007***	0.009
	(3.11)	(1.40)	(3.69)	(0.71)	(2.86)	(1.60)
Size	0.252***	0.227***	0.284***	0.220***	0.247***	0.065
	(13.61)	(8.37)	(14.11)	(8.27)	(14.94)	(1.41)
Lev	−0.168**	−0.385***	−0.131	−0.236**	−0.288***	−0.377**
	(−2.07)	(−3.78)	(−1.50)	(−2.42)	(−4.25)	(−2.24)
MB	0.008***	0.019***	0.007***	0.007**	0.010***	0.004
	(4.09)	(2.67)	(3.08)	(2.42)	(4.68)	(1.06)
Growth	0.028	−0.008	−0.013	0.069***	0.026	0.043
	(1.32)	(−0.22)	(−0.56)	(2.72)	(1.35)	(1.14)
Risk	−0.017	−0.008	−0.071	0.006	−0.003	0.008
	(−0.30)	(−0.15)	(−1.50)	(0.10)	(−0.09)	(0.07)

续　表

变　量	信息透明度低	信息透明度高	股权制衡度低	股权制衡度高	管理层权力小	管理层权力大
MSR	0.574**	−0.710*	0.335	−0.062	−0.249	1.916***
	(2.42)	(−1.89)	(0.76)	(−0.23)	(−1.10)	(4.44)
TOP1	0.190	−0.395***	−0.143	0.141	−0.018	−0.572*
	(1.41)	(−2.78)	(−1.03)	(0.87)	(−0.17)	(−1.94)
BS	0.143	0.174**	−0.039	0.220**	0.184***	−0.188
	(1.60)	(2.16)	(−0.47)	(2.28)	(2.82)	(−0.81)
Indep	0.297	−0.248	0.213	−0.039	−0.178	0.673
	(1.11)	(−1.10)	(0.93)	(−0.14)	(−0.96)	(1.07)
Dua	−0.012	−0.026	−0.007	−0.041	—	—
	(−0.41)	(−0.88)	(−0.24)	(−1.22)	—	—
SOE	−0.067	−0.004	−0.004	−0.183**	0.017	−0.225
	(−1.17)	(−0.04)	(−0.06)	(−2.28)	(0.33)	(−1.32)
Constant	7.065***	9.044***	7.792***	8.856***	8.291***	13.096***
	(17.97)	(13.94)	(16.44)	(14.39)	(20.90)	(10.13)
Firm	控制	控制	控制	控制	控制	控制
Year	控制	控制	控制	控制	控制	控制
Observations	1 944	2 088	1 925	2 107	3 461	571
R-squared	0.444	0.322	0.351	0.314	0.359	0.403

注：括号内为 t 值；***、**、* 分别表示在 1%、5%和 10%的统计水平上显著。

以上结果支持了假设 3a，即“沪港通”对高管薪酬契约的治理作用受股权制衡度的影响，在股权制衡度较低的公司中，“沪港通”对高管薪酬契约的治理作用更加明显。

为验证假设 3b，本文借鉴已有研究[45]，采用公司董事长与总经理两职是否兼任（*Dua*）来度量管理层权力水平，若公司存在两职兼任（$Dua=1$），则管理层权力较大，否则较小。以此作为分组依据，将样本分为两组，利用模型（4－1）对分样本进行回归，回归结果如表 5－4 第 6 列和第 7 列所示。由回归结果可知，管理层权力较小的一组中，交乘项 $Open \times ROA$ 的系数在 1%的水平上显著为正，说明管理层权力较小时，“沪港通”能显著提高高管薪酬契约的有效性，与假设 3b 一致。而在管理层权力较大的一组中，*ROA* 的回归系数显著为负，这与已有研究中关于管理层权力抑制高管薪酬契约有效性的结论一致，并且交乘项 $Open \times ROA$ 的系数并不显著，说明管理层权力抑制了“沪港通”对高管薪酬契约的治理作用。

以上结果支持了假设 3b，即“沪港通”对高管薪酬契约的治理作用受管理层权力的影响，在管理层权力较小的公司中，“沪港通”对高管薪酬契约的治理作用更加明显。

5.5 稳健性检验

5.5.1 内生性问题：倾向匹配得分法

由于“沪港通”标的的选择需满足一定条件，可能使得处理组与控制组的高管薪酬契约有效性本身存在差异。为此，本文采用倾向匹配得分法（Propensity Score Matching，PSM）排除样本选择性偏差问题，筛选相应的控制样本重新进行回归。本文以 2011—2018 年间没有进入过“沪港通”试点名单的公司作为控制组样本，根据首批进入“沪港通”试点的上证 180 和 380 指数成份股的选样方法，选取总市值占比、流通市值占比、成交量占比、年份和行业以及模型中其他控制变量作为匹配的参考变量[13,16]。根据 Logit 模型拟合得出的倾向性得分，采用基于近邻匹配的一对一匹配，得到匹配样本。

基于 PSM 匹配样本分别利用 Level 模型和 Change 模型进行回归，回归结果见表 5－5。PSM 样本回归结果基本与全样本回归结果一致，交乘项 $Open \times ROA$（$Open \times dROA$）的回归系数显著为正，虽然显著性较全样本回归结果有所降低，但系数明显增大，说明“沪港通”能够提高高管薪酬业绩敏感性，提升薪酬契约有效性，并且这种提升不是由标的本身特性造成的，从一定程度上解决了内生性问题。

表 5-5 PSM 回归结果

变 量	Level 模型	Change 模型
ROA	0.006*	—
	(1.81)	—
Open * *ROA*	0.011*	—
	(1.67)	—
dROA	—	0.001
	—	(0.38)
Open×*dROA*	—	0.014**
	—	(2.19)
Open	0.087	0.033
	(1.42)	(0.65)
Size	0.183***	0.042
	(5.38)	(1.16)
Lev	0.094	0.048
	(0.71)	(0.35)
MB	0.003	0.005
	(0.70)	(1.13)
Growth	−0.030	0.126***
	(−0.86)	(3.43)
Risk	0.158*	0.069
	(1.82)	(0.74)
MSR	0.089	−0.427
	(0.19)	(−0.86)

续 表

变　量	Level 模型	Change 模型
TOP1	−0.079	0.090
	(−0.37)	(0.39)
BS	0.312**	0.062
	(2.09)	(0.39)
Indep	0.352	0.466
	(0.93)	(1.15)
Dua	−0.132***	−0.001
	(−2.85)	(−0.01)
SOE	0.118	0.181
	(1.06)	(1.52)
Constant	8.920***	−1.326
	(10.98)	(−1.52)
Firm	控制	控制
Year	控制	控制
Observations	941	941
R-squared	0.390	0.047

注：括号内为 *t* 值；***、**、* 分别表示在 1%、5%和 10%的统计水平上显著。

5.5.2 其他稳健性检验

除了采用 Change 模型以及 PSM 控制内生性外，为进一步保证实证结果的稳健性，本文在变换样本范围以及采用替代变量后，重新对模型(4-1)回归来进行稳健性检验。

1) 变换样本范围

本文研究发现，“沪港通”开通后，成熟的境外投资者能够对公司形成更好的监督，有效约束高管的投机行为，提升高管薪酬契约有效性，改善公司治理水平。但在“沪港通”开通前，H 股和 QFII 等制度已为我国部分上市公司引入了境外投资者。为排除这部分样本影响，本文剔除 H 股上市以及 QFII 持股的样本观测值，重新对模型(4－1)进行回归，回归结果如表 5－6 第 2 列所示。由表中数据可知，交乘项 $Open \times ROA$ 的系数显著为正，与表 5－3 回归结果一致，从而支持了本文的假设，即“沪港通”能够提高高管薪酬业绩敏感性，提升薪酬契约有效性。

表 5－6　其他稳健性检验回归结果

变　量	变换样本范围	采用薪酬替代变量	采用业绩替代变量
ROA	0.005***	0.006***	—
	(3.26)	(3.05)	—
Open×*ROA*	0.006**	0.006**	—
	(2.41)	(2.05)	—
ROE	—	—	0.002***
	—	—	(3.87)
Open×*ROE*	—	—	0.004***
	—	—	(3.00)
Open	−0.027	−0.069**	−0.027
	(−0.93)	(−2.08)	(−1.11)
Size	0.255***	0.300***	0.268***
	(16.27)	(16.00)	(18.55)
Lev	−0.232***	−0.443***	−0.329***
	(−3.48)	(−5.59)	(−5.54)
MB	0.008***	0.011***	0.010***
	(4.67)	(4.96)	(5.49)

续 表

变　量	变换样本范围	采用薪酬替代变量	采用业绩替代变量
Growth	0.024	0.042*	0.033*
	(1.28)	(1.87)	(1.87)
Risk	−0.034	−0.040	−0.030
	(−0.77)	(−0.80)	(−0.78)
MSR	0.327	0.709***	0.332*
	(1.62)	(2.82)	(1.71)
TOP1	−0.099	0.240*	−0.052
	(−0.94)	(1.90)	(−0.53)
BS	0.122*	0.474***	0.136**
	(1.81)	(6.10)	(2.26)
Indep	0.146	−0.337	0.028
	(0.69)	(−1.49)	(0.16)
Dua	−0.012	0.003	−0.012
	(−0.52)	(0.12)	(−0.56)
SOE	−0.050	−0.036	−0.056
	(−1.02)	(−0.58)	(−1.17)
Constant	8.168***	6.391***	7.954***
	(21.66)	(14.10)	(10.98)
Firm	控制	控制	控制
Year	控制	控制	控制
Observations	3 287	4 030	4 032
R-squared	0.392	0.254	0.379

注：括号内为 t 值；***、**、* 分别表示在 1%、5%和 10%的统计水平上显著。由于金额前三名的董事薪酬存在缺失值，因此样本数与基本回归中的总样本数 4 032 存在差异。

2）采用替代变量

本文分别用金额前三名董事薪酬替代高管薪酬，用 ROE 替代 ROA，重新对模型(4－1)进行回归，回归结果分别见表 5－6 第 3 列和第 4 列。由表中数据可知，两组回归结果的关键变量 $Open \times ROA$ 以及 $Open \times ROE$ 的系数均显著为正，与表 5－3 回归结果高度一致，从而支持了本文的假设，即“沪港通”能够提高高管薪酬业绩敏感性，提升薪酬契约有效性。

第 6 章　研究结论与政策建议

6.1　研究结论

近年来，我国资本市场正逐步放开，其产生的经济后果引起实务界和学术界的共同关注。本文以 2014 年 11 月“沪港通”试点开通为契机，以 2011—2018 年在沪市的 A 股上市公司为研究样本，探讨了“沪港通”制度对高管薪酬契约的治理作用，并从外部信息环境和内部公司治理结构两方面分析了影响机制，得出了以下结论。

首先，通过实证研究发现，“沪港通”能够提高高管薪酬业绩敏感性，提升薪酬契约有效性，这一结论在变换模型设定、采用倾向得分匹配法校正样本选择偏差、变换样本范围和采用替代变量后仍然稳健。

其次，本文从外部信息环境和内部公司治理结构两方面探究“沪港通”对高管薪酬契约治理作用的影响机制，研究发现，“沪港通”作为外部治理机制，其发挥作用的空间受外部信息环境和内部公司治理结构的影响。具体来说，在信息透明度和股权制衡度较低的公司中，内外部监督力度不足，“沪港通”作为替代性的外部治理机制，发挥作用的空间较大，对高管薪酬契约的治理作用更加明显。但是，当上市公司高管权力过大时，“沪港通”难以撼动“内部人控制”的局面，导致治理机制失灵，无法发挥有效的治理作用。

6.2　思考与建议

通过对前文的实证研究结论进行思考，并结合我国的实际发展状况，本文提出以下建议。

第一，继续稳步推进我国资本市场开放。“沪港通”制度为资本市场开放的外部治理机制对高管薪酬契约的治理效应提供了实证证据，可见，推进“沪港通”等资本市场开放制度，有助于提高公司的治理水平，能够给资本市场发展带来积极影响。但有研究表明,资本市场开放会给发展中国家市场带来较大的不确定性,因此我国正以稳步推进的战略模式推动资本市场开放。在此基础上,未来我国可以基于"沪港通"等开放制度逐步扩容,如逐步扩大相关标的范围、放宽额度限制以及降低投资者准入门槛等,实现各个市场互利共赢。

第二,完善我国上市公司内部控制体系,提高公司治理水平。本文的研究结果表明,"沪港通"可以在内外部监督治理力度不足时,作为替代性治理机制,弥补对公司高管监督的不足。但是,当上市公司高管权力过大时,治理机制失灵,"沪港通"无法发挥有效的监督作用,因此,我国上市公司以及相关部门应持续关注并完善公司的内部控制体系,有效约束高管利用自身权力谋取利益的寻租行为,如提高董事会的独立性,促使董事长和总经理两职分离等。

第三,完善高管薪酬激励机制,促进基于业绩的薪酬制度贯彻落实。合理的高管薪酬契约能够通过将薪酬与业绩紧密结合,协调股东与经理人的利益和目标,缓解代理问题,实现企业价值最大化。因此,企业应继续贯彻业绩型薪酬制度,设立薪酬委员会,合理设计并严格执行高管薪酬契约,提高薪酬契约的有效性,实现企业价值最大化的财务管理目标,促进我国资本市场健康长效发展。

6.3　不足与展望

本文的研究结果表明,资本市场开放能够提高高管薪酬业绩敏感性,从而对高管薪酬契约进行治理,提升薪酬契约有效性,并且这一治理作用在不同的治理环境下是不同的。同时本文研究仍存在不足之处,在一些方面还有待继续探索。

第一,本文只研究了高管的货币性薪酬与公司业绩的相关关系。随着资本市场的发展,高管的非货币性薪酬福利占比日趋增大,而基于数据可获得性等方面的考虑,本文没有将高管的股权激励等非货币性薪酬纳入高管薪酬的衡量体系中。

第二,本文以是否被列入"沪港通"标的名单来区分"沪港通"标的,并基于高管薪酬业绩敏感性来考察"沪港通"对高管薪酬契约的治理作用,没有进一步研究探讨北向资金持仓比例的影响以及"沪港通"对高管薪酬黏性的治理作用。

第三,本文研究变量和控制变量较多,各变量间可能存在相互作用,本文选用了多元线性回归模型,没有深入研究各变量间可能存在的非线性相关关系。

鉴于以上研究中的局限,未来可以考虑在高管薪酬衡量体系中纳入股权激励等非货币性薪酬,使用工具变量等解决内生性问题,进一步完善研究设计,使研究更全面、更具有指导意义。

参考文献

[1] CHARI A, HENRY P B. Risk sharing and asset prices: evidence from a natural experiment[J]. Research Papers, 2002, 59(3): 1295 - 1324.

[2] BEKAERT G, HARVEY C R, LUNDBLAD C. Financial openness and productivity[J]. Social Science Electronic Publishing, 2011, 39(1): 1 - 19.

[3] FUNKE N. Stock market developments and private consumer spending in emerging markets[J]. IMF Working Papers, 2002(238): 23.

[4] BEBCHUK L A, FRIED J M. Executive compensation as an agency problem[J]. Journal of Economic Perspectives, 2003, 17(3): 71 - 92.

[5] LEL U, MILLER D P. International cross-listing, firm performance, and top management turnover: a test of the bonding hypothesis[J]. Journal of Finance, 2008, 63(4): 1897 - 1937.

[6] MITTON T. Stock market liberalization and operating performance at the firm level[J]. Journal of Financial Economics, 2006, 81(3): 625 - 647.

[7] HENRY P B. Do stock market liberalizations cause investment booms[J]. Journal of Financial Economics, 2000, 58(1): 301 - 334.

[8] 刘海飞,柏巍,李冬昕,等.沪港通交易制度能提升中国股票市场稳定性吗?——基于复杂网络的视角[J].管理科学学报,2018,21(1): 97 - 110.

[9] BAE K H, CHAN K, NG A. Investibility and return volatility[J]. Journal of Financial Economics, 2004, 71(2): 239 - 263.

[10] CHOE H, KHO B C, STULZ R M. Do domestic investors have an edge? The trading experience of foreign investors in Korea[J]. SSRN Electronic Journal, 2004, 18(3): 795 - 829.

[11] 李巍.资本账户开放、金融发展和经济金融不稳定的国际经验分析[J].世界经济,2008(3): 34 - 43.

[12] 李巍,张志超.不同类型资本账户开放的效应:实际汇率和经济增长波动[J].世界经济,2008(10): 35 - 47.

[13] 邹洋,张瑞君,孟庆斌,等.资本市场开放能抑制上市公司违规吗?——来自"沪港通"的经验证据[J].中国软科学,2019(8): 120 - 134.

[14] KLEIN M W, OLIVEI G P. Capital account liberalization, financial depth, and economic growth[J]. Journal of International Money & Finance, 2008, 27(6): 861 - 875.

[15] EICHENGREEN B, GULLAPALLI R, PANIZZA U. Capital account liberalization,

financial development and industry growth: a synthetic view[J]. Journal of International Money & Finance, 2011, 30(6): 1090 - 1106.
[16] 钟覃林,陆正飞.资本市场开放能提高股价信息含量吗?——基于“沪港通”效应的实证检验[J].管理世界,2018(1): 169 - 179.
[17] BAE K H, BAILEY W, MAO C X. Stock market liberalization and the information environment[J]. Journal of International Money and Finance, 2006, 25(3): 404 - 428.
[18] INCHEOL, KIM, STEVE, et al. Drivers behind the monitoring effectiveness of global institutional investors: evidence from earnings management[J]. Journal of Corporate Finance, 2016.
[19] 张宗益,宋增基.境外战略投资者持股中国上市银行的效果研究[J].南开管理评论,2010,13(6): 106 - 114.
[20] 董秀良,张婷,孙佳辉.中国企业跨境交叉上市改善了公司治理水平吗?——基于分析师预测准确度的实证检验[J].中国软科学,2016(9): 99 - 111.
[21] 郭阳生,沈烈,郭枚香.沪港通改善了上市公司信息环境吗?——基于分析师关注度的视角[J].证券市场导报,2018,315(10): 37 - 45,52.
[22] 刘焱,姚海鑫,杜燕婕.资本市场开放与会计信息可比性——来自“沪港通”的经验证据[J].财经理论与实践,2020,41(1): 55 - 62.
[23] 钟凯,孙昌玲,王永妍,等.资本市场对外开放与股价异质性波动——来自“沪港通”的经验证据[J].金融研究,2018(7): 174 - 192.
[24] 李沁洋,许年行.资本市场对外开放与股价崩盘风险——来自沪港通的证据[J].管理科学学报,2019,22(8): 108 - 126.
[25] 陈运森,黄健峤,韩慧云.股票市场开放提高现金股利水平了吗?——基于“沪港通”的准自然实验[J].会计研究,2019(3): 55 - 62.
[26] 陈运森,黄健峤.股票市场开放与企业投资效率——基于“沪港通”的准自然实验[J].金融研究,2019(8): 151 - 170.
[27] 师倩,姚秋歌.沪港通与公司融资约束——基于双重差分模型的实证研究[J].财务研究,2018(2): 62 - 72.
[28] HALL B J, LIEBMAN J B. Are CEOs really paid like bureaucrats [J]. The Quarterly Journal of Economics, 1998, 113(3): 653 - 691.
[29] CONYON M J, PECK S I, READ L E. The structure of executive compensation contracts: UK evidence[J]. Long Range Planning, 2000, 33(4): 478 - 503.
[30] 李增泉.激励机制与企业绩效——一项基于上市公司的实证研究[J].会计研究,2000(1): 24 - 30.
[31] 杜胜利,翟艳玲.总经理年度报酬决定因素的实证分析——以我国上市公司为例[J].管理世界,2005(8): 114 - 120.
[32] 王鑫.制造业上市公司高管薪酬与公司绩效关系实证研究[J].财会通讯,2012(23): 22 - 23.
[33] 陈运森,谢德仁.董事网络、独立董事治理与高管激励[J].金融研究,2012(2): 168 - 182.
[34] 王会娟,张然.私募股权投资与被投资企业高管薪酬契约——基于公司治理视角的研究

[J].管理世界,2012(9):156-167.
[35] NTIM C G, LINDOP S, THOMAS D A, et al. Executive pay and performance: the moderating effect of CEO power and governance structure[J]. Social Science Electronic Publishing, 2019, 30 (6): 921-963.
[36] 潘红波,张哲.控股股东干预与国有上市公司薪酬契约有效性:来自董事长/CEO纵向兼任的经验证据[J].会计研究,2019(5):59-66.
[37] 王俊秋,张奇峰.信息透明度与经理薪酬契约有效性:来自中国证券市场的经验证据[J].南开管理评论,2009,12(5):94-100,108.
[38] 张列柯,张倩,刘斌.会计信息可比性影响高管薪酬契约的有效性吗?[J].中国软科学,2019(2):110-127,142.
[39] 唐雪松,蒋心怡,雷啸.会计信息可比性与高管薪酬契约有效性[J].会计研究,2019(1):37-44.
[40] 杨德明,赵璨.媒体监督、媒体治理与高管薪酬.经济研究,2012,(6):116-126.
[41] 伊志宏,李艳丽,高伟.市场化进程、机构投资者与薪酬激励[J].经济理论与经济管理,2011(10):75-84.
[42] 江伟.市场化程度、行业竞争与管理者薪酬增长[J].南开管理评论,2011,14(5):58-67.
[43] 戴治勇.法治、信任与企业激励薪酬设计[J].管理世界,2014(2):102-110.
[44] 苏冬蔚,熊家财.股票流动性、股价信息含量与CEO薪酬契约[J].经济研究,2013,48(11):56-70.
[45] 马惠娴,佟爱琴.卖空机制对高管薪酬契约的治理效应——来自融资融券制度的准自然实验[J].南开管理评论,2019,22(2):61-74.
[46] AMBROSE B W, MEGGINSON W L. The role of asset structure, ownership structure, and takeover defenses in determining acquisition likelihood[J]. Journal of Financial and Quantitative Analysis, 1992, 27(4): 575-589.
[47] 方军雄.我国上市公司高管的薪酬存在黏性吗?[J].经济研究,2009,44(3):110-124.
[48] 肖华,张国清.内部控制质量、盈余持续性与公司价值[J].会计研究,2013(5):73-80,96.

第三篇

CHINT 公司生产主管培训迁移影响因素与促进策略研究

谢显美

第1章　绪　　论

1.1　研究背景

1.1.1　社会背景

随着2013年我国工业4.0提出，2015年《中国制造2025》的发布，中国经济发展进入新常态。对于中国企业而言，既有转型发展新机遇的期待，又面临员工素质提升等诸多挑战的纠结。企业的传统生产管理体系需要过渡到新的生产体系，更需要一大批能从事计划、协调、创新以及决策的员工，员工素质的提升成为转型升级的关键要素之一[1]。因此，加大培训投入，构建与企业转型发展相匹配的人才培养体系，使员工获得知识、技能并转化为生产力的提升，也是所有企业对培训投入的期待。然而，培训迁移过程长、影响因素多，总体培训迁移水平低得到企业以及培训界的普遍认同。早在1982年，Georgenson就发现，美国企业每年花费在培训与发展项目的投资，只有不到10%真正地在工作中产生迁移[2]。Saks在2002年也提出，受训者中有40%在培训后不能迁移，而且这一比率在一年后上升到70%[3]。在中国，有关统计也表明，企业的培训向组织绩效迁移时，最高不超过20%的转化率，有80%～90%的培训投资都没有发挥应有的价值[4]。民营企业则更多停留在思想上的重视，缺乏培训过程的跟踪和改善，培训迁移水平更低[5]。可见，提高培训迁移水平，减少培训资源的浪费，以提高培训投资带来的组织绩效，成为企业培训工作的现实之“痛”。

1.1.2　行业背景

随着全球新一轮的科技和产业革命的到来，中国制造业企业尤其是民营制造业企业，处于产业价值链底层的困境更加突出。制造业企业必须在保证同等质量的基础上，降低成本，塑造市场竞争新优势[6]。当然，输配电设备制造业也不例外。2017年年末，国内输配电设备制造规模企业达到12 000多家，总体从业人员超过300万人，其中仅20余家为上市公司，行业呈现出分散性大、集中度低的特点。2014 年以来，销售收入维持在 3.2 万亿～3.6 万亿元之间，2017 年较 2016 年基本持平（3.58 万亿元）。输配电设备制造业大多数企业仍管理粗放、智能制造水平与总体竞争力较低，总体上均面临的产能、效率、效益瓶颈等问题。输配电制造业企业要提高生产水平，就必须推广应用新知识，提高产品质量、生产效率等，以降低因行业总体产能过剩带来的压力。另外，民营制造业企业担负着突破低成本、低价格、低收益的“低端锁定”重任，需要从简单规模化转变为集约规模化[7]。然而，整个制造业企业人力资源总体上素质不高、结构不平衡，严重地影响了制造业的转型升级，急需开辟培训通道，实施“回炉再造”，为转型升级提供人才支撑[8]。输配电设备制造企业也意识到人才培养是未来转型发展的关键，加大了人才培训的投入，也更加重视人才培训投资带来的增值效应。

1.1.3 企业背景

正泰集团股份有限公司（中文简称“正泰”，China Tomorrow, CHINT）成立于 1984 年，是一家民营输配电设备制造企业，截至 2019 年，产量进入百亿量级，位列中国工业电气 30 强第 26 位。在“十三五”期间，提出了“一云两网”战略（即 CHINT 企业云、工业物联网、能源物联网）、智能制造战略，以促进企业在新的历史时期转型升级。近几年来，虽然 CHINT 公司保持 20%以上的增速，但人才短缺、整体员工素质不高与产业规模增长需求之间的矛盾日益加剧，转型升级的压力巨大，主要表现在：① 市场对产品技术革新需求加快，生产制造过程难以跟上技术革新的步伐，革新的系统性效率不高；② 随着智能制造战略的不断推进，生产组织与管理方式需要进一步完善；③ 市场的快速扩张，客户个性化需求越来越多，在产品质量、交期保证等方面相应问题凸显；④ 员工数量随着产能的增长逐步增加，尤其是生产一线人员增加明显，对管理人员提出了新要求，其中生产主管紧贴生产一线，其专业技术能力与管理能力提升、职业化塑造等需求更为强烈；⑤ 针对组织的转型升级战略加大了培训投入，尤其在生产类培训投入较大，但总体培训迁移水平低，对组织绩效提升的作用不够明显。

综上所述，在中国企业经济实现高质量发展转型的背景下，要求制造业企业加快转型升级步伐。在转型过程中，制造业企业对人才需求是最迫切的。不仅需要引进人才，更需要加大人力资源投入、加快人才培养。对于传统的民营制造业企业而言，生产管理人员培训和整体素质的提升是转型的关键；而加大对生产主管人员培训投资，提高其培训投资回报率，是促进企业转型的重要措施之一。因此，选择发展历史较长、发展速度快、产量规模大、转型升级迫切，且具有行业影响力的CHINT公司作为本次研究的样本企业，选择其生产主管作为具体研究对象，是具有一定代表性的。本文在上述背景下，选择Holton模型对CHINT公司生产主管培训迁移影响因素进行全方位研究，以找到影响培训迁移的有利因素、不利因素，并有针对性制定具体的促进策略。

1.2　研究目的与意义

1.2.1　研究目的

本文通过归纳有关培训迁移的相关理论研究，重点分析Holton培训迁移模型原理，及其培训迁移量表(Learning Transfer System Inventory, LTSI)，在此基础上对CHINT公司生产主管培训迁移影响因素进行研究，并有针对性地采取促进培训迁移的策略。希望通过本研究，提高CHINT公司生产主管培训迁移水平，更大程度地在生产实践中对所学知识进行运用、维持和创新，从而对CHINT公司在新阶段的转型升级，起到一定的推动作用。

1.2.2　研究意义

1）理论意义

从提高培训投资回报率的角度，将Holton培训迁移模型应用到企业，这是该理论的一次实践应用，对系统性识别企业培训迁移影响因素、有的放矢地采取促进策略具有全新的意义。同时，将Holton模型应用到具体的传统制造业企业CHINT公司，丰富了CHINT公司以及制造业企业的培训迁移理论并为其提供了促进培训迁移的有效方法。

2）实践意义

通过国内外大量的文献研究，以及采用调查研究、专题访谈等方法，对CHINT公司生产主管培训迁移的影响因素进行系统性的深度剖析，总结出培训迁移过程中不利因素，并制定出具体的促进策略，对CHINT公司生产主管培训及其他培训迁移都有借鉴意义。同时，本文通过对CHINT公司培训迁移的深度研究，为众多同行业企业乃至整个制造业企业提供了实践案例，为更多企业在培训迁移方面的研究提供可借鉴的经验。

1.3 研究内容及方法

1.3.1 研究思路及内容

(1) 研究思路

首先,从社会、行业、企业三个角度描述本文研究的背景,明确研究的目的和意义,以及研究思路和方法,提出整篇文章的框架结构。

其次,对国内外有关培训迁移的理论、模型等研究成果进行综述,为CHINT公司生产主管培训迁移的研究,寻找适宜的研究理论基础,也为培训迁移影响因素的分析找到充分的理论支持,为培训迁移促进策略的制定明确理论方向。

再次,从组织机构、人力资源、培训体系等方面,梳理CHINT公司的现状,分析CHINT公司及生产主管培训存在的问题。基于对Holton模型的研究和分析,以CHINT公司生产主管培训为研究案例,设计调查问卷,并结合面谈等方式对相关分析进行补充和修正,充分分析培训迁移的影响因素。

另外,通过对培训迁移因素的研究,从运用知识和技术的能力、动机、个人特质及组织环境支持等方面提出CHINT公司生产主管培训迁移的提升策略,从而解决CHINT公司在生产主管培训迁移中存在的问题,总体上提升培训投资回报率。

最后,对本文的研究进行总结,给出研究结论,提出存在的不足和局限。

按照上述研究思路对本文的研究逻辑进行梳理,得到以下几点:第一,选择CHINT公司这家制造业领军企业作为研究对象,主要考虑了其在行业的影响

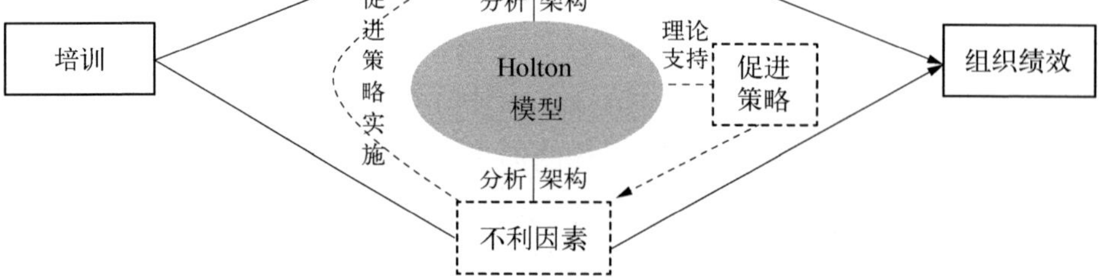

图1-1 本文研究思路的内在逻辑

力，其研究具有代表性、示范性、必要性。第二，本文将研究限定在 CHINT 公司生产主管培训范围内，具有制造业企业的普遍性、可借鉴性。第三，选择 CHINT 公司生产主管为对象，进行培训迁移影响因素的研究，并给出相应的促进策略，具有针对性和实效性。第四，采用 Holton 模型对培训迁移的影响因素进行研究，从能力、动机、组织环境及个人特质四个方面，系统分析 CHINT 公司生产主管从培训到绩效的整个培训迁移过程的影响因素，并提出具体的促进方案，使得整个研究更加系统、完善。

(2) 研究内容

根据本文研究的思路，研究内容分为六个部分。

第一部分为绪论。主要介绍本文的研究背景、研究目的、研究意义，以及研究思路和方法。

第二部分为文献综述。通过对国内外培训及培训迁移相关理论的研究和总结，明确核心概念，以及核心概念之间的关系，选择本文适合的理论模型和理论依据。重点将 Holton 模型在培训迁移影响因素分析方面的理论逻辑、特点、优势等作为对 CHINT 公司生产主管培训迁移研究的工具和理论依据。

第三部分为 CHINT 公司人力资源及生产主管培训现状分析。主要从公司概况、组织结构、人力资源结构、培训体系等方面进行研究和综合分析。同时，明确 CHINT 公司在生产主管培训迁移影响因素识别和采取促进策略方面的需求，为下一步的调查研究和分析奠定基础。

第四部分是对基于 Holton 模型的 CHINT 公司生产主管培训迁移影响因素的调查分析。结合文献分析、CHINT 公司实际情况，设计问卷并实施调查。围绕生产主管(学员)运用新知识、新技术的能力、动机、组织环境及个人特质四个方面展开培训迁移有利因素、不利因素的调查和分析，总结出具有关键影响的不利因素，为培训迁移促进策略的制定提供方向。

第五部分是 CHINT 公司生产主管培训迁移促进策略的设计。通过对培训迁移影响不利因素的识别，针对性地提出促进策略及方案，以期将不利因素转化为有利因素，促进培训迁移水平的提升，最终助力 CHINT 公司转型发展。

第六部分是总结。对全文研究过程、研究结论进行总结，并提出存在的不足和局限。

1.3.2 研究框架

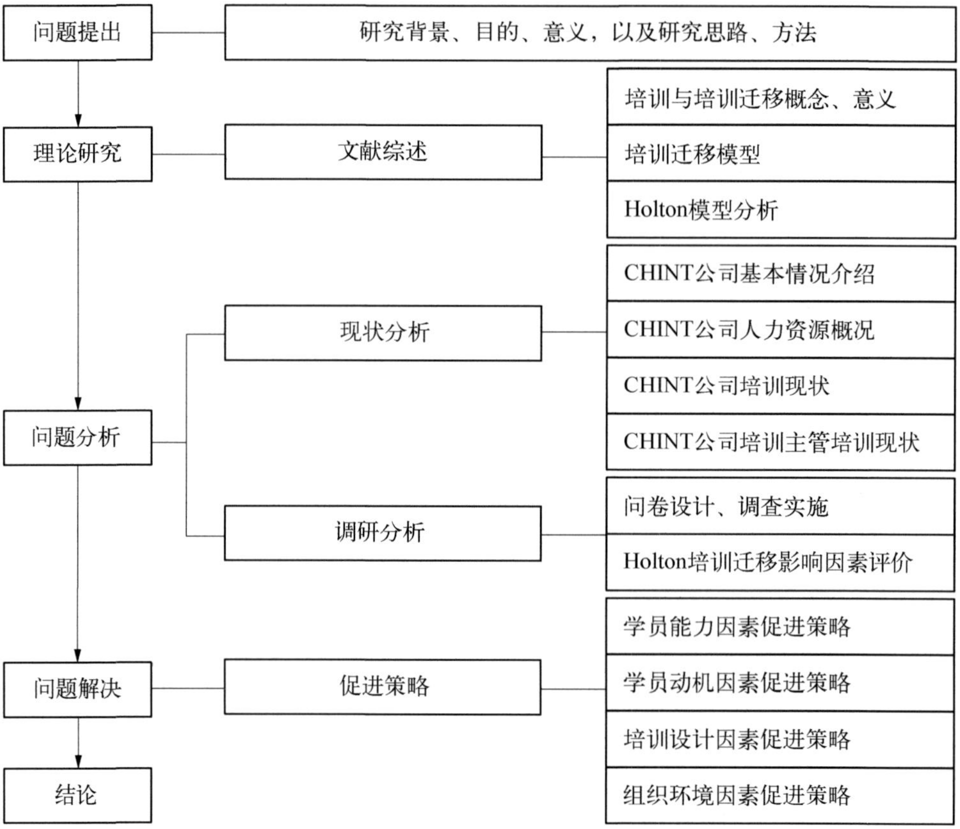

图 1－2 研究框架

1.3.3 研究方法

本文采用文献分析法、调查研究法、访谈研究法、典型案例分析法、归纳总结法，旨在界定问题、分析问题、解决问题。

1）文献分析法

在论文撰写过程中，通过图书馆、网站以及输配电行业等文献获取平台，阅读、收集、整理大量国内外文献，为本文问题的提出、分析、解决提供系统的理论支撑。同时，通过整合、借鉴优秀学位论文、期刊论文、专业书籍等的研究成果，形成自己对培训迁移影响因素的分析理论框架，为全文的理论研究打下基础。

2）调查研究法

本文主要采用问卷调查的方式进行研究。在文献研究的基础上，结合 Holton 模型，以及克特 5 级量表等问卷调查方法，设计出调查问卷。通过具体的调查实施，反映出 CHINT 公司生产主管培训迁移影响因素的实际状况，为本文的问题分析提供客观、准确的数据和信息支撑。

3）访谈研究法

本文在输配电行业发展、CHINT 公司培训及生产运营现状方面，采取面谈方式，对行业专家、公司分管领导等进行访谈。在调查问卷设计初期，对人力资源负责人、生产管理部负责人进行问卷的适用性访谈。在问卷调查后，对部分调查反馈人员进行访谈。通过上述访谈，对本文的问题界定和分析给出合理性、系统性的补充和完善。

4）典型案例分析法

本文以 CHINT 公司生产主管培训（训练营）为研究案例，通过典型问题的聚焦，有针对性地分析各类因素的影响，在此基础上提出解决方案。

5）归纳总结法

综合归纳上述文献研究法、调查研究法、访谈法等结果反映的总体情况，对 CHINT 公司生产管理培训迁移影响因素进行评价与分析，并总结出关键的不利因素，结合 CHINT 公司生产主管培训的实际现状，全面分析和总结具体的促进策略。

第2章　文献综述

2.1　培训的概念

培训就是“培养训练”。国内外学者从不同角度给出不同的“培训”定义。

雷蒙德·A. 诺伊认为培训是一种活动，“有计划地实施有助于员工知识、技能或对于工作绩效起到关键作用的活动”[9]。国内学者赵曙名等提出，“培训是企业依据实际工作需要，为提高劳动者素质和能力而对其实施的培养与训练”[10]。李颖总结了 Tracey、Taylor 和 Dessler 对“培训”的定义，如 Dessler 将培训定义为“给新员工或者现有员工传授有利于其完成本职工作而必须掌握的基本技能的过程”[11]。包彦宇从空间和时间上对培训进行广义的界定，认为培训的本质是传播知识，只要是在一次传播知识事件中有人从中获得了新知识，都是一次成功的培训[12]。也就是说，随着培训技术发展以及培训实践的深入，培训是各类与企业相关知识、技能的形成过程，无论是怎样的形式（正式或非正式，在岗或脱产等），只要有助于员工态度改变、知识与技能提升的活动都是培训。凌文辁、方俐洛对培训进行全面的解读：“培训是组织有计划、连续实施的系统学习过程，其目的是通过提高员工的知识、技能水平，态度改变，以及行为的定向改进，使得员工能够按照预期标准达成或应达成工作目标。”[13]同时，指出了培训的目标是实现员工个人发展与组织绩效提升的双赢。

综合上述各学者的观点，笔者非常认同“培训是一个过程”，是一个通过为员工传授知识、技能，从而改善其工作行为和绩效，实现组织战略和目标的过程。那么，从过程的角度看，培训有以下特性。

(1) 这个过程的作用主体是企业，对象是企业内部员工。

(2) 这个过程的结果是个人绩效与组织绩效提升，也就是说培训的终极目标是使得员工获得新知识和技能，并将其持续应用到工作中，从而影响个人和组织绩效。

(3) 这个过程具有所有过程的普遍特征，其输出受到过程因素的影响，如输入信息及监视与测量等的影响。

(4) 这个过程包括了培训前准备、培训中实施、培训后应用三个阶段，也包括了从员工接受培训到掌握知识、从掌握知识到应用知识、从应用知识到取得绩效的全部过程。

所以，我们也不难发现，培训本身具有复杂性，其结果也就具有不确定性。

2.2　培训迁移的概念

《当代西方心理学新词典》对迁移进行了定义，即"一种学习对另一种学习的影响，表现在认知、情感、态度、技能等多个方向"[14]。也就是说，"触类旁通、举一反三""一通百通"都是迁移的表现。而对于培训迁移，属于迁移现象的一种[15]，在心理学家和教育学家们看来，是一种学习结果的泛在现象，也称为"学习迁移"。Badwin 和 Ford 从受训者个体角度出发，将培训迁移定义为"将培训中学习到的知识、技能、态度推广到其工作场所应用，且能在一段时间后仍能维持其所学的内容"，表明培训迁移主要是看受训者在接受培训后在工作实践中是否应用了新知识，是否能够长期坚持，是否能做到推广和维持[16]。基特森等人在此基础上，从组织的角度对培训迁移进行了更深层次的延展，也就是说不仅要强调个体，还要强调培训作为组织发展的一项策略，应担负起提高组织绩效的价值。他们认为"培训迁移是指通过培训得到行为改变和组织绩效提升，而不仅仅是知识和技能等的提高和维持"[17]。徐芳教授则从迁移理论的角度，强调培训迁移不仅要求受训人员将所学到的内容在大脑中长时间保存，而且在遇到与培训场景相似或不完全相同时，能够将所学应用新的工作场景中[18]。谭丽华在研究中提出，培训迁移指的是"学以致用、学以致变"，也就是把培训中学到的知识、技能、行为模式等有效地应用到实际工作当中，以提高工作绩效[19]。陈丽芬年也明确提出，培训迁移时将培训中的知识、技能、行为应用到实际工作中的全部过程，同时强调受训人员应将"所学"转化为"所用"[20]。

当然，我们也会发现"培训迁移"与"培训效果"既有联系又有本质的区别。顾名思义，培训效果是受训学员及其组织通过培训所获得的效益，是培训迁移的结果。也就是说如果受训学员将培训所学内容难以迁移到实际运用中的话，那么培训效果就会与预期有所差距[21]。因此，培训效果评估则是对培训质量的好坏高低等作出判断的过程[22]。培训效果评估也是运用科学的理论、方法和程序，监测衡量培训迁移的方法和手段。

综上所述，笔者认为，培训迁移强调以下几点。

(1) 培训迁移是一个“过程”，指受训人员应用和推广培训中获得的知识和技能的过程，是可以评价或测量的。

(2) 培训迁移是从非工作环境中学习到的知识和技能，转移到实际工作环境中并加以运用，也就是说，在一个场景中学习的东西，需要在另一个场景中运用。

(3) 培训迁移发生的影响因素多，不仅包括了受训者接受学习，还包括了组织内部、外部，主观、客观存在的条件，例如学习者应用能力和动机，应用的资金、软硬件条件、环境氛围等。

(4) 培训迁移重在“用”(运用、推广和维持)，判断培训迁移是否发生的根本标志就是在实践中“运用”，这是培训迁移的基本标志。所以，培训迁移具有两个标志：① 是否通过运用产生了绩效；② 是否在推广、维持运用中产生了效绩。

2.3 培训迁移模型

关于培训迁移的研究，在 20 世纪 70 年代前，除了柯氏的四级模型以外，很少有学者关注培训迁移的系统性研究。70 年代以后，雷蒙德 · A. 诺伊提出了早期的培训迁移模型，Baldwin 和 Ford 提出了第一个培训迁移理论模型，第一次对培训迁移的因素进行了归纳。Foxon 模型提出了支持和阻碍培训迁移的具体因素。Holton 在 Baldwin 和 Ford 的基础上也提出了自己的培训迁移模型。这些模型的提出，说明学者们不仅关注培训迁移过程中培训设计本身的影响，更关注培训之外的影响因素，通过建立模型指导企业培训活动的开展和培训迁移影响因素的识别。本文主要着重对以下五种模型进行探讨。

2.3.1 柯氏四级模型

威斯康星大学的 Donald · L. Kirkpatrick 教授于 1959 年提出的培训评估模式——柯氏模型(Kirkpatrick Model)，这也是后来培训迁移研究的分析原型。经过几十年的发展，该模型已成为应用范围最广、影响最大的培训评估模型之一。柯氏模式又叫柯氏四级培训评估模式，将培训效果评估分为四个层次，即反应层、学习层、行为层、结果层[23-24]。

1）反应层

主要评估受训者对培训本身（设计、实施）的反应。主要包括两个方面：①受训者是否满意该培训项目（包括培训师、内容、授课形式等）；②是否认为培训对自身工作能力提高有帮助。一般以问卷调查的方式，遵循“立即性原则”，穿插于培训前、培训中、培训后三个阶段。该阶段受训者的积极反应，可能会激发其学习动机，往往有利于培训迁移，有利于受训者将所学内容应用到实际工作中。

2）学习层

主要评估受训者在培训中掌握新知识、新技能以及培训后态度转变的程度。一般采用测试（如单选、多选）的方式，在培训结束后（立即或一段时间）进行，针对个别知识点的测试也可在培训期间进行。该层次的评估，可以发现个人学习动机的程度、课程内容掌握程度（包括行为/技能等一段时间后的牢记程度）、培训师的能力与风格等可能对培训迁移的影响。但是，受训学员是否将这种“掌握”和“变化”迁移到实际场所，还存在不确定性。

3）行为层

主要评价受训者所学（掌握）的知识、技能是否转化为了工作行为，也就是说是否将所学应用在实际工作场景中。一般采用观察法或抽样的方法，在培训后一段时间（或者相当长一段时间）进行。该层次主要评估培训所学（所掌握）的内容，是否转为了工作行为。主要从受训者的工作表现、工作绩效提升方面进行测量。当然，还需要结合本身培训的目标，判断这种行为是否与培训目标一致。毫无疑问，这种在行为上的转化是培训迁移发生的最重要判断。所以，该层次的评价，可以评估受训者的培训迁移程度（是否应用，以及应用广度和深度），也可以对培训迁移中有哪些不利的因素进行分析。

4）结果层

结果层主要评价培训后，个人和公司的绩效是否有所提升，以及绩效提升程度。一般在培训结束相当长一段时间进行，采用与培训目标相关的一些测量指标（如销售增长、产量上升、合格率、离职率、满意度等）进行测评。这一层次的评价，是培训后受训学员在实际工作中应用所学产生的价值评价，是对培训的收益也就是培训项目实施后为组织带来的经济收益进行评价。可见，结果层是判断培训投资回报程度的一种方式，可以判断培训迁移的水平。当然，结果层是上述三个层次之间的过渡，其逻辑关系示意图如图2-1所示。

从上述分析来看，柯氏模型直观反映了培训迁移的过程。表明了培训迁移

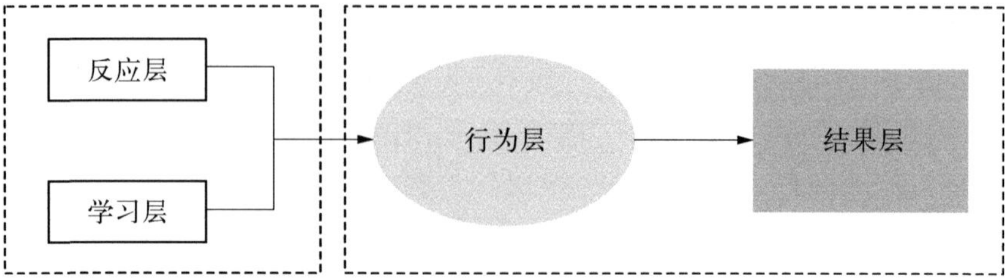

图 2-1　柯氏评估模型各层次逻辑关系图

目标达成的最基本体现就是员工在接受培训后在工作中行为的改变，这是培训迁移发生的起点。“行为层”是四个层次中的中心枢纽，“反应层”和“学习层”是“行为层”的基础，“结果层”反映了行为改变的结果。美国培训与发展协会(American Society for Training and Development, ASTD)在 2006 年的研究表明，70%的培训失败都是受训学员因得不到支持，没有机会将所学应用，从而发生行为改变。行为层是培训迁移最重要的层级，对实现组织所期望的结果至关重要[24]。可见，促进受训学员的行为改变的影响因素，是培训迁移影响的关键因素。柯氏四级模型的应用清晰地呈现了培训迁移的四个层次，针对各培训迁移的层次提出了监测对象和指标，通过对结果的测量和评价判断培训迁移的水平。然而，对于各层次究竟有哪些因素对培训迁移产生了影响，以及这些因素可能的有利或不利影响，则较难进行判断。

2.3.2　特雷西培训迁移模型

特雷西(Tracy)在柯氏模型的基础上，结合鲁伊勒等学者在组织氛围、持续学习文化等方面的研究，对柯氏模型进行改进和发展，形成了其培训迁移的基本模型，如图 2-2 所示[25]。

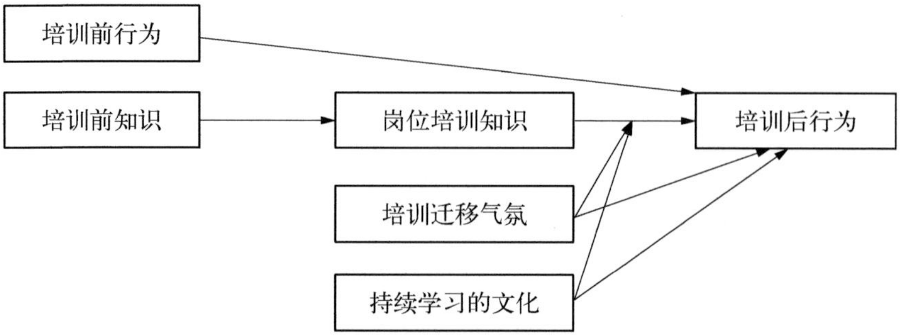

图 2-2　特雷西培训迁移模型

该模型强调了以下几点。

(1) 判断培训项目成功与否,不仅在于受训学员掌握了多少知识,而更重要的是学员是否将培训知识应用到工作实践当中。

(2) 工作环境是影响培训迁移的关键因素。受训学员如果得不到有效的环境支持,即使知识掌握得良好,迁移的发生率也会很低的。因此,在培训迁移的研究中,工作环境是不可忽视的因素。

(3) 培训迁移的工作环境,主要包括了培训迁移氛围和持续学习的文化。其中培训迁移氛围包括了一些可视的物质资源,还包括组织的价值观、人际关系等。持续学习的文化则包括了对新知识和新技能获取主动性、对新知识和新技能应用的奖励机制、组织对革新和竞争的重视程度。

当然,特雷西模型在某种程度上对个体的主观能动性有所忽略,尤其是对个体的应用动机、自我效能感等可能带来的培训迁移影响[26]。

2.3.3　Baldwin 和 Ford 培训迁移模型

Baldwin 和 Ford 从"过程"(输入—转化条件—输出)和"转化"的角度,对培训迁移进行拓展,归纳出了三大类培训迁移影响因素,提出了围绕培训迁移全过程的系统性模型,如图 2－3 所示[16]。

Baldwin 和 Ford 培训迁移模型主要强调了以下几点。

(1) 影响培训迁移的三大类因素,主要包括工作环境、受训者个体特征、培训设计。

(2) 个体在培训后如何将所得内容应用到工作之中,以及保持后续较长时间内的应用,是培训迁移所要重点关注的内容。

(3) 培训迁移从在培训输入端就开始受到影响,如受训个体的能力、自我效能、动机和个性的影响,即受训个体特征不同,培训迁移的水平不同。工作环境因素包括了上级与同事的支持、将所学应用的机会等。培训设计包括了需求调研、学习原则、培训内容,以及培训前鼓动、培训中的实战预演、培训后强化训练等。

(4) 学习和保持是培训活动的输出,更是实现培训迁移的连接和转化条件。培训输出关键在于推广和维持。

(5) 个体特征与工作环境,不仅影响培训知识的"转化",也影响了最终培训输出的"推广和维持"。

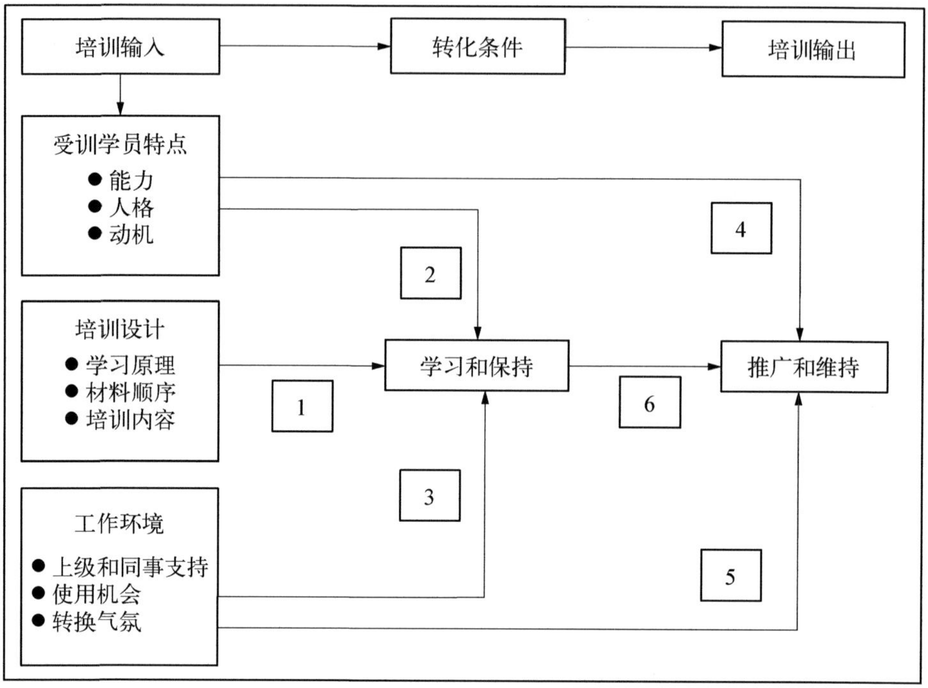

图 2-3 Baldwin 和 Ford 培训迁移模型

2.3.4 Foxon 培训迁移模型

Foxon[27]在 1994 年从"应用场景"的角度，提出了培训迁移模型，如图 2-4 所示。该模型主要强调了以下几点。

(1) 培训迁移主要是培训目标从培训环境向工作场所的应用转移过程。

(2) 培训目标最终在工作场所的应用过程中，有阻碍因素，也有支持因素。

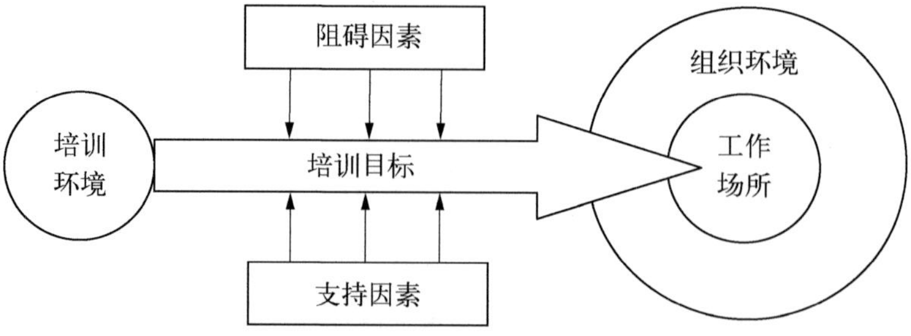

图 2-4 Foxon 培训迁移模型

阻碍因素主要包括不良气氛、转化动机缺乏、组织及管理人员反对等。支持因素主要包括组织氛围的愉悦、培训内容与工作高度相关、组织具有应用新知识的渴望、有完善的培训迁移促进策略等[27]。

(3) 在实际工作中应用培训所学受到组织环境的影响比较直接，且影响程度较大。

2.3.5　Holton 培训迁移模型

1) Holton 培训迁移模型概述

1996 年，Holton 综合各类研究，提出了更加完善的评估模型，如图 2-5 所示[28]。

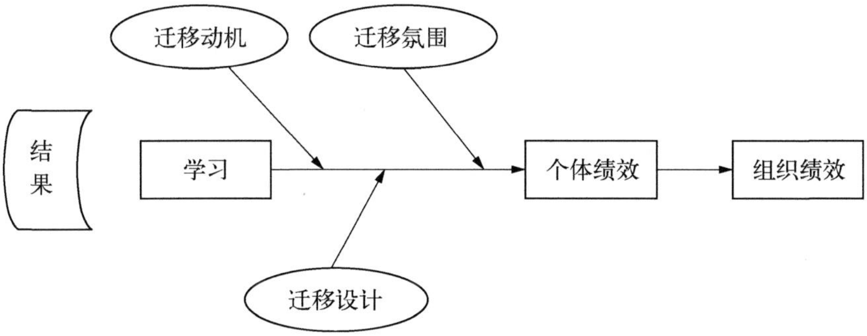

图 2-5　Holton 培训迁移模型

该模型的主要特点有以下三点。

(1) 三个结果。将培训迁移的结果分为“学习、个体绩效、组织绩效”三个结果，且这三个结果分布在培训迁移过程不同阶段，各结果之间层层递进地影响。

(2) 三类因素。将培训迁移的影响因素归纳为迁移动机、迁移氛围以及迁移设计。当这三类因素处于一定水平时，学习才会导致个人绩效改变[29]。

(3) 聚焦个体。个体绩效是实现组织绩效的核心，用“个体”将学习与组织绩效有机连接。也就是说，个体通过学习提升个体绩效而实现组织绩效的提升，通过对个体绩效的评价而评价出组织绩效结果。这表明了受训个体是培训迁移的作用点，也是培训迁移成果的检验和测量点。

针对培训迁移这个过程，Holton 和 Baldwin，又提出了迁移距离的概念。在上述培训迁移模型的基础上，形成了其迁移距离模型，如图 2-6 所示。

该迁移距离模型对图 2-5 一定程度上进行了完善和补充。

(1) 将培训迁移过程形成了系统，全面地展示了从学习到组织绩效的过程。

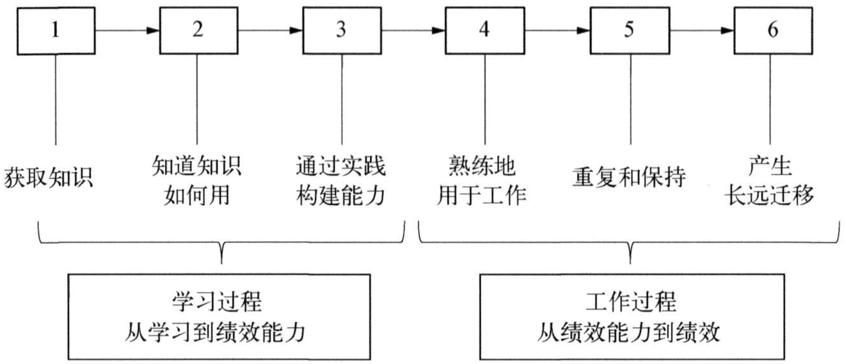

图 2-6　Holton 培训迁移的距离模型

（2）从迁移距离的角度，将整个迁移系统分为学习过程、工作过程，并细化了 6 个子过程，其中进一步明确了通过学习构建能力、熟练应用和重复保持。

（3）清晰地表达出培训迁移是长迁移，需要循序渐进。提升培训迁移的措施，关键是要缩短其中任何一个子过程。

2000 年，Holton 基于原模型，通过对 1 616 名培训参与者的调查，在原三大类影响因素的基础上，延展了具体的影响因素，并鉴定为 4 组 16 个迁移影响因素，形成培训迁移量表模型，如图 2-7 所示[30]。

主要内容包括以下几点。

（1）第一组为能力因素

关注将学习内容应用于工作的能力，主要因素有 4 个，即使用的机会、个人迁移能力、内容效度、迁移设计。这些因素都有可能成为学习活动的障碍，从而影响培训迁移。

（2）第二组为工作环境因素

强调工作环境对运用新知识、新技术的支持，关注了员工与管理者的关系，以及工作团队的支持。诸多研究也充分表明，工作环境可能是受训学员运用所学的最大障碍。主要因素有 7 个，即反馈、同事支持、上级支持、上级反对、改变的开放度、积极的个人产出、消极的个人成果。

（3）第三组为动机因素

强调受训人员的迁移意愿，具有将学习内容运用于工作的动机，相信运用所学带来改变和价值，主要因素有 3 个，即迁移动机、对迁移成果的期望、对绩效成果的期望。

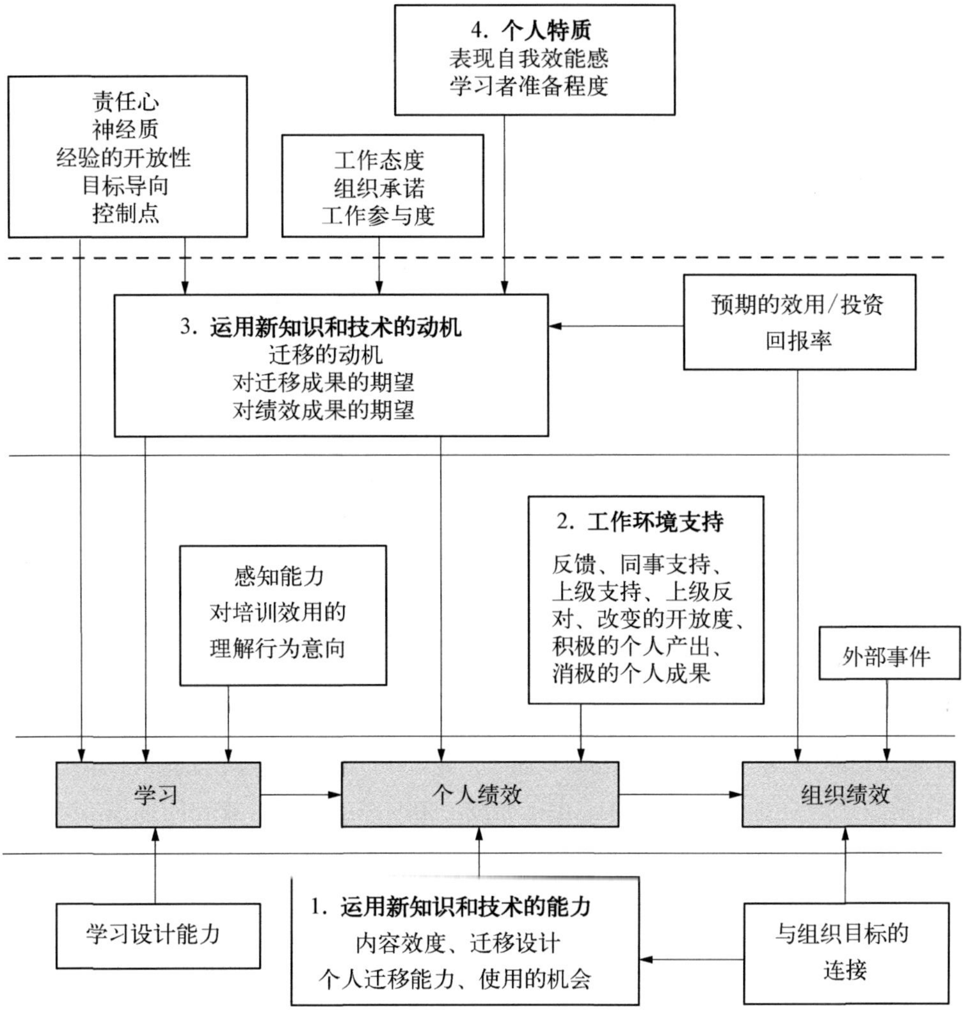

图 2－7　Holton 培训迁移系统量表模型

（4）第四组为个人特质

个人特质因素是对迁移动机产生影响的次级因素，强调学习者应全身心投入学习当中，并相信自己能够通过运用新知识、新技能提升绩效。包括 2 个因素，即表现自我效能感、学习者准备程度。

图 2－7 模型作为 Holton 培训迁移模型的一个子集，同时也形成了培训迁移量表（LTSI）的基本架构，以量表的方式评估个人、组织以及培训设计对培训所学内容迁移到实际工作中的影响因素[31]。LTSI 作为培训迁移影响因素的诊

断工具，对运用学习知识能力、运用学习知识的动机、运用学习知识的工作环境设计，以及个人特质 4 组 16 个影响因素进行了定义，并针对每个因素设置了具体的提问参考题目(附录 A)，形成了可实践操作、可准确测量且可靠的诊断性工具[32]。

2) Holton 培训迁移模型优势

(1) 培训迁移"学""用"过程描述清晰

该模型将培训迁移的成果，从"学习—个体绩效—组织绩效"整个迁移过程进行了完整的表达。同时从"学习—能力—绩效"直观地描述了整个培训迁移的距离，强调了"学""用"过程。

(2) 影响因素归纳得全面系统

将受训者迁移能力、迁移动机、迁移氛围 3 个影响因素细化为 4 组 16 个主要因素。这 16 个因素非常清晰、全面，涵盖了整个培训迁移过程的各个方面。

(3) 聚焦受训个体

将各因素的"作用点"聚焦在受训者个体身上，为企业运用实践研究提供很好的切入点。也就是说，选择受训个体为研究对象，将是最直接、有效的方式。

(4) 工具实用性强

尤其是 LTSI，有助于全面分析出培训迁移影响因素，能真正应用于实践，是可靠的诊断工具。并且可在培训实施前、实施中、实施后各阶段进行，随时测量"把脉"，帮助企业找到对培训迁移有利或不利的关键因素，找到问题所在，并找到促进培训迁移的策略。

(5) 运用范围广

该模型及其量表，可在不同文化、地域、行业背景的组织中应用，从而进行培训迁移测量。

2.3.6 各模型的对比与选择

上述五种培训迁移模型都为组织(企业)对培训迁移影响因素研究提供工具和方法，其中，柯氏四级模型侧重结果，Tracy 培训迁移模型侧重于环境因素，Foxon 培训迁移模型、Baldwin 和 Ford 培训迁移模型以及 Holton 模型更侧重于培训迁移过程。

从培训迁移的最终目标角度看，突出过程的 Holton 等模型更能体现从学习到绩效所经历的关键转移发生点(如运用、维持和重复应用)，更能体现培训迁移的时间、空间的变化，也突出了培训迁移过程的复杂、时间长和过程要素制约。

所以，一个组织从"学""用"过程的角度研究培训迁移及其绩效更为合适。

从影响因素的全面性角度看，Tracy 仅强调了环境因素，相对比较单一，Foxon 笼统地归结为积极、阻碍两大类，而 Baldwin 和 Ford 模型与 Holton 模型更加全面地从个体特质、环境、培训设计等角度进行影响因素的研究和识别。特别是 Holton 模型更加清晰地进行了 4 组 16 个因素的全面识别，并提供了具体量表工具进行有利或不利因素的测量和判断。

从实践运用的角度看，Baldwin 和 Ford 模型及 Holton 模型都强调了"转化条件"（个体应用、保持与重复），对于培训迁移的研究来说是最重要的切入点。Holton 模型则非常明确地将各类影响因素聚焦在"受训者个体"上，更加明确了研究对象。尤其是生产主管这一类基层管理人员具有面对人多、事杂、技术专、环境复杂、群体特质明显等特点，是众多因素的"作用点"，运用 Holton 模型的聚焦"点"分析，更具有可行性。

综上所述，本文采用 Holton 培训迁移模型进行研究是合适的。

第3章　CHINT 公司人力资源与培训现状

3.1　CHINT 公司人力资源现状

3.1.1　CHINT 公司基本情况

1) CHINT 公司发展概况

CHINT 公司创始于 1984 年，是一家民营制造业企业，在上海松江、浙江嘉兴、浙江温州、陕西咸阳、安徽合肥、山东济南建有六大生产基地，其中上海松江本部占地面积 1 350 亩，12 幢标准厂房。公司先后引进索能剪切线、PAMA 镗铣加工中心、海德里希环氧树脂真空浇注设备、海沃 SF6 气体绝缘工频试验装置、艾美特变极性等离子铝纵缝自动焊接系统等国际先进装备。实施变压器油箱焊接机器人、钣金上下料机器人、自动化二次线束机，以及中压开关自动流水线、中压成套装配流水线等“机器换人”项目。在 2018 年导入 PLM、MES 等信息化系统以及大数据平台建设，开始向智能制造、数字化工厂转型。

经过几十年发展，在 2018 年年末总人数达到 4 800 余人，总资产超过 68 亿元，销售收入超过 80 亿元，净利润超过 4 亿元。公司先后荣获“上海市质量管理奖”“上海市政府质量金奖”等荣誉称号，连续 4 年入围“上海企业 100 强(83 位)、上海制造企业 50 强(28 位)”，在电气工业 100 强排名第 26 位，荣获电气工业成长力 10 强企业。在生产制造系统，中压设备事业部二次线车间获得“全国工人先锋号”、高压开关事业部壳体车间焊接组获得“松江区工人先锋号”，还有 2 人获得“松江区五一劳动奖章”等荣誉称号。

2) 核心产品与客户

公司拥有输配电全产业链产品，主要生产和销售 66～750 kV 电力变压器，10～35 kV 配电变压器，126～252 kV 气体绝缘金属封闭开关设备(gas insulated switchgear，GIS)、高压断路器和隔离开关，1 000 kV 及以下避雷器、绝缘子、220 kV 及以下互感器、10～35 kV 熔断器，0.66～40.5 kV 成套开关设备，箱式变电站，配电自动化设备，以及 110 kV 以下电线电缆等产品，并具备承接电力工程总包业务的能力。主要的细分市场包括电源、建筑地产、石油石化、数据中心、电网、轨道交通等，市场总容量约 4.5 万亿元。产品广泛应用于国家电网、南方电网、西电东送、西气东输、三峡工程、青藏铁路、中央电视台、首都国际机场等国内重点工程，并已出口俄罗斯、意大利、荷兰、澳大利亚等 130 多个国家和地区。其中，工程总承包(Engineering Procurement Construction, EPC)业务覆盖中国全部省份、海外 20 余个国家，累计承建了 200 座变电站和 60 多条输电线路，拥有 33～500 kV 电压等级的变电站和输电线路工程总包业绩。

3.1.2　CHINT 公司组织架构与人员现状

1) CHINT 公司组织架构

根据发展战略，结合区域分布、细分产业、产品制造加工工艺等实际，以事业部模式设计组织架构(图 3－1)，其中按电力变压器、高压开关、成套设备、中压

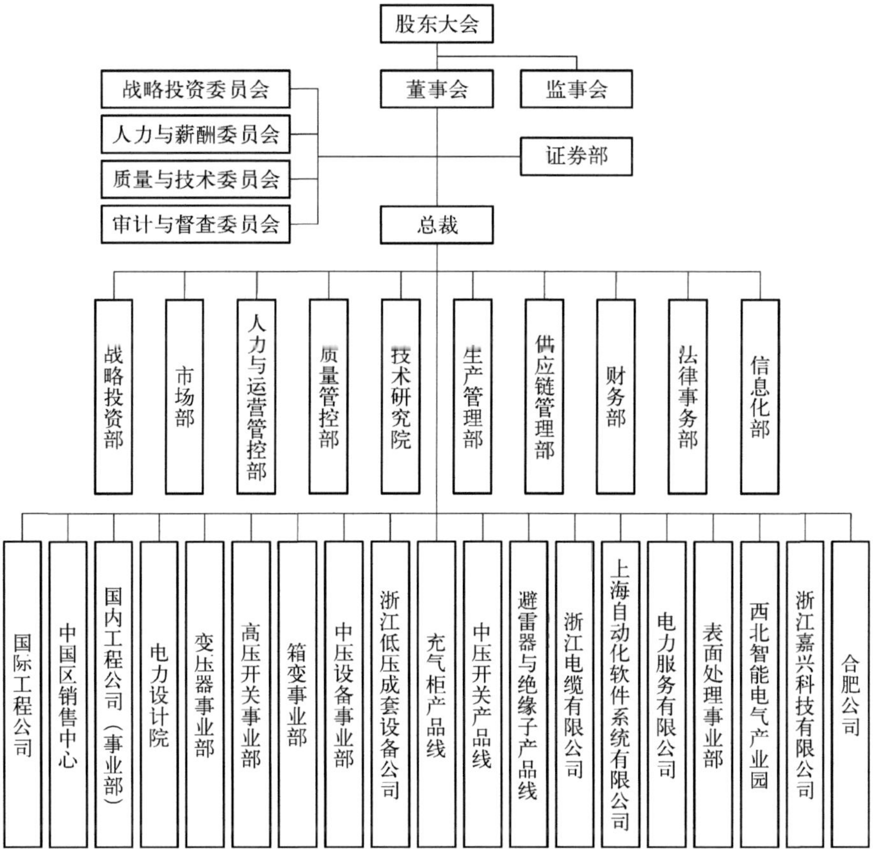

图 3－1　CHINT 公司组织架构图

元件、电缆等设置 13 个产品制造型事业部，1 个加工工艺型事业部(表面处理)。

2) CHINT 公司人员现状

截至 2018 年年底，CHINT 公司员工 4 894 人，包括职能部门及各个生产工厂正式雇员。其中，一线工人占比 49.80%，非一线员工占比 50.20%，首次非一线人员占比大于一线工人，表明智能制造战略推进后，“机器换人”取得一些成果。在非一线人员中，主管级以上人员总体占比 8.38%(其中主管级占比 5.15%)，平均管理幅度 11 人，主管级管理幅度 15.6 人，这与制造业企业特点相关，尤其是生产类主管的管理幅度较大。男性比例占到 75.8%，明显高于女性，与 CHINT 是一家重装备生产企业的特点相关，尤其在生产一线的焊接工、喷涂工、折弯、浇注等岗位几乎都是男性。从年龄结构上看，35 岁以下员工占 64.34%，平均年龄 36.4 岁。从司龄结构上看，平均司龄 5.5 年，1 年以内占 23.64%，表明员工流失率相对较低，这与 CHINT 公司业绩持续上升，相对于中小企业员工工作环境较好等有关系。从学历结构上看，大专以下人员占 52.21%，主要与生产一线员工大多来自职业中专学校有关，具体员工现状见表 3-1。

表 3-1 CHINT 公司人员现状

特　征	类　别	人　数	比　例
性　别	男	3 709	75.80%
	女	1 185	24.20%
岗　位	非一线	2 456	50.20%
	一线	2 438	49.80%
管理层级	总经理级及以上	42	0.86%
	经理级	116	2.37%
	主管级	252	5.15%
年　龄	25 岁以下	832	17.00%
	满 25～不满 35 岁	2 317	47.34%
	满 35～不满 40 岁	741	15.14%
	满 40～不满 45 岁	467	9.54%

续　表

特　征	类　别	人　数	比　例
年　龄	满 46～不满 50 岁	326	6.67%
	满 50 岁以上	211	4.31%
司　龄	1 年内	1 157	23.64%
	满 1～不满 3 年	1 161	23.72%
	满 3～不满 6 年	829	16.94%
	满 6～不满 10 年	673	13.75%
	满 10～不满 15 年	630	12.87%
	满 15 年以上	444	9.07%
学　历	硕士及以上	54	1.10%
	本　科	1 135	23.19%
	大　专	1 150	23.50%
	大专以下	2 555	52.21%
职　称	高级职称	65	1.33%
	中级职称	290	5.93%
	初级职称	506	10.3%

以上表明，员工呈现年轻化趋势，总体素质不高，主管级干部管理幅度大，对于 CHINT 员工培训工作，尤其是对生产主管培训是一大挑战。在智能制造战略实施过程中，提高生产主管级人员培训迁移水平更是亟须研究和解决的课题。

3.1.3　CHINT 公司生产主管人员现状

1）性别结构

截至 2018 年年底，生产主管 114 人，其中，男性主管占 92%，女性主管仅 9 人，占 8%。女性主管主要分布在二次接线、绕线等对体力要求略小、工艺精细的女工较多的车间，性别结构如图 3－2 所示。

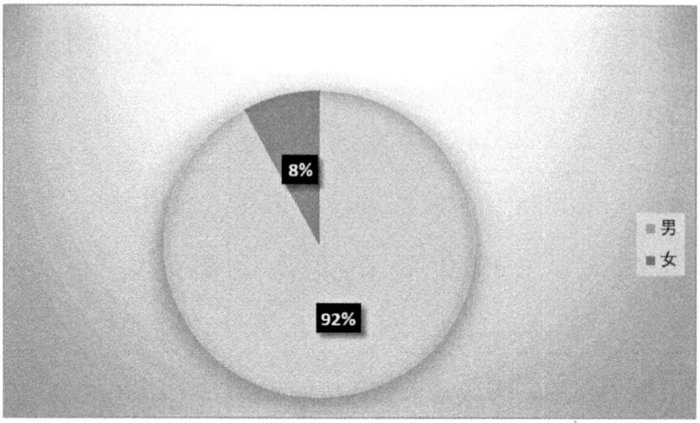

图 3-2 CHINT 公司生产主管性别结构图

2）司龄结构

如图 3-3 所示，主管中司龄 10 年以上的占 62.28%，1 年以下的占 5.26%，表明随着 CHINT 公司业务稳健、持续地增长，生产主管大多入职时间较长，随着公司的发展而成长，总体流失率较低，新引进人员少。总体上看，司龄结构失衡，各司龄 10 年以下的主管比例普遍偏低。

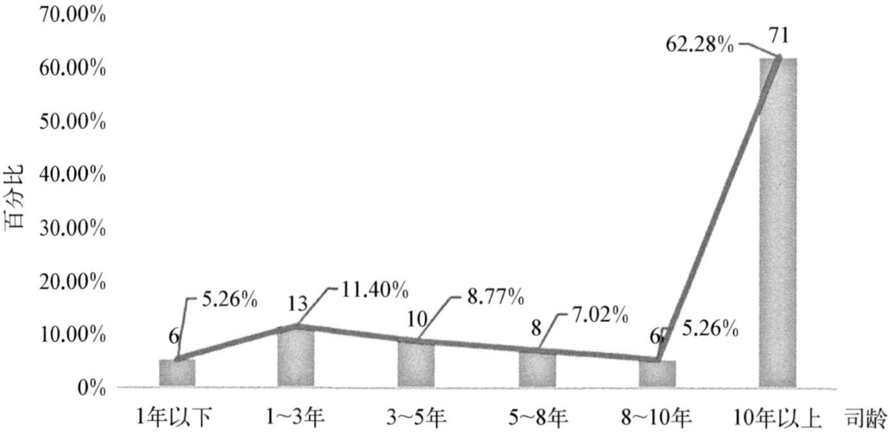

图 3-3 CHINT 公司生产主管司龄结构图

3）年龄结构

从图 3-4 可以看出，主管中 30～35 岁的占 27.20%，35～45 岁的占 39.50%，也就是说，30～45 岁人员是生产主管中的中坚力量。随着公司近两年大胆起用新人，90 后也走上生产主管岗位。也有 11.40%的主管在 45 岁以上，这部分大多是随着公司创业、发展，一路跟随、成长的员工。总体上，各生产主管之间的年龄差异较大。

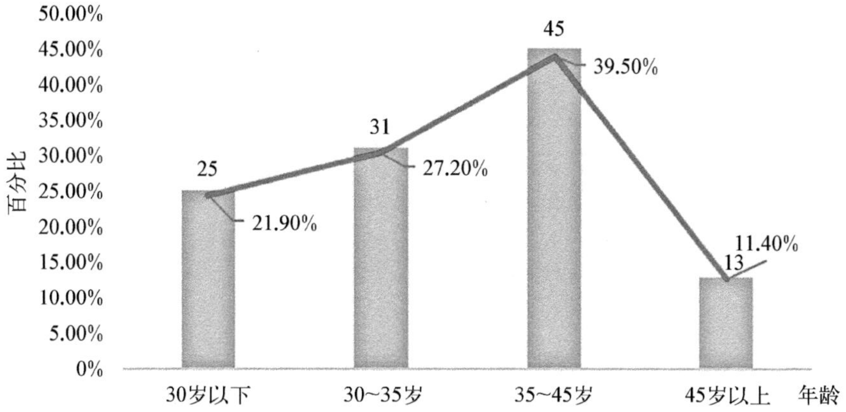

图 3-4　CHINT 公司生产主管年龄结构图

4）学历结构

从图 3-5 来看，大专学历的员工占 55.30%，占据了绝大部分；本科以上的员工占 28.90%；大专以下的员工占 15.80%。据了解，大专以下学历的主管，均为创业初期从同行引进的技术工人（如电焊、钣金等）。总体上，文化水平仍然偏低。

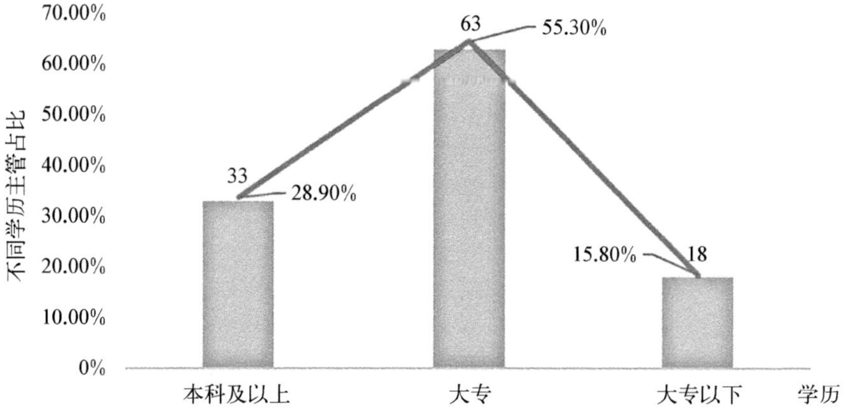

图 3-5　CHINT 公司生产主管学历结构图

5）职称结构

从图 3-6 可看出，生产主管中有 67.54%的人无职称，仅 19.30%具有初级职称，13.16%具有中级职称。总体的职称拥有率较低。

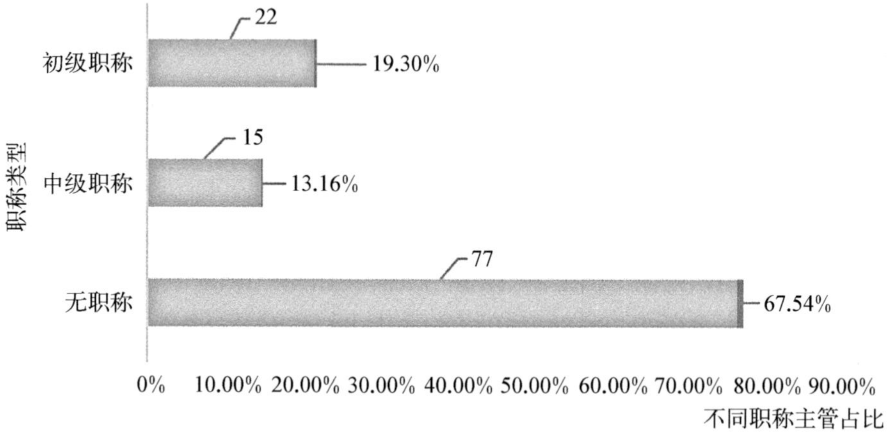

图 3-6 CHINT 公司生产主管职称结构图

6) 管理幅度

总体上,生产主管平均管理幅度为 21,高于公司总体主管级管理幅度(15)。从分布于不同生产线的生产主管的管理幅度来看,从 13 到 30.2 不等,差距较大,见图 3-7。主要产品的制造加工工艺、生产装配水平的不同导致管理幅度呈现很大的差异。

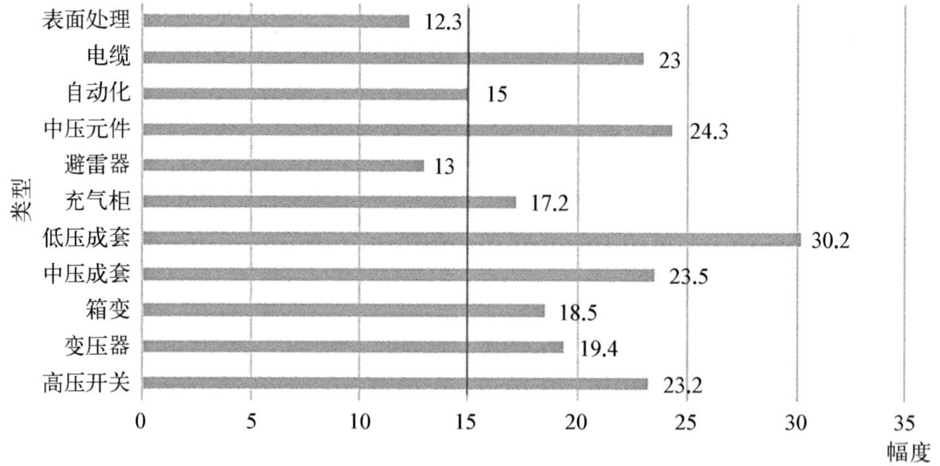

图 3-7 CHINT 公司生产主管管理幅度结构图

由此可见,CHINT 公司生产主管普遍司龄长、年龄较高,学历较低,职称率低,管理幅度差异较大,总体上结构失衡。大多从生产一线成长起来的主管,实操经验丰富,但缺乏管理理论知识,创新意识不强。虽然有少数新生力量加入,但因其对环境需要适应，真正让他们发挥出管理的力量，还需时日。因此，在公司转型升级背景下，智能制造带来的新要求，生产主管无论专业技能、通用技能水平，还是管理技能的提升，以及在生产实践中的快速应用，都需要加快步伐。

3.2　CHINT公司培训现状

3.2.1　CHINT公司培训体系现状

公司内部团队结构失衡，复合型管理人才、生产制造运营等人才缺乏，极大地阻碍公司快速发展和转型升级。CHINT公司在“十三五”期间，围绕培养“四能”（能想、能说、能写、能做）、“四力”（领导力、决策力、理解力、执行力），全与专、青与壮的年轻化人才梯队目标，尝试建立“五横五纵”人才培养体系（具体见图3-8），着重从领导力发展层级、专业职系梯度人才培养两个维度，以“训练营”为主要的培训模式，培养一批认同企业文化、忠诚事业、具备现代企业运营知识、注重实践应用的人才梯队，为支撑战略发展提供坚实有力的人力资源保障。

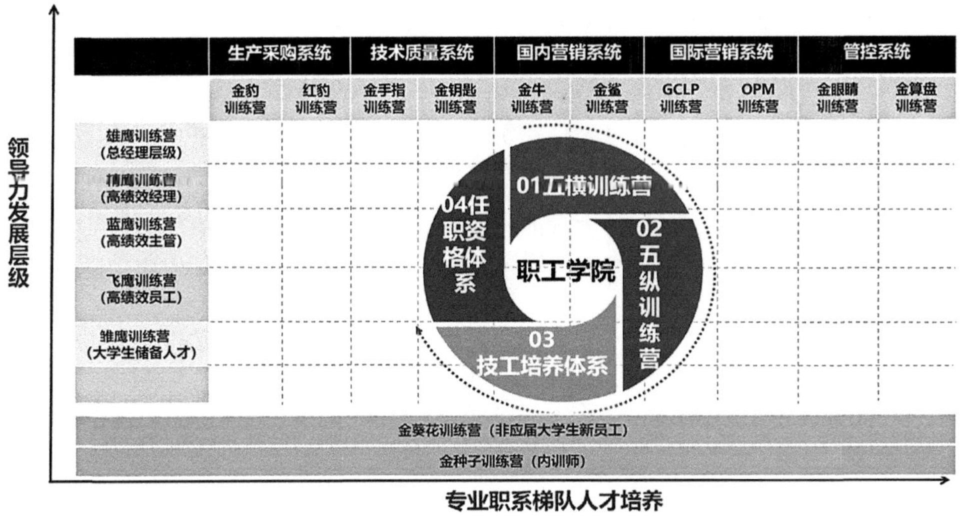

图3-8　CHINT公司员工培训体系

资料来源：CHINT公司内部资料。

“五横五纵”训练营含义：“横”的含义是管理层级，“五横”是从管理层级的角度，划分为“雏鹰”（应届大学生）、“飞鹰”（高绩效员工）、“蓝鹰”（高绩效主管）、

"精鹰"（高绩效经理）、"雄鹰"（总经理层级）五个层级。"纵"的含义是不同的专业职系，"五纵"是将所有的专业职系分为生产采购、技术质量、国内营销、国际营销、运营管控（财务、人力资源、企业管理、行政）五条纵向专业线。通过"五横五纵"训练营分类方式，把所有的管理、专业团队进行网格化划分，便于结合各个层级、各个职系的要求，有针对性地进行系统培训。训练营是为各层级梯队员工单独开设的，营员必须是各个职系、各个级别中最优秀或最具备培养潜质的员工。各训练营主要按照"培训前调研课程设置—项目选拔通知—选拔报名—选拔人员资格审核—组织申请人面试选拔—输出最终名单—项目培训学习启动—项目结营总结—证书发放"的流程开展。具体各训练营现状见表3-2。

表3-2　CHINT公司各训练营培训现状

类别	训练营	培训对象	培训目标	培训讲师	培训时间
五横	雏鹰训练营	应届毕业大学生	了解公司、融入组织、掌握职场基本技能，顺利完成角色转换，快速胜任工作。并以"雏鹰晚会"自导自演的方式，塑造团队凝聚力。具体安排见附录B	内训师	每年7～9月
	飞鹰训练营	高绩效员工	提高业务技能、管理技能，以及领导力，帮助员工提高职场竞争力，发展为上一次的储备干部。具体安排见附录C	内训师为主，外聘讲师为辅	奇数年飞鹰，偶数年蓝鹰，每年3～10月
	蓝鹰训练营	高绩效主管		外聘讲师为主，内训师为辅	
	精鹰训练营	高绩效经理（10～15人）	围绕战略解码、组织与流程、创新赋能等培训综合型、复合型人才，为中高层管理干部继任准备	专题培训＋智库沙龙	每年6～10月
	雄鹰训练营	总经理层级（5～8人）		高校总监班	根据实际调整
五纵	金豹、红豹、金牛等专业梯队训练营	按相应职系员工，结合每期针对的层级对象选拔学员参加培训，每期不超过40人	并根据每一期学员（管理层级）的不同，设置"通用技能＋专业技能＋管理技能"具体的课程，以提升岗位胜任力，以及职场竞争力	以内训师为主，外聘讲师为辅	每年开设5～8个训练营，并在2年内10个训练营循环至少开1次

续　表

类别	训练营	培训对象	培　训　目　标	培训讲师	培训时间
其他	金葵花训练营	新入职员工(非应届毕业)	理解正泰企业文化,树立统一的企业价值观念;了解公司相关规章制度、产品知识、质量与生产等;适应新环境、融入新团队、胜任新岗位	外训师	每月一期,每期4天
	金种子训练营	潜在内训师苗子	掌握课件制作、授课技巧等知识,通过自选课题,开发课件、试讲、答辩等取得内训师资格。	外聘讲师	每2年一次

由于飞鹰、蓝鹰训练营学员来自不同的事业部、不同专业职系,本身对有关专业知识的掌握程度不同,不同知识的应用可能性也有所差异,课程设置较困难,培训迁移的效果也参差不齐。精鹰与雄鹰训练营均以委托的方式进行,培训机构、课程选择,讲师资历等对培训迁移效果影响较大,而且迁移效果的测量较难。"五纵"训练营从专业技能培训上进行了集合,但是仍然存在来自不同子产业的学员,专业课程的选择上差别较大,比如变压器事业部学员更侧重于《电磁场计算》,而高压开关事业部侧重于《机械设计与高压电器》,这也势必导致在培训知识应用上遭遇一定的障碍。

3.2.2　CHINT公司生产主管培训现状

CHINT公司生产主管培训是"五横五纵"网格化的衍生,主要针对生产系统主管级人员开设"红豹—生产主管培训"训练营,简称"生产主管培训"。2018年5月,CHINT公司启动了生产主管培训项目。采取自荐和推荐的方式报名,经过人力资源部门连同生产管理部的面试筛选,综合"北森"人才测评工具测评结果,最终选取了34名学员进入训练营。

1) CHINT公司生产主管培训课程体系

根据公司在2017年建立的生产主管胜任力模型,相应设置了具体的培训课程,见表3-3。培训课时共100小时,在4个月内完成授课,其中内训40小时,外聘讲师授课60小时,并安排了2本书籍12小时拆书活动。

表 3－3　CHINT 公司生产主管培训课程体系

胜任力	对应课程	授课方式	课时
沟通能力	有效沟通	外聘讲师	6
	职场写作技巧	内训师	3
生产管理能力	项目管理基础	内训师	4
	生产计划与调度管理	内训师	3
	一线主管技能培训（Training Within Industry，TWI）	外聘讲师	12
	程序与作业分析	内训师	3
	价值流分析与工艺布局	内训师	3
	人因工程	外聘讲师	6
	精益与智能制造	外聘讲师	6
成本管理能力	生产成本控制	内训师	3
	非财务经理的财务管理	外聘讲师	6
质量管控能力	过程质量控制	内训师	3
	质量成本分析与管控	内训师	3
	质量问题 8D 分析	内训师	3
执行力	解决问题的 6 把金钥匙	内训师	3
	高效会议	内训师	3
	高效能人士七个习惯	拆　书	—
学习与创新能力	刻意练习——如何从新手到大师	拆　书	—
	变革与创新	外聘讲师	6
领导力	冲突管理	内训师	3
	压力管理	内训师	3

续 表

胜 任 力	对 应 课 程	授课方式	课 时
领导力	生产班组建设	外聘讲师	6
	非人力资源经理的人力资源管理	外聘讲师	6
	领导力修炼	外聘讲师	6
合 计			100

数据来源：CHINT公司人力资源部门。

2) CHINT公司生产主管培训迁移情况

在培训结束后1个月后，对本批34人进行了知识测试，各学员考试成绩分布见图3-9。其中，90分(优秀)的占29%，80～90分(良好)占41%，70～80分占24%，60～70分占6%。说明培训学员通过培训掌握知识的迁移水平，还有较大的进步的空间，个人学员的知识掌握程度不高。

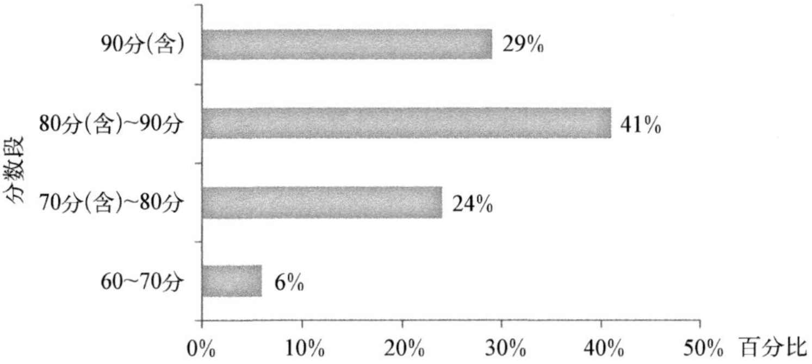

图3-9 CHINT公司生产主管培训笔试成绩分布

在该项目培训结束两个月后，培训部门进行了实地调研和访谈。访谈内容主要包括受训学员培训前的期望、培训后掌握的技能、实践运用项目、在职业发展方面获得的收获，以及对训练营的评价等(调查提纲见附录D)。从访谈反馈的情况看，90%以上的受训学员在培训前对训练营期待程度很高，也是非常精心地准备了入营前面试、答辩等工作。普遍认为所安排的课程对自己的工作是有帮助的，最直观的收获大多体现在沟通、问题解决等方面。但是，由于各学员脱产学习的时间有限，在培训过程中学员之间相互的交流并不多，大部分处于“赶课”状态，也没有很好的交流机会。70%以上的学员并不认为培训对自己的职业生涯有所帮助,总体上培训前后的差异不大,与期待还有差距,运用实践的机会并不多,学习后对自我绩效的提升并不明显。总体上讲,该训练营学员都经历了从满怀期待、积极参与,到迷茫、失落,甚至无奈的心路历程。

其中,在培训知识和技术的立项应用方面,有 6 人完全没有运用,没有人认为自己运用了 80%以上,而认为运用 60%～80%的人员仅有 3 人,运用 60%以下(除去完全没有运用)人员 25 人,占比 74%(图 3 - 10)。

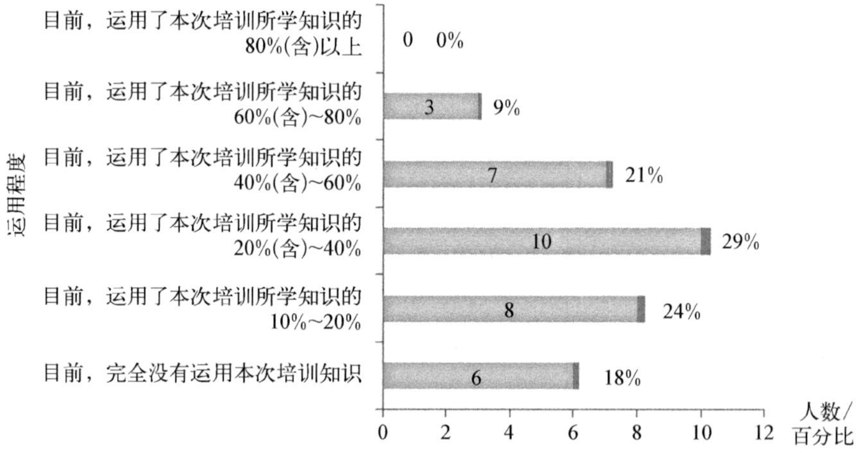

图 3 - 10 CHINT 公司生产主管培训所学知识运用程度

2018 年年底(也就是培训结束 4 个月后),公司对所有主管级人员岗位胜任能力进行了 360 度评价,查询了参加本次培训的 34 名生产主管胜任力数据,进行了 2018 年与 2017 年的比较(图 3 - 11)。总体上看,经过本次培训后,接受培

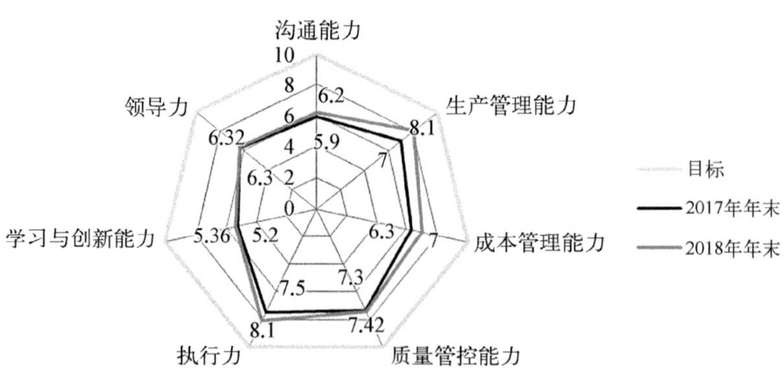

数据来源：CHINT 公司人力资源部门。

图 3 - 11 CHINT 公司生产主管岗位胜任力变化

训的34人在胜任能力上略有提升,但总体提升幅度并不大。其中生产管理能力的提升1.1分,具有较大幅度增长,说明在其专业能力方面的知识更容易接受和运用。

3.3　CHINT公司生产主管培训存在的问题

根据上文分析,可以看出,CHINT公司明确提出了"十三五"期间"一云两网"战略,以及人才培养的"四能、四力"目标,为"五横五纵"员工培训体系的运行和完善提供空间,更大程度地发挥培训"上接战略、下接绩效"的作用,成为企业转型升级的有效手段[33]。但是,结合CHINT公司人力资源及培训现状分析,以及生产主管人员培训现状分析,生产主管培训主要存在以下问题。

1)"人与机"矛盾

在智能制造大背景下,大量的"机器换人"后,给生产型管理人员与专业技术、管理技术匹配带来深度挑战。如果生产主管人员的整体素质不能满足"机器换人"后生产组织运营的需求,将影响整个企业转型升级的成败。

2)"老与小"矛盾

CHINT公司经过多年的稳健发展,经营规模和效益持续增长,区域布局快速扩展,行业影响力逐步提升,员工保持了一定程度的稳定性。然而,10年以上司龄主管占60%以上,长期以来的"稳定""安逸",对新知识和技术"渴望"、运用的"激情"相对于司龄更短的员工来说欠缺更多,整体上使得培训迁移大打折扣。

3)"投入与产出"矛盾

CHINT公司每年保持不低于销售收入的0.6‰培训投入,与全国48.2%的企业低于销售收入0.5‰[34]的投入相比,在培训投入方面是充分的。从生产主管培训结果的数据看,新知识和技术的运用程度参差不齐、各主管经过培训后的岗位胜任力并没有发生实质性的提高。

4)"工与学"矛盾

由于公司长期处于繁忙状态,生产主管一般都在生产现场协调、解决各项问题,对于大多半脱产性质的生产主管培训来说,很难做到工作与学习的平衡,无形中给生产主管们带来心理和任务压力,疲于应对,难以有时间和空间投入培训和培训迁移当中,可能导致学而不用、会而不用,培训转化为生产力的可能性也随之变小[35]。

5)“需求与实际”矛盾

在培训需求方面,在需求调查的初期往往都从“全”的角度出发,大多课程看起来“高大上”,但实际内容或案例与业务贴近程度不高,真正能够快速应用到实际工作的知识较少,大多数知识需要长时间的掌握和领会,甚至更长时间才能找到应用的机会。大部分生产主管在的学历、职称等方面都处于较低水平,缺乏基本专业知识,更难以对新知识进行有效运用。

6)“专长与全面”矛盾

目前,从一线成长的生产主管占绝大多数,工龄长、专业技术精通,“靠专业手艺吃饭”的思想较为僵化,主观上会对管理类、领导力类的培训排斥,接受和学习新事物的能力不足,阻碍整个培训体系的推进。

7)“培训与运用”矛盾

在公司里发挥“承上启下”重要作用的生产主管,在接受并掌握新知识、新技能,“学有所成”之后,如果其难以在公司找到运用空间时,或者在取得运用绩效后未及时得到薪酬晋级、岗位晋升时,面对同行业企业的新机会吸引,将会导致快速流失,培训投资将完全失去价值。

综上所述,CHINT 公司生产主管培训总体上“重学轻用”,培训迁移水平不高。CHINT 公司要在新一轮的竞争中脱颖而出,塑造新的竞争力,就需要提高人力资本的投资效率,因此提高培训迁移的水平的研究是非常有必要的。而对于制造业企业中关键岗位之一的生产主管培训,有针对性地分析其培训迁移的影响因素,并对不利因素采取相应的规避策略,逐渐提升培训迁移水平,是非常迫切需要解决的问题,也是具有一定的代表性、示范性,更有其研究的必要性的课题。

第 4 章　CHINT 公司生产主管培训迁移影响因素调查分析

4.1　调查的目的与方式

1）调查目的

通过上文对 CHINT 公司现状的分析可知，面对新经济环境带来的挑战，以及智能制造等转型升级带来的压力，CHINT 公司亟须提升培训迁移水平，特别需要找出生产主管人员的培训迁移的影响因素，从而有针对性提出促进策略，为 CHINT 公司在新一轮的发展过程中立于不败之地提供人才保证。为此，笔者希望通过本次调查，按照 Holton 培训迁移模型的 4 组影响因素，进行 CHINT 公司培训迁移影响因素研究，识别当前的有利因素、不利因素，并针对不利因素提出培训迁移的促进策略。

2）调查方式

采取调查问卷为主、实地考察为辅，实地考察、访谈相结合的方式进行调查。首先，与培训部门领导、生产管理部领导，以及各制造事业部的负责人，就本次调查进行访谈，收集他们对本次调研所关心的问题，以及对调查过程、内容的建议。

然后，对调查对象所在的工作场所进行实地考察，并通过与调查对象的面谈，对生产主管培训项目进行评价，了解其所学知识的运用情况、困惑和运用知识产生的绩效，以及对未来提高培训迁移的建议。

最后，结合文献研究、问卷调查方法，以及访谈和考察情况，围绕本次调查的目的，根据 Holton 培训迁移模型设计调查问卷，并发放调查问卷，实施调查。根据问卷调查反馈的数据进行统计分析，得出调查结果。

4.2 调查问卷设计与实施

4.2.1 调查问卷的设计原则

1）调查目的明确

问卷设计要有明确目的，从实际出发拟写调查问题，主题突出、问题清晰、有针对性。

2）调查对象适宜

选择与本次研究高度相关的对象，对调查主题有实际经历和体会，在进行问卷作答时有强烈的共鸣和代入感。

3）调查题项科学

所设计的问题项目与研究的假设一致，各题项之间无交叉、重叠，目的清晰，设计合理。

4）语言易懂贴切

设计的调查问卷的各题目应充分考虑其语义一致性、可读性、可理解性和表达的精准性，让调查对象能对语句理解一致，并能准确地表达自己的判断。

5）题量设计适当

各调查题目数量适当，避免引起调查对象的疲劳和反感情绪，导致敷衍填写。

6）便于统计分析

使问题的设计尽可能单纯化，一个问句只问一个问题，避免复杂、多重意义的问题。采用分类分级的方法列出明确的数量界线，使所得到的资料便于分析。

为此，本次调查问卷的设计过程着重针对培训迁移影响因素这个主题展开，将按照 Holton 模型及其 LTSI 量表的运用知识和技术的能力、动机、工作环境支持以及个人特质等方面展开。

首先，调查问卷题目来自 LTSI 量表，仅对涉及非正向描述的原题目，统一进行正向描述；对于既有正向提问，又有反向提问的题目，选择正向提问的题目进行调查。比如，“上级的支持”和“上级的反对”两个因素，在问卷调查时采用“上级支持”这一指标进行测量；“组织乐于变革”和“组织抵触变革”两个因素，在问卷调查时采用“组织乐于变革”这一指标进行测量。问卷题目按照不超过 30 分钟作答完毕的原则进行题量设计，所有题目采用调查对象自评的方式进行。

其次，对于调查对象，为了能更贴近培训实际案例，研究对象有真实体验感，则针对2018年度参加生产主管训练营的34名学员进行调查(自评)。同时,这些34名学员占公司总生产主管数量的30%,也具有一定代表性。调查问卷标题为"CHINT公司红豹训练营培训迁移调查问卷",问卷中所有问题采用第一人称,以拉近与调查对象的距离,使其更愿意表达自己的真实想法。

最后,为科学测量与统计分析,采用里克特5级量表,即:5分表示非常赞成(非常有利的因素)、4分表示赞成(有利的因素)、3分不反对不赞成(中性因素),2分表示反对(不利因素),1分表示强烈反对(非常不利因素)。也就是说,对于测量结果低于4分的题目,则根据得分的高低,采取不同的促进策略。

4.2.2　调查问卷的指标体系

本调查问卷基于Holton培训迁移模型展开,主要包括四个维度(组):运用新知识和技术的能力、运用新知识和技术的动机、工作环境支持以及个人特质,将这四类因素作为一级测量指标。运用新知识和技术的能力因素主要从培训内容效度、培训迁移设计、个人迁移能力以及运用机会4个子因素作为二级指标进行考察。运用知识和技术的动机因素并以迁移动机、个人绩效期望、价值成果期望3个子因素作为二级指标进行考察。工作环境因素支持将组织反馈、同事支持、上级支持、组织变革意识、组织激励机制5个子因素作为二级指标进行考察。个人特质因素则包括学习准备程度、自我效能感2个子因素作为二级指标进行考察。由此,形成了本次调查的整个指标体系,具体见表4-1。

表4-1　调查问卷的指标体系

序　号	因素(一级指标)	子因素(二级指标)
1	运用新知识和技术的能力	培训内容效度
2		培训迁移设计
3		个人迁移能力
4		运用机会
5	运用新知识和技术的动机	迁移动机
6		个人绩效期望
7		价值成果期望

续 表

序 号	因素(一级指标)	子因素(二级指标)
8	工作环境支持	组织反馈
9		同事支持
10		上级支持
11		组织变革意识
12		组织激励机制
13	个人特质	学习准备程度
14		自我效能感

为更能突出在“学用转化”过程影响因素，Holton 培训迁移量表模型中所涉及的其他因素，如责任心、神经质、经验的开放性、目标导向等未直接作用在运用层面，在本次调查过程中，不作为本次重点调研的指标。

4.2.3 调查问卷的问题设计

根据 Holton 培训迁移模型，参考 LTSI 量表简表的相关问题，结合本次调查问卷的原则，对应各影响因素设置问题。同时，考虑到调查对象是刚刚参加过训练营的生产主管，所以在问题的设计中更加突出“训练营”等字眼，使问题有明确的范围，更具有针对性。

1) 运用新知识和技术的能力问题设计

根据 Holton 培训迁移模型，主要针对培训内容效度、培训迁移设计、个人迁移能力以及运用机会 4 个子指标展开问题设计。第一，通过“训练营中所培训的技能、知识，与我实际期望是相类似的”“训练营中所培训的知识和技能，与我所在岗位实现更加高效的工作，是完全匹配的”，判断培训内容是否与工作需求的相匹配程度，测量培训内容效度的影响。第二，通过“训练营中所采用的教学方法、设备等，与我所在的实际工作环境是相类似的”“训练营课程的案例、课堂活动和训练，能清晰地指导我在工作中应用新知识和新技能”，判断培训设计与工作需求的匹配程度，以及培训中迁移方式和场景的可实际运用的复制程度，测量迁移设计的影响。第三，通过“从我当前的工作任务量看，我可以有充足的时间和精力运用这些新知识、新方法”“在目前的工作压力下，我可以改变现状，应用所学的新知识和新方法”，判断调查对象在运用新知识和技术时拥有足够的时间和精力的程度，测量其个人迁移能力的影响。第四，通过“在我的组织和工作中，我能够通过自己的努力找到机会运用新知识”“在我的组织和工作中，我能够获得充足设备、材料、信息等，让我能应用新知识”“在我的组织和工作中，我能够争取到足够的资金投入，让我能运用新知识”“在我的组织和工作中，我能争取到我的上级领导，支持我运用新知识”“在我的组织和工作中，我能争取到我的同级同事，支持我运用新知识”“在我的组织和工作中，我能争取到我的下级同事，支持我运用新知识”，判断调查对象可以获得运用新知识的资源程度，测量运用机会的影响。

通过上述提问，获得调查对象对培训内容效度、培训迁移设计、个人迁移能力、运用机会 4 个因素方面的认可程度，并测量这些因素对培训迁移的影响程度。

2）运用新知识和技术的动机问题设计

根据 Holton 培训迁移模型，主要针对迁移动机、个人绩效期望、价值成果期望 3 个子指标展开问题设计。第一，通过“我认为，通过这次培训，我是可以取得更好的表现的”“我始终有在工作中运用所培训知识的打算”“我始终相信，应用这些新知识是可以帮我更高效工作的”，判断调查对象运用新知识的自我驱动程度。通过“我始终相信，运用这些新知识，可以提升我的个人绩效”“我始终相信，运用这些新知识所付出的努力，一定会让我与从前不一样”“我始终相信，运用这些新知识，一定会提高我未来的工作成果和工作效率”，判断调查对象对运用新知识带来绩效改变的期望程度。第二，通过“我始终相信，运用这些新知识，会给我带来更有价值的个人认知”“我认为，我所在的组织已经将发展、绩效与个人认知之间关系阐明清楚了”“我所在的组织中，对我参加培训应达到的绩效，清晰地进行了表达，并与我进行了沟通”“我所在的组织中，在我应用新知识取得良好表现时，及时给予了表扬”“我所在的组织中，在我应用新知识而取得高绩效成果时，有给予我奖励的相应制度保障”“我所在的组织中，越是创造了良好的个人绩效表现，越能得到更多应用新知识的机会和条件”，判断调查对象期待通过运用新知识，为组织带来绩效成果的期待程度。

通过上述提问，获得调查对象对个人培训迁移自我驱动程度、对付出迁移努力带来绩效的期望程度，以及通过绩效产出获取成果价值的期望程度等自我评价，并测量这些因素对培训迁移的影响程度。

3）工作环境支持问题设计

根据 Holton 培训迁移模型，主要针对组织反馈、同事支持、上级支持、组织变革意识、组织激励机制 5 个子指标展开问题设计。第一，通过"当我在应用新知识或尝试提高工作绩效时，我所在组织和上级领导给予了建设性帮助""当我在应用新知识或尝试提高工作绩效时，我收到了组织中其他人给予的正式或非正式反馈"，判断调查对象获得组织对其绩效指导的程度。第二，通过"我的同事们经常相互寻找运用新知识的机会""我的同事们经常相互鼓励和期待运用新知识""我的同事们在运用新知识过程中，遭遇到难题时仍然有耐心""我的同事们都相互认可和赏识运用新知识"，判断调查对象运用新知识过程获得同事支持以及促使同事运用的程度。第三，通过"在培训结束后，我的上级澄清了对我的绩效期望""在培训结束后，我的上级主动为我提供运用新知识的机会""在培训结束后，我的上级为我设定了基于本次培训应实现的目标""在我运用新知识过程中遇到困难时，我的上级都与我一起解决""当我运用新知识取得成功时，我的上级给予了我及时的奖励""在工作中，我的上级所使用的方法与我们所运用的方法没有差异"，判断调查对象的上级对运用新知识的主动支持程度，以及对运用新知识的鼓励程度、方法一致程度。第四，通过"我所在的组织对变革的态度是开放的、支持的""我所在的组织非常愿意为新知识的应用和变革投入资源和精力"，判断调查对象对组织支持变革的感知程度。第五，"通过运用训练营所学知识，使得我的岗位（组织）产量、效率以及满意度得到了提升""通过运用训练营所学知识，我的薪酬得到了提升""通过运用训练营所学知识，我得到了晋升的机会"，判断调查对象在运用新知识、新技能后，获得组织激励的程度。

通过上述提问，获得调查对象所在组织对于新知识和新技术运用的反馈，其上级、同事的认可与支持程度，以及组织变革意识、组织激励机制的支持程度等对培训迁移的影响。

4）个人特质问题设计

根据 Holton 培训迁移模型，主要针对学习准备程度、自我效能感 2 个子指标展开。第一，通过"在本次训练营开营前，我有机会向培训指导老师反馈相关培训需求信息""在本次训练营开营前，我非常清楚自己期望学习的知识和技能""我非常清楚本次训练营所培训知识与工作绩效的联系"，判断调查对象在参加培训前有关知识的准备程度，以及进入学习状态的程度。第二，通过"我对自己有应用知识的能力非常自信，非常有确定感""我对能克服运用新知识和新技能的任何障碍非常自信”，判断调查对象对其愿意学习、并通过学习改变绩效的自信程度和意愿程度。

通过上述提问，获得调查对象对参加培训的准备程度、对学习过程克服困难的自信程度以及运用知识改变绩效的意愿程度对培训迁移的影响。

4.2.4　问卷调查的实施

1）调查问卷的确定

通过上文的分析，为确保整个问卷逻辑性、层次感，调查问题设计的有效性，以及整体文字上的可读性，特向 CHINT 公司的人力资源部负责人、生产管理部负责人、指导老师，以及培训工作团队的专业人士进行请教，获得了很多针对性较强的完善建议。同时，在正式调查前，小范围内发放了 10 份问卷，收集其对题量上的反馈和阅读理解方面的反馈。结合上述反馈，对调查问卷设计进行了调整和优化，形成了最终的调查问卷，具体详见附录 E。

2）调查问卷的实施

在调查问卷正式发放前，通过电话的方式与正式参加调查的 34 人进行了沟通，阐明本次调查的目的和意义，表明了对其提供客观、真实评价的期待。然后，以电子邮件的方式，将调查问卷发送至这 34 人。由于前期的充分沟通，34 份调查问卷全部收回。接受调查问卷的 34 人的特征如表 4－2 所示。

表 4　2　调查对象的特征分布

特　征	类　别	人　数	百 分 比
性　别	男	32	94.10%
	女	2	5.90%
司　龄	1 年内	6	17.65%
	1～3 年	8	23.52%
	3～5 年	6	17.65%
	5～10 年	7	20.59%
	15 年以上	7	20.59%

续 表

特 征	类 别	人 数	百 分 比
年龄结构	不满 25 岁	6	17.65%
	满 25 岁不满 30 岁	9	26.47%
	满 30 岁不满 35 岁	7	20.59%
	满 35 岁不满 45 岁	8	23.53%
	45 岁以上	4	11.76%
学历结构	高中及以下	2	5.89%
	大 专	12	35.29%
	本 科	20	58.82%

从上表可以看出，调查对象以男性为主，占比 94.10%，这与本次针对生产主管这一群体原本结构相关。司龄结构相对分布较为均衡。年龄结构中 35 岁以上占比 35.29%，相对少于 35 岁以下人员。学历结构中，高中以下学历少，仅占 5.89%；本科学历占比 58.82%，相对较多。总体上，调查对象的特征与总体生产主管群体特征基本一致，结构上略有优化，具有一定代表性。

4.3 运用新知识和新技术的能力影响分析

通过问卷调查的实施，结合问题 1～12 的调查数据进行统计，分析 CHINT 公司生产主管运用新知识和新技术的能力影响分析。

4.3.1 内容效度影响分析

调查问卷的问题 1“训练营中所培训的技能、知识，与我实际期望是相类似的”统计结果见图 4 - 1。其中，20.6%表示非常赞同，55.9%表示赞同，23.5%表示既不赞同也不反对。

调查问卷的问题 2“训练营中所培训的知识和技能，与我所在岗位实现更加高效的工作，是完全匹配的”，统计结果见图 4 - 2。其中，非常赞同 23.%，赞同 41.2%，既不反对也不赞同 23.5%，反对 11.8%。

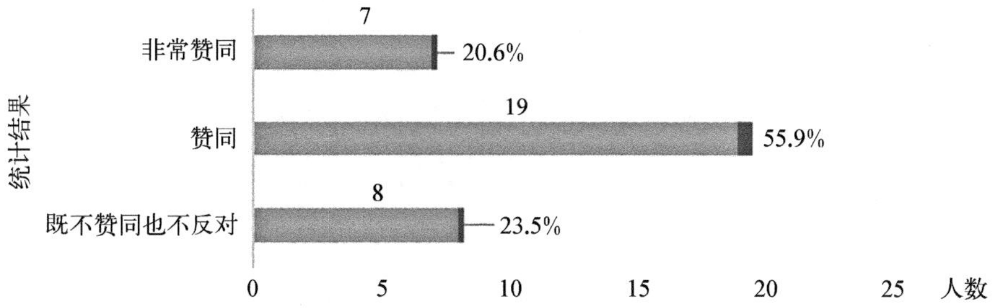

图 4-1　培训内容满足学员期望

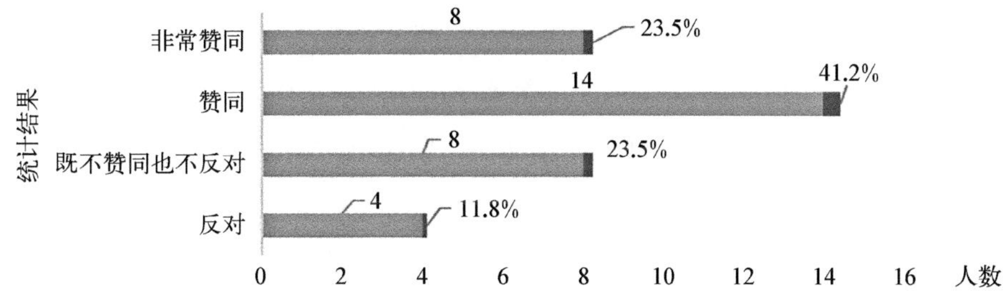

图 4-2　培训内容满足岗位需求

上述两个问题的统计结果见表 4-3，总评平均值为 3.87，标准差为 0.821，离散程度较大。其中，培训内容与学员期望匹配程度平均值为 3.97，培训内容与岗位需求匹配程度平均值为 3.76。这表明，培训内容与学员期望、岗位需求的匹配程度方面，均没有达到促进作用，需要进一步改善。

表 4-3　内容效度统计结果

二级指标	三　级　指　标	极大值	极小值	均　值	标准差
内容效度	培训内容满足学员期望	5	3	3.97	0.664
	培训内容满足岗位需求	5	2	3.76	0.941
总　评		5	2	3.87	0.821

4.3.2　迁移设计影响分析

调查问卷的问题 3“训练营中所采用的教学方法、设备等情景，与我所在的实际工作环境是相类似的”，统计结果见图 4-3。其中，14.7％表示非常赞同，47.1％表示赞同，32.4％表示既不赞同也不反对，5.9％表示反对。

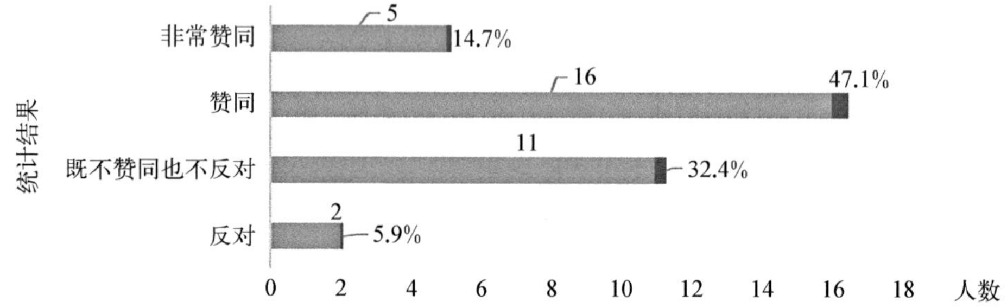

图 4－3　教学情景与实际相似度

调查问卷的问题 4“训练营课程的案例、课堂活动和训练，能清晰地指导我在工作中运用新知识和新技能”，统计结果见图 4－4。其中，20.6％表示非常赞同，47.1％表示赞同，29.4％表示既不赞同也不反对，2.9％表示反对。

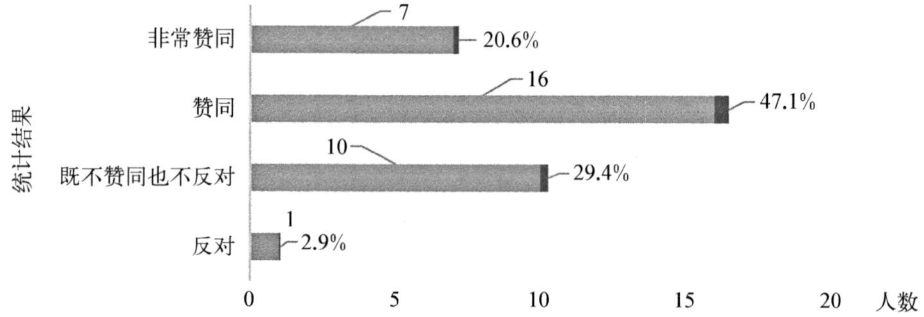

图 4－4　案例可运用程度

上述两个问题的统计结果见表 4－4，总评平均值为 3.78，标准差为 0.783，离散程度较大。其中，教学情景与实际相似度平均值为 3.71，教学案例可运用程度平均值为 3.85。由此表明，培训迁移设计与实际工作环境相似程度不高，案例如何应用的技能没有完全清晰表达，对整体培训迁移没有达到促进作用，培训迁移设计还需要结合实际工作环境加以改善。

表 4－4　迁移设计因素统计结果

二级指标	三级指标	极大值	极小值	均值	标准差
迁移设计	教学情景与实际相似度	5	2	3.71	0.787
	教学案例可运用程度	5	2	3.85	0.772
总评		5	2	3.78	0.783

4.3.3　迁移能力影响分析

调查问卷的问题5“从我当前的工作任务量看，我可以有充足的时间和精力运用这些新知识、新方法”，统计结果见图4－5。其中，17.6%表示非常赞同，26.5%表示赞同，50%表示既不赞同也不反对，5.9%表示反对。

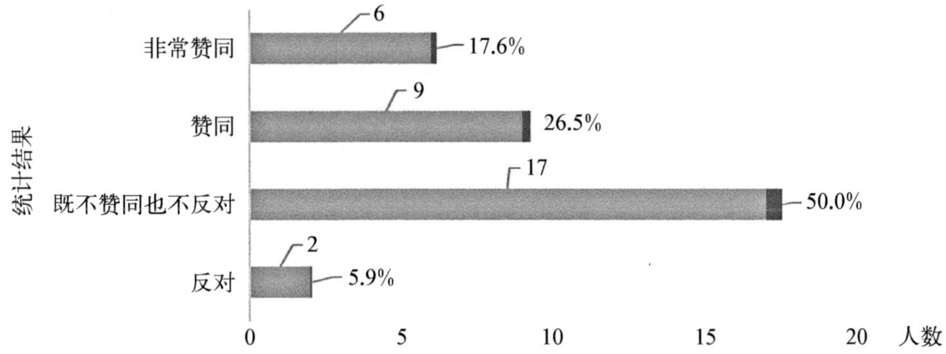

图4－5　获取时间与精力的能力

调查问卷的问题6“在目前的工作压力下，我可以改变现状，应用所学的新知识和新方法”，统计结果见图4－6。其中，8.8%表示非常赞同，44.1%表示赞同，41.2%表示既不赞同也不反对，5.9%表示反对。

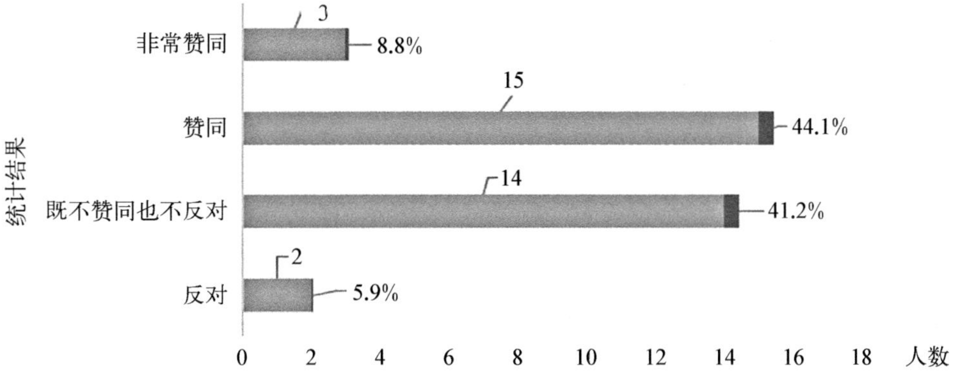

图4－6　承受工作压力的能力

上述两个问题的统计结果见表4－5，总评平均值为3.56，标准差为0.793，离散程度较大。其中，获取时间与精力的能力平均值为3.56，承受工作压力的能力平均值为3.56。由此表明,受训人员在实际工作任务量、工作压力中获取时间与精力的能力、承受工作压力的能力不够,难以促进培训迁移。

表4-5 迁移能力因素统计结果

二级指标	三级指标	极大值	极小值	均值	标准差
迁移能力	获取时间与精力的能力	5	2	3.56	0.847
	承受工作压力的能力	5	2	3.56	0.735
总评		5	2	3.56	0.793

4.3.4 运用机会影响分析

调查问卷的问题7"在我的组织和工作中,我能够通过自己的努力找到机会运用新知识",统计结果见图4-7。其中,26.5%表示非常赞同,50.0%表示赞同,20.6%表示既不赞同也不反对,2.9%表示反对。

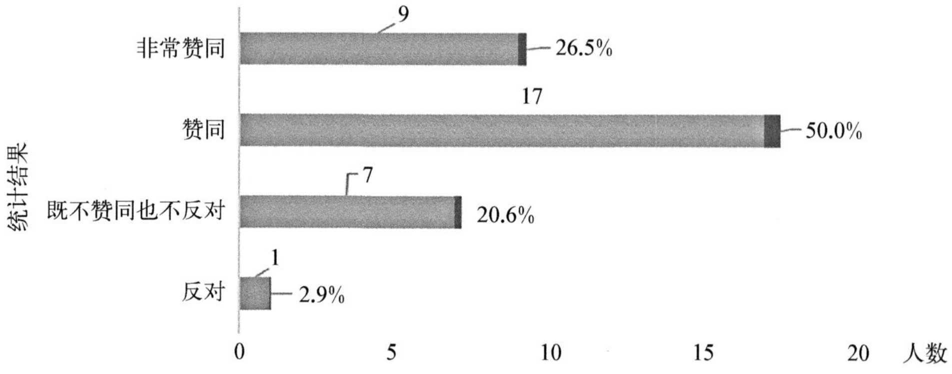

图4-7 争取运用空间

调查问卷的问题8"在我的组织和工作中,我能够获得充足设备、材料、信息等,让我能应用新知识",统计结果见图4-8。其中,32.4%表示非常赞同,41.2%表示赞同,17.6%表示既不赞同也不反对,8.8%表示反对。

调查问卷的问题9"在我的组织和工作中,我能够争取到足够的资金投入,让我能运用新知识",统计结果见图4-9。其中,14.7%表示非常赞同,35.3%表示赞同,35.3%表示既不赞同也不反对,14.7%表示反对。

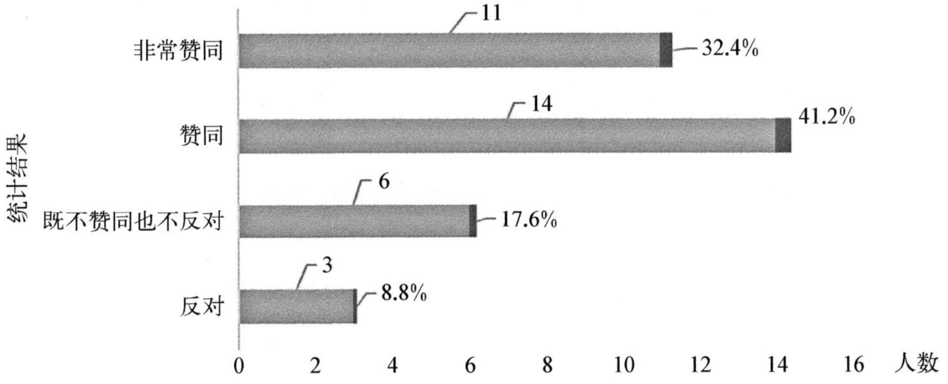

图 4-8　争取运用装备资源

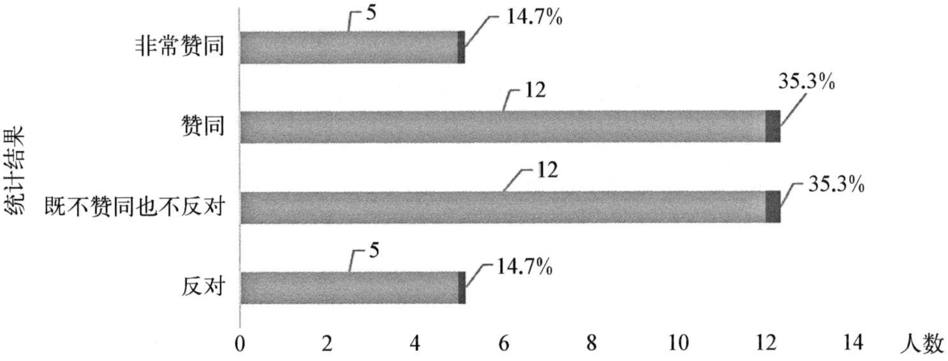

图 4-9　争取运用资金资源

调查问卷的问题 10“在我的组织和工作中，我能争取到我的上级领导，支持我运用新知识”，统计结果见图 4-10。其中，32.4%表示非常赞同，44.1%表示赞同，23.5%表示既不赞同也不反对。

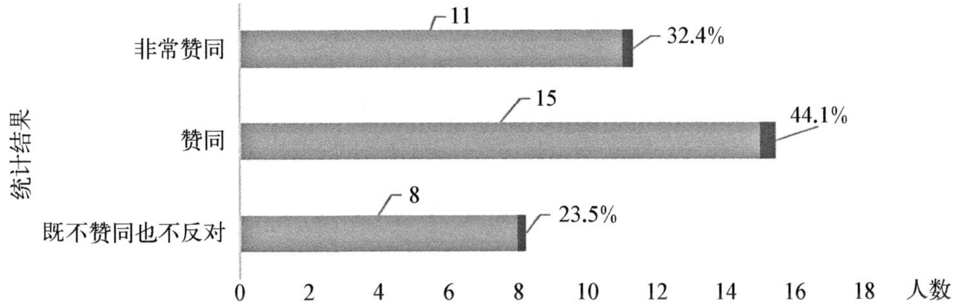

图 4-10　争取上级支持运用

调查问卷的问题 11“在我的组织和工作中，我能争取到我的同级同事，支持我运用新知识”，统计结果见图 4 - 11。其中，29.4%表示非常赞同，35.3%表示赞同，35.3%表示既不赞同也不反对。

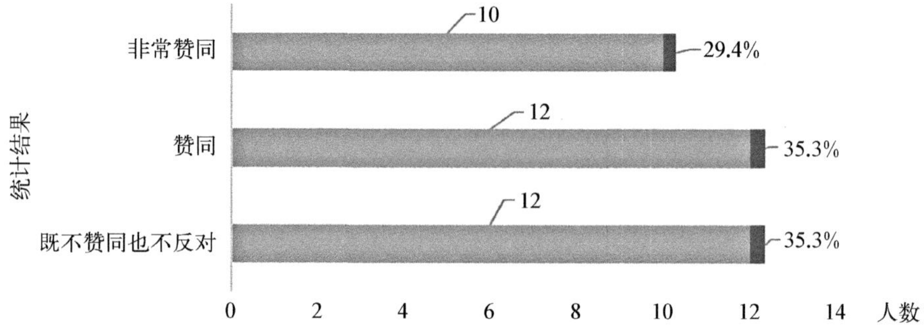

图 4 - 11　争取同级支持运用

调查问卷的问题 12“在我的组织和工作中，我能争取到我的下级同事，支持我运用新知识”，统计结果见图 4 - 12。其中，29.4%表示非常赞同，41.2%表示赞同，29.4%表示既不赞同也不反对。

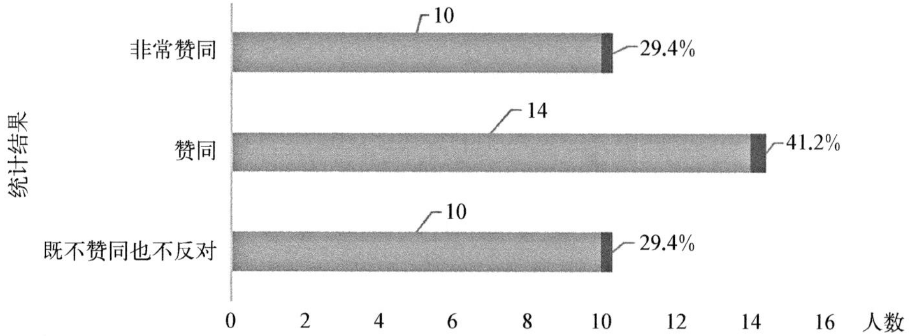

图 4 - 12　争取下级支持运用

上述问题的统计结果见表 4 - 6，总评平均值为 3.92，标准差为 0.845，离散程度较大。其中，争取运用空间保证方面平均值为 4.00，争取运用装备资源平均值为 3.97，争取运用资金资源平均值为 3.50，争取上级支持运用方面平均值为 4.09，争取同级支持运用方面 3.94，争取下级支持运用方面 4.00。由此表明，受训学员在争取新知识和技术的运用能力得到了一定的保障，特别是在运用空间、上级、下级这些支持人群的争取方面，对培训迁移起到促进作用。但是，在争取组织在新知识和技术运用的资金方面非常欠缺。

表 4-6　运用机会因素统计结果

二级指标	三　级　指　标	极大值	极小值	均　值	标准差
运用机会	争取运用空间	5	2	4.00	0.767
运用机会	争取运用装备资源	5	2	3.97	0.923
	争取运用资金资源	5	2	3.50	0.916
	争取上级支持运用	5	3	4.09	0.742
	争取同级支持运用	5	3	3.94	0.802
	争取下级支持运用	5	3	4.00	0.767
总　评		5	2	3.92	0.845

4.3.5　运用新知识和技术能力的影响小结

通过对上述培训内容效度、培训迁移设计、个人迁移能力、运用机会 4 个二级指标，12 个三级指标的分析，总体情况见表 4-7。

表 4-7　应用新知识和技术能力影响统计表

一级指标	平均值	二级指标	平均值	三　级　指　标	平均值	标准差
运用新知识和技术的能力	3.83	培训内容效度	3.87	培训内容满足学员期望	3.97	0.664
				培训内容满足岗位需求	3.76	0.941
		培训迁移设计	3.78	教学情景与实际相似度	3.71	0.787
				教学案例可运用程度	3.85	0.772
		个人迁移能力	3.56	获取时间与精力的能力	3.56	0.847
				承受工作压力的能力	3.56	0.735
		运用机会	3.92	争取运用空间	4.00	0.767
				争取运用装备资源	3.97	0.923
				争取运用资金资源	3.50	0.916

续　表

一级指标	平均值	二级指标	平均值	三　级　指　标	平均值	标准差
运用新知识和技术的能力	3.83	运用机会	3.92	争取上级支持运用	4.09	0.742
				争取同级支持运用	3.94	0.802
				争取下级支持运用	4.00	0.767

从上表可以看出，运用新知识和技术的能力总体均值达到 3.83，总体上对培训迁移已起到一些促进作用。从 4 个二级指标来看，相对来说，在获取运用机会能力方面对培训迁移起到了较为显著的促进作用，其他二级指标的促进措施略差。从 12 个三级指标来看，在争取上级支持运用、争取下级支持运用，以及争取运用空间方面，受训人员具备了相应的能力。但是在获取运用时间与精力、承受工作压力，以及争取运用资金方面，相对较弱，需要进一步提升。

4.4 运用新知识和新技术的动机影响分析

4.4.1 迁移动机影响分析

调查问卷的问题 13“我认为，通过这次培训，我是可以取得更好的表现的”，统计结果见图 4 - 13。其中，35.3％表示非常赞同，41.2％表示赞同，23.5％表示既不赞同也不反对。

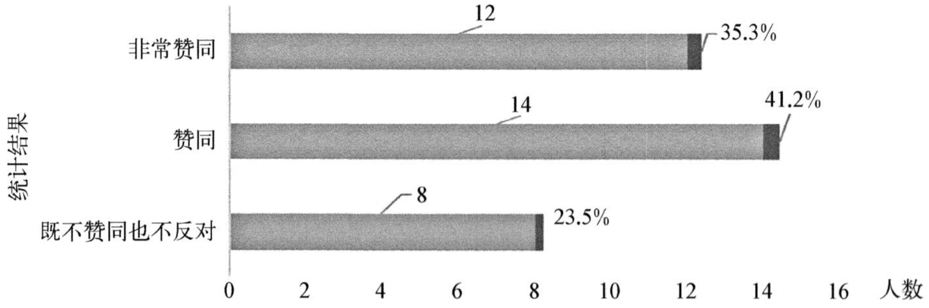

图 4 - 13　自我表现动机

调查问卷的问题 14“我始终有在工作中运用所培训知识的打算”，统计结果见图 4 - 14。其中，38.2％表示非常赞同，41.2％表示赞同，20.6％表示既不赞同也不反对。

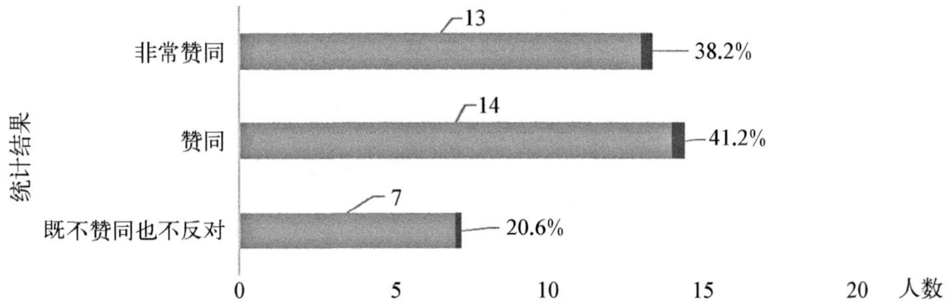

图 4-14　运用打算

调查问卷的问题15“我始终相信，应用这些新知识是可以帮我更高效工作的”，统计结果见图4-15。其中，41.2%表示非常赞同，35.3%表示赞同，23.5%表示既不赞同也不反对。

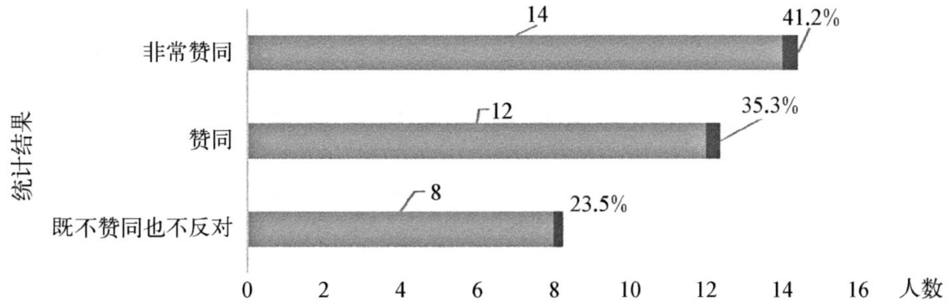

图 4-15　信任新知识

上述问题的统计结果见表4-8，总评平均值为4.16，标准差为0.764。其中，自我表现动机方面平均值为4.12，运用打算平均值为4.18，信任新知识方面平均值为4.18。上述平均值均大于4，充分表明受训人员的迁移动机充分，对培训迁移起到非常有力的促进作用。

表 4-8　迁移动机因素统计结果

二级指标	三级指标	极大值	极小值	均值	标准差
迁移动机	自我表现动机	5	3	4.12	0.758
	运用打算	5	3	4.18	0.746
	信任新知识	5	3	4.18	0.785
总评		5	3	4.16	0.764

4.4.2 个人绩效期望影响分析

调查问卷的问题16“我始终相信，运用这些新知识，可以提升我的个人绩效”，统计结果见图4-16。其中，47.1%表示非常赞同，38.2%表示赞同，14.7%表示既不赞同也不反对。

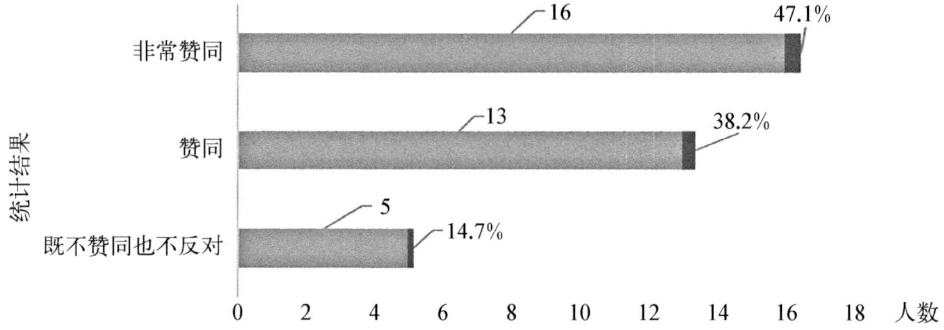

图4-16 期望新知识能产生个人绩效

调查问卷的问题17“我始终相信，运用这些新知识所付出的努力，一定会让我与从前不一样”，统计结果见图4-17。其中，47.1%表示非常赞同，29.4%表示赞同，20.6%表示既不赞同也不反对，2.9%表示反对。

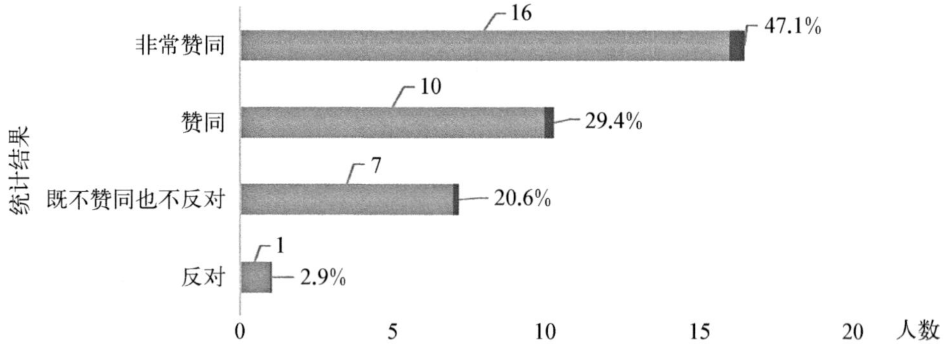

图4-17 期望新知识能带来改变

调查问卷的问题18“我始终相信，运用这些新知识，一定会提高我未来的工作成果和工作效率。”统计结果见图4-18。其中，41.2%表示非常赞同，44.1%表示赞同，14.7%表示既不赞同也不反对。

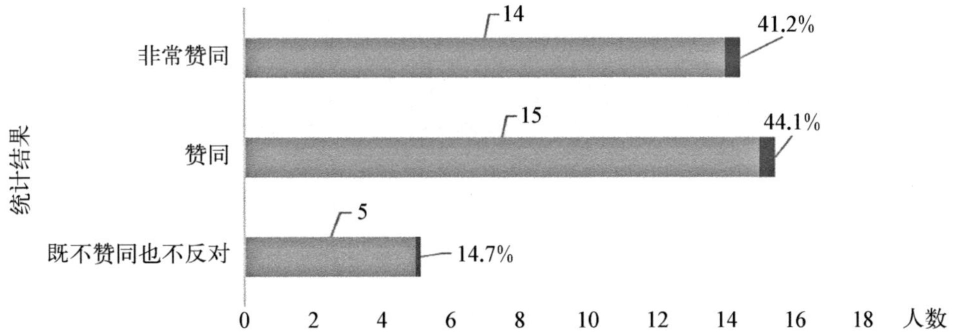

图 4-18　期望新知识影响未来绩效

上述问题的统计结果见表 4-9，总评平均值为 4.26，标准差为 0.766。其中，期望新知识能产生个人绩效方面平均值为 4.32，期望新知识能带来改变平均值为 4.21，期望新知识影响未来绩效方面平均值为 4.26。上述平均值均大于 4，充分表明受训人员对运用新知识和技术带来绩效改变和提升的期望很大，对培训迁移起到非常有力的促进作用。

表 4-9　绩效期望因素统计结果

二级指标	三级指标	极大值	极小值	均值	标准差
个人绩效期望	期望新知识能产生个人绩效	5	3	4.32	0.716
	期望新知识能带来改变	5	3	4.21	0.867
	期望新知识影响未来绩效	5	3	4.26	0.699
总评		5	3	4.26	0.766

4.4.3　价值成果期望影响分析

调查问卷的问题 19“我始终相信，运用这些新知识，会给我带来更有价值的个人认知”，统计结果见图 4-19。其中，38.2%表示非常赞同，41.2%表示赞同，20.6%表示既不赞同也不反对。

调查问卷的问题 20“我认为，我所在的组织已经将发展、绩效与个人认知之

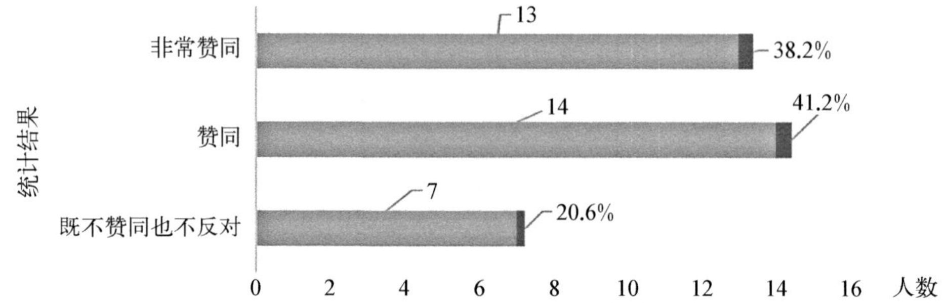

图 4-19 期望运用新知识带来新认知

间关系阐明清楚了”，统计结果见图 4-20。其中，14.7%表示非常赞同，44.1%表示赞同，41.2%表示既不赞同也不反对。

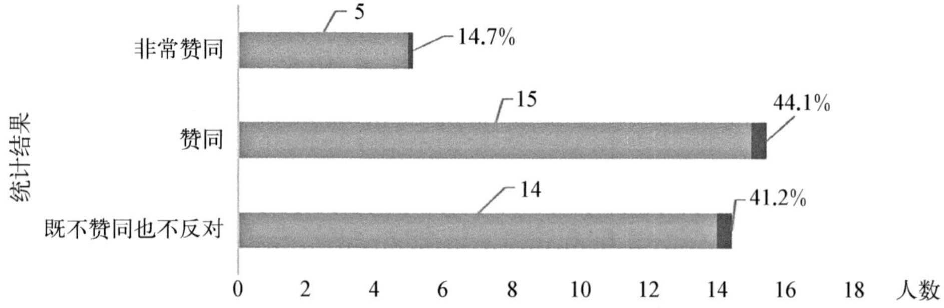

图 4-20 组织绩效与个人认知关系明确

调查问卷的问题 21“我所在的组织中，对我参加培训应达到的绩效，清晰地进行了表达，并与我进行了沟通”，统计结果见图 4-21。其中，26.5%表示非常赞同，41.2%表示赞同，26.5%表示既不赞同也不反对，5.9%表示反对。

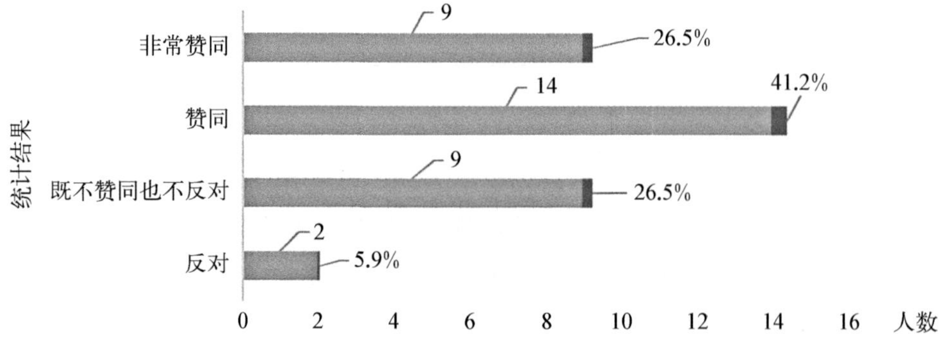

图 4-21 组织对迁移期望的沟通

调查问卷的问题22"我所在的组织中，在我应用新知识取得良好表现时，及时给予了表扬"，统计结果见图4－22。其中，17.6％表示非常赞同，55.9％表示赞同，23.5％表示既不赞同也不反对，2.9％表示反对。

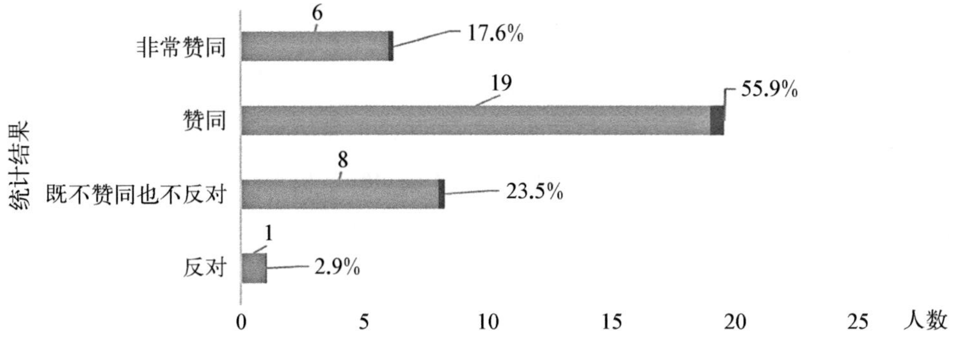

图4－22　良好表现的及时激励

调查问卷的问题23"我所在的组织中，在我应用新知识而取得高绩效成果时，有给予我奖励的相应制度保障"，统计结果见图4－23。其中，17.6％表示非常赞同，58.8％表示赞同，20.6％表示既不赞同也不反对，2.9％表示反对。

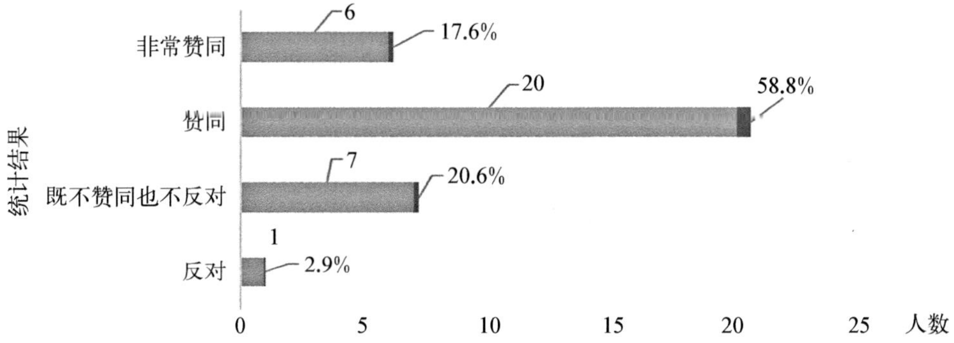

图4－23　高绩效成果的激励机制

调查问卷的问题24"我所在的组织中，越是创造了良好的个人绩效表现，越能得到更多应用新知识的机会和条件"，统计结果见图4－24。其中，26.5％表示非常赞同，44.1％表示赞同，26.5％表示既不赞同也不反对，2.9％表示反对。

上述问题的统计结果见表4－10，总评平均值为3.92，标准差为0.769。其中，期望运用新知识带来新认知平均值为4.18，组织绩效与个人认知关系明确平

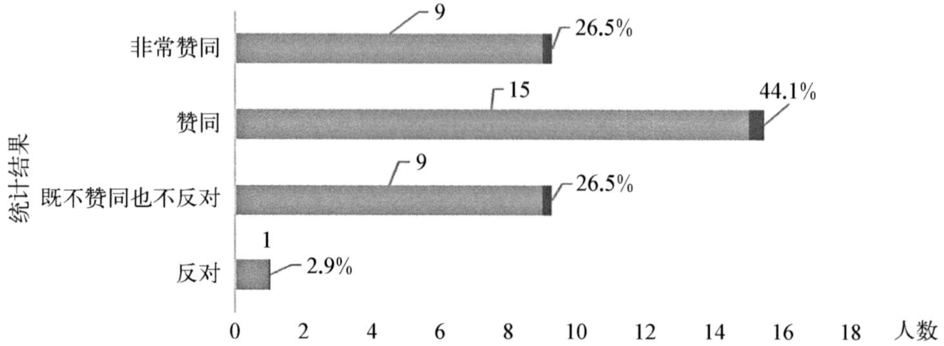

图 4-24　个人高绩效创造新运用机会

均值为 3.74，组织对迁移期望的沟通平均值为 3.88，良好表现的及时激励平均值 3.88，高绩效成果的激励机制平均值 3.91，个人高绩效创造新运用机会平均值 3.94 分。充分表明，受训人员对运用新知识和技术带来价值成果方面有较高的期望，对培训迁移起到有力的促进作用。

表 4-10　价值成果期望因素统计结果

二级指标	三级指标	极大值	极小值	均值	标准差
价值成果期望	期望运用新知识带来新认知	5	3	4.18	0.746
	组织绩效与个人认知关系明确	5	3	3.74	0.699
	组织对迁移期望的沟通	5	2	3.88	0.867
	良好表现的及时激励	5	2	3.88	0.718
	高绩效成果的激励机制	5	2	3.91	0.702
	个人高绩效创造新运用机会	5	2	3.94	0.802
总评		5	2	3.92	0.769

4.4.4　运用新知识和技术动机的影响小结

通过对上述迁移动机、绩效期望、价值成果 3 个二级指标，12 个三级指标的分析，总体情况见表 4-11。

表 4－11　应用新知识和技术动机影响统计表

一级指标	平均值	二级指标	平均值	三级指标	平均值	标准差
运用新知识和技术的动机	4.07	迁移动机	4.16	自我表现动机	4.12	0.758
				运用打算	4.18	0.746
				信任新知识	4.18	0.785
		个人绩效期望	4.26	期望新知识能产生个人绩效	4.32	0.716
				期望新知识能带来改变	4.21	0.867
				期望新知识影响未来绩效	4.26	0.699
		价值成果期望	3.92	期望运用新知识带来新认知	4.18	0.746
				组织绩效与个人认知关系明确	3.74	0.699
				组织对迁移期望的沟通	3.88	0.867
				良好表现的及时激励	3.88	0.718
				高绩效成果的激励机制	3.91	0.702
				个人高绩效创造新运用机会	3.94	0.802

从上表可以看出，运用新知识和技术的动机总体均值达到 4.07，总体上对培训迁移已起到一些有力的促进作用。从二级指标来看，相对来说，在受训人员迁移动机、绩效期望方面已有足够的动力，对培训迁移起到了较为显著的促进作用。

4.5　工作环境支持影响分析

4.5.1　组织反馈影响分析

调查问卷的问题 25“当我在运用新知识或尝试提高工作绩效时，我所在组织和上级领导给予了建设性帮助”，统计结果见图 4－25。其中，23.5％表示非常赞同，50.0％表示赞同，23.5％表示既不赞同也不反对，2.9％表示反对。

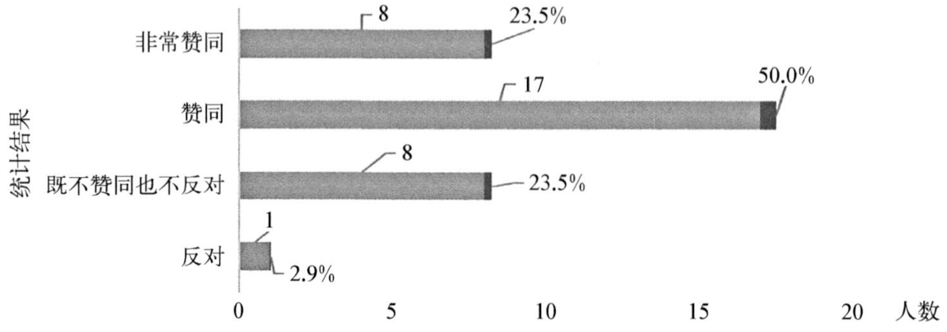

图 4-25　组织支持运用尝试

调查问卷的问题 26"当我在运用新知识或尝试提高工作绩效时,我收到了组织中其他人给予的正式或非正式反馈",统计结果见图 4-26。其中,23.5%表示非常赞同,41.2%表示赞同,35.3%表示既不赞同也不反对。

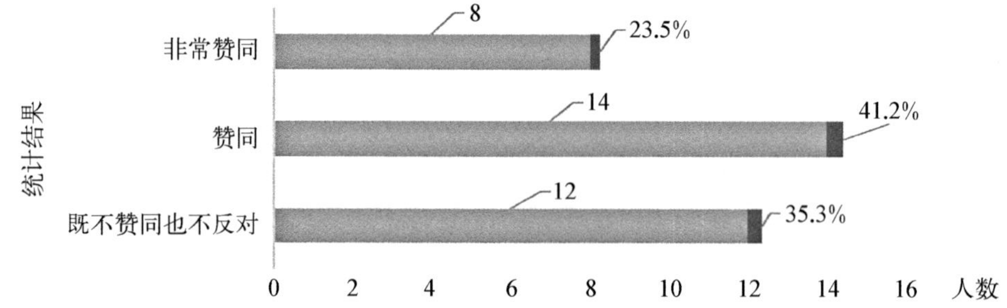

图 4-26　组织主动反馈运用成果

上述 2 个问题的统计结果见表 4-12,总评平均值为 3.91,标准差为 0.762。其中,组织支持运用尝试平均值为 3.94,组织主动反馈运用成果平均值为 3.88。上述数据充分表明,组织对新知识和技术的运用尝试是支持的,同时也主动反馈运用成果,对培训迁移起到较为有力促进作用。

表 4-12　组织反馈因素统计结果

二级指标	三 级 指 标	极大值	极小值	均 值	标准差
组织反馈	组织支持运用尝试	5	3	3.94	0.765
	组织主动反馈运用成果	5	3	3.88	0.758
总 评		5	3	3.91	0.762

4.5.2　同事支持影响分析

调查问卷的问题 27“我的同事们经常相互寻找运用新知识的机会”，统计结果见图 4－27。其中，23.5％表示非常赞同，32.4％表示赞同，29.4％表示既不赞同也不反对，14.7％表示反对。

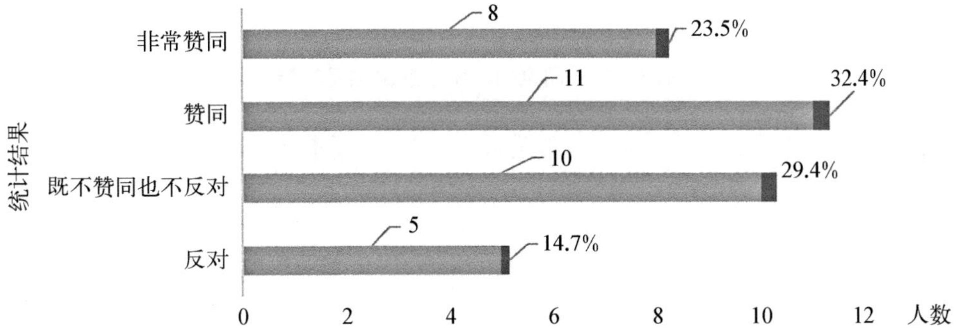

图 4－27　同事间寻找运用机会

调查问卷的问题 28“我的同事们经常相互鼓励和期待运用新知识”，统计结果见图 4－28。其中，23.5％表示非常赞同，35.3％表示赞同，26.5％表示既不赞同也不反对，14.7％表示反对。

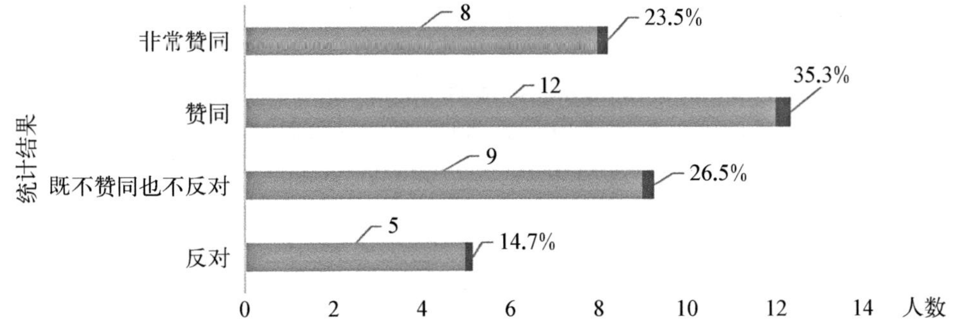

图 4－28　同事间鼓励运用新知识

调查问卷的问题 29“我的同事们在运用新知识过程中，遭遇到难题时仍然有耐心”，统计结果见图 4－29。其中，11.8％表示非常赞同，47.1％表示赞同，38.2％表示既不赞同也不反对，2.9％表示反对。

调查问卷的问题 30“我的同事们都相互认可和赏识运用新知识”，统计结果

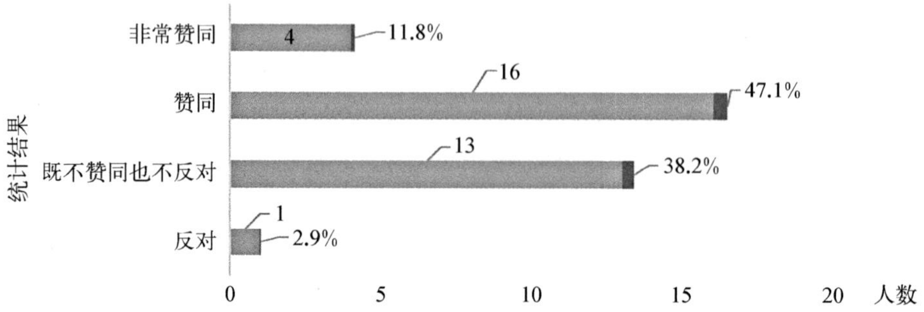

图 4 - 29　同事们有耐心解决运用难题

见图 4 - 30。其中，17.6%表示非常赞同，55.9%表示赞同，23.5%表示既不赞同也不反对，2.9%表示反对。

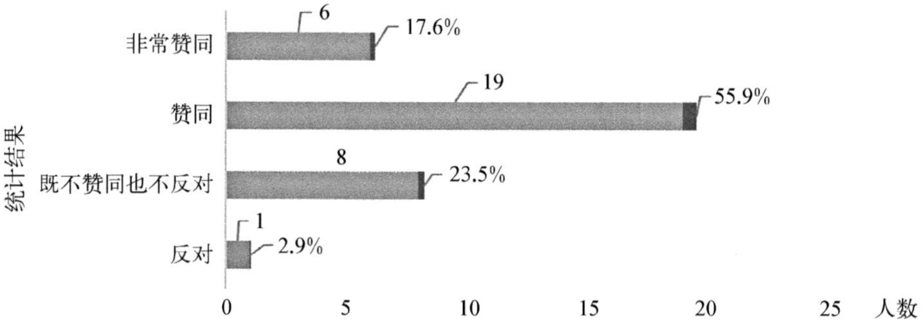

图 4 - 30　同事们认可运用新知识

上述问题的统计结果见表 4 - 13，总评平均值为 3.72，标准差为 0.872。其中，同事间寻找运用机会平均值为 3.65，同事间鼓励运用新知识平均值为 3.68，同事们有耐心解决运用中难题平均值 3.68，同事们认可运用新知识平均值 3.88。上述数据表明，同事对运用新知识和技术的支持，对培训迁移所起到的促进作用发挥有一定限度。

表 4 - 13　组织反馈因素统计结果

二级指标	三　级　指　标	极大值	极小值	均　值	标准差
同事支持	同事间寻找运用机会	5	2	3.65	0.997
	同事间鼓励运用新知识	5	2	3.68	0.992

续　表

二级指标	三　级　指　标	极大值	极小值	均　值	标准差
同事支持	同事们有耐心解决运用难题	5	2	3.68	0.716
	同事们认可运用新知识	5	2	3.88	0.718
总　评		5	2	3.72	0.872

4.5.3　上级支持影响分析

调查问卷的问题31“在培训结束后，我的上级澄清了对我的绩效期望”，统计结果见图4-31。其中，23.5%表示非常赞同，44.1%表示赞同，17.6%表示既不赞同也不反对，11.8%表示反对，2.9%表示强烈反对。

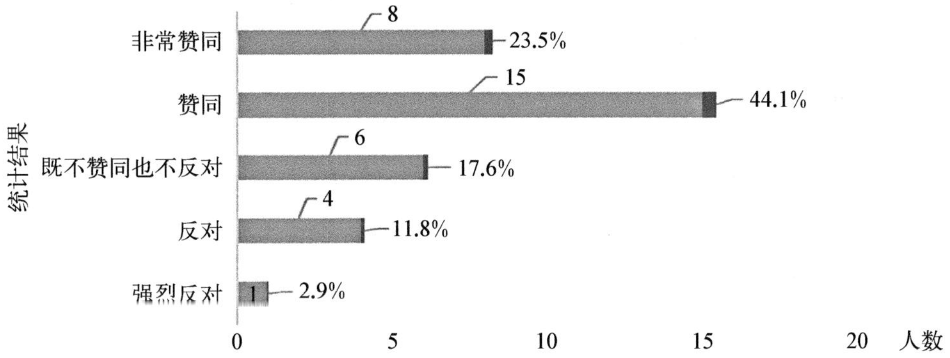

图4-31　上级及时澄清培训运用绩效期望

调查问卷的问题32“在培训结束后，我的上级主动为我提供运用新知识的机会”，统计结果见图4-32。其中，29.4%表示非常赞同，38.2%表示赞同，26.5%表示既不赞同也不反对，2.9%表示反对，2.9%表示强烈反对。

调查问卷的问题33“在培训结束后，我的上级为我设定了基于本次培训应实现的目标”，统计结果见图4-33。其中，17.6%表示非常赞同，50.0%表示赞同，26.5%表示既不赞同也不反对，2.9%表示反对，2.9%表示强烈反对。

调查问卷的问题34“在我运用新知识过程遇到困难时，我的上级都与我一起解决”，统计结果见图4-34。其中，29.4%表示非常赞同，38.2%表示赞同，29.4%表示既不赞同也不反对，2.9%表示反对。

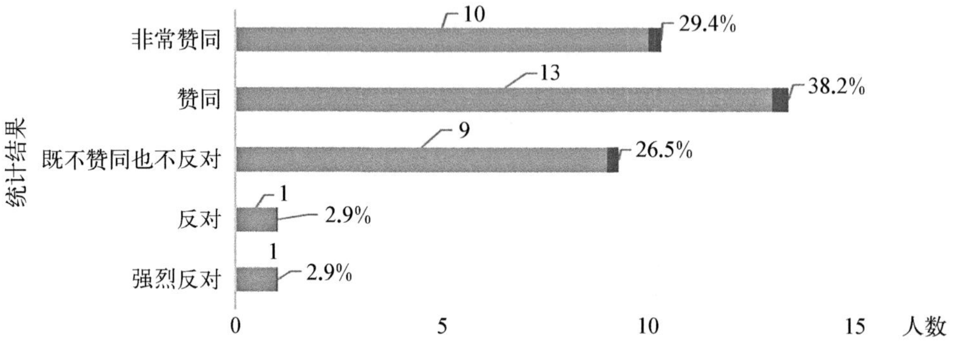

图 4 - 32　上级主动提供运用机会

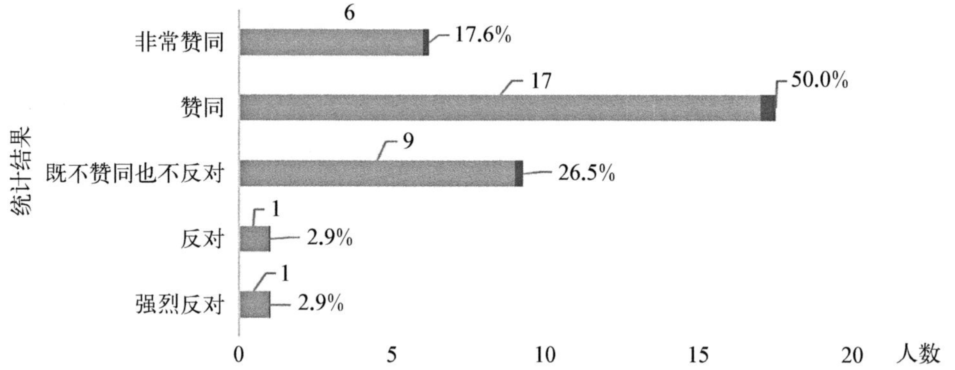

图 4 - 33　上级主动设定运用目标

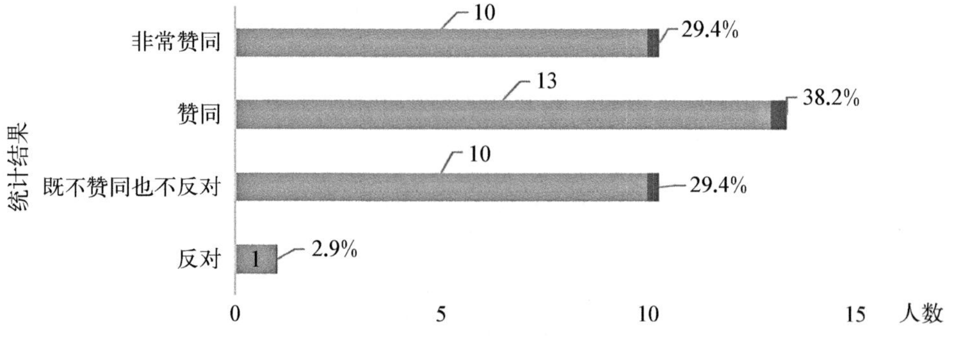

图 4 - 34　上级主动解决运用中的困难

调查问卷的问题35"当我运用新知识取得成功时,我的上级给予了我及时的奖励。"统计结果见图4-35。其中,20.6%表示非常赞同,50.0%表示赞同,23.5%表示既不赞同也不反对,2.9%表示反对,2.9%表示强烈反对。

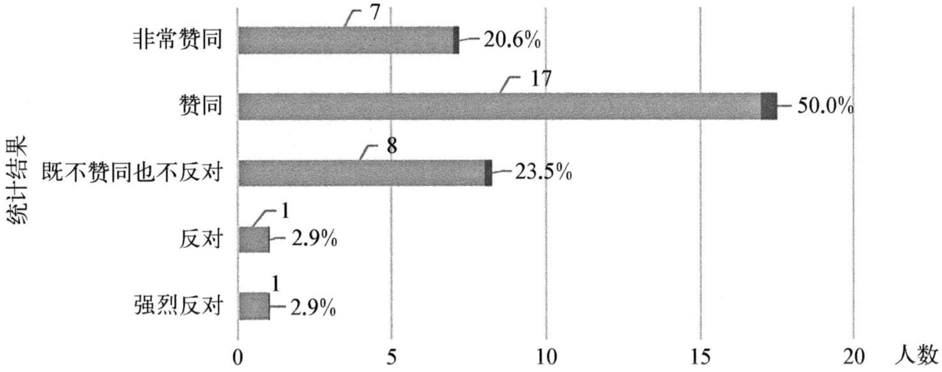

图4-35 上级及时对运用成功奖励

调查问卷的问题36"在工作中,我的上级所使用的方法与我们所运用的方法没有差异。"统计结果见图4-36。其中,14.7%表示赞同,35.3%表示既不赞同也不反对,20.6%表示反对,29.4%强烈反对。

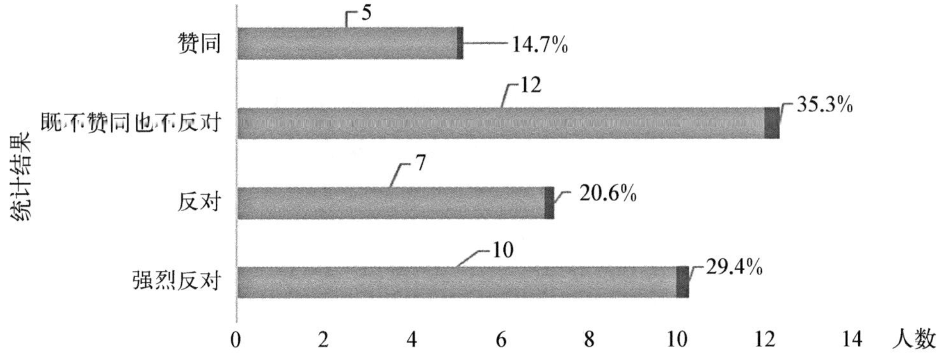

图4-36 上级使用的方法与培训方法相同

上述问题的统计结果见表4-14,总评平均值为3.58,标准差为1.097,平均值较低,离散程度大。其中,上级及时澄清培训运用绩效期望平均值为3.74,上级主动提供运用机会平均值为3.88,上级主动设定运用目标平均值3.76,上级主动解决运用中的困难平均值为3.94,上级及时对运用成功奖励平均值为3.82,上级使用的方法与培训方法相同的平均值仅为2.35。上述数据表明,上级对运用新知识和技术的支持较弱，对培训迁移所起到的促进作用发挥不明显，其中如何让上级所用方法与培训方法相一致，需要采取促进策略。

表 4-14 上级支持因素统计结果

二级指标	三 级 指 标	极大值	极小值	均 值	标准差
上级支持	上级及时澄清培训运用绩效期望	5	1	3.74	1.038
	上级主动提供运用机会	5	1	3.88	0.963
	上级主动设定运用目标	5	1	3.76	0.876
	上级主动解决运用中的困难	5	2	3.94	0.838
	上级及时对运用成功奖励	5	1	3.82	0.890
	上级使用的方法与培训方法相同	5	1	2.35	1.054
总 评		5	1	3.58	1.097

4.5.4 组织变革意识影响分析

调查问卷的问题 37“我所在的组织对变革的态度是开放的、支持的”，统计结果见图 4-37。其中，47.1%表示赞同，14.7%表示既不赞同也不反对，17.6%表示反对，20.6%表示强烈反对。

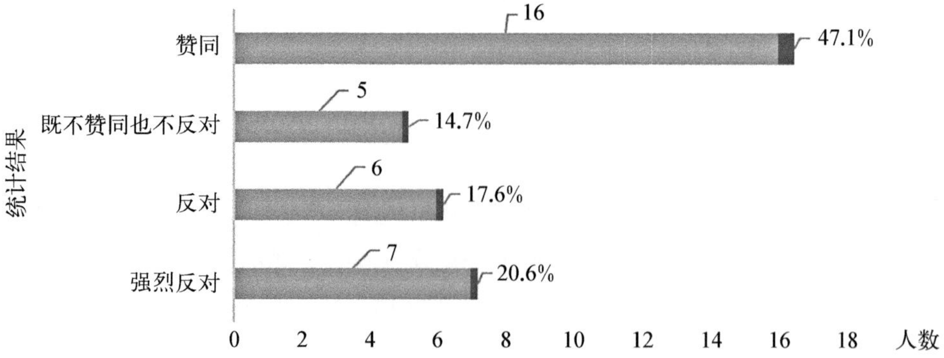

图 4-37 组织乐于变革

调查问卷的问题38“我所在的组织非常愿意为新知识的应用和变革投入资源和精力”,统计结果见图4-38。其中,29.4%表示赞同,35.3%表示既不赞同也不反对,35.3%表示反对。

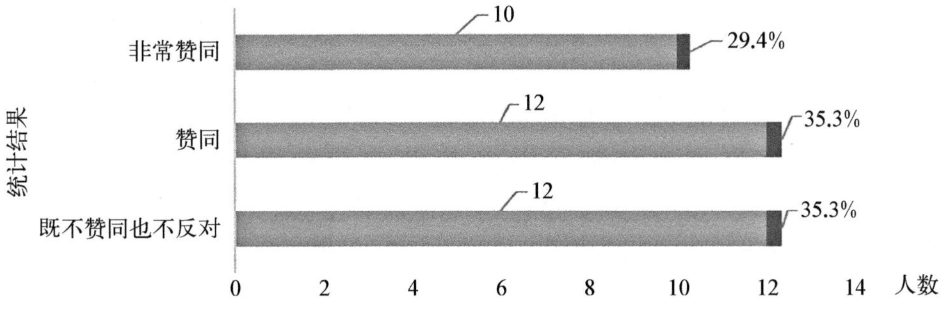

图4-38 组织愿意投入变革资源

上述问题的统计结果见表4-15,总评平均值为3.41,标准差为1.153,平均值较低,离散程度大。其中,组织乐于变革平均值仅为2.88,组织愿意投入变革资源平均值为3.94。上述数据表明,组织在变革的开放程度上还不够,较难接受新知识、新技术,但是投入资源的意愿上还是支持变革的。

表4-15 组织变革因素统计结果

二级指标	三级指标	极大值	极小值	均值	标准差
组织变革意识	组织乐于变革	4	1	2.88	1.207
	组织愿意投入变革资源	5	3	3.94	0.802
总评		5	1	3.41	1.153

4.5.5 组织激励机制影响分析

调查问卷的问题39“通过运用训练营所学知识,使得我的岗位(组织)产量、效率以及满意度得到了提升”,统计结果见图4-39。其中,35.3%表示非常赞同,23.5%表示赞同,38.2%表示既不赞同也不反对,2.9%表示反对。

调查问卷的问题40“通过运用训练营所学知识,我的薪酬得到了提升”,统计结果见图4-40。其中,17.6%表示非常赞同,11.8%表示赞同,35.3%表示既不赞同也不反对,29.4%表示反对,5.9%表示强烈反对。

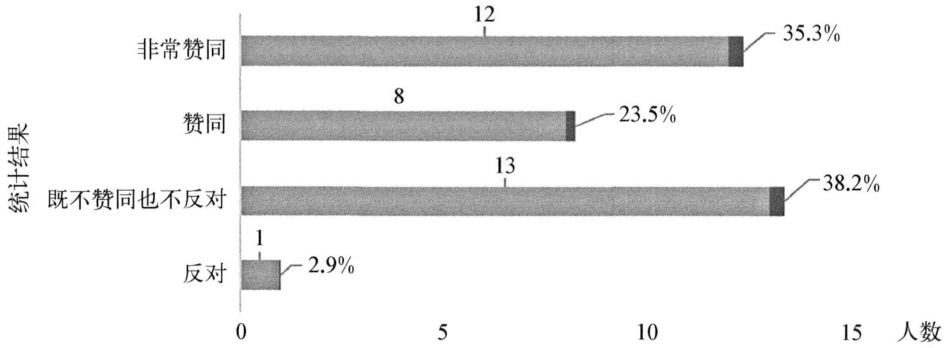

图 4-39　运用新知识带来个人满意度提升

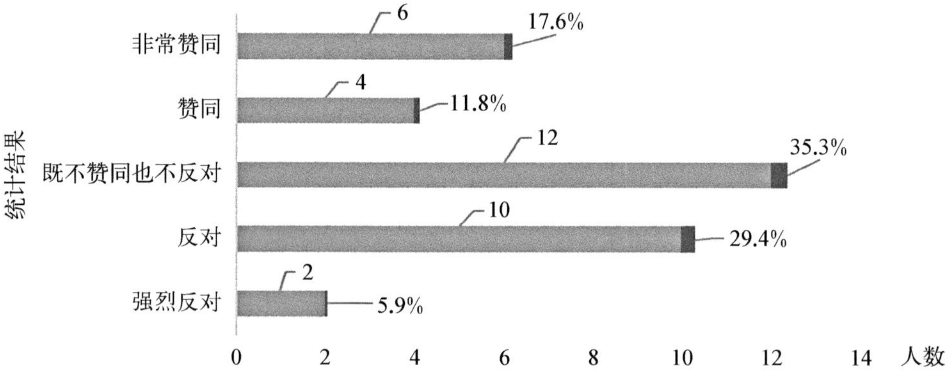

图 4-40　运用新知识带来薪酬提升

调查问卷的问题 41“通过运用训练营所学知识，我的得到了晋升的机会”，统计结果见图 4-41。其中，14.7%表示非常赞同，32.4%表示赞同，29.4%表示既不赞同也不反对，20.6%表示反对，5.9%表示强烈反对。

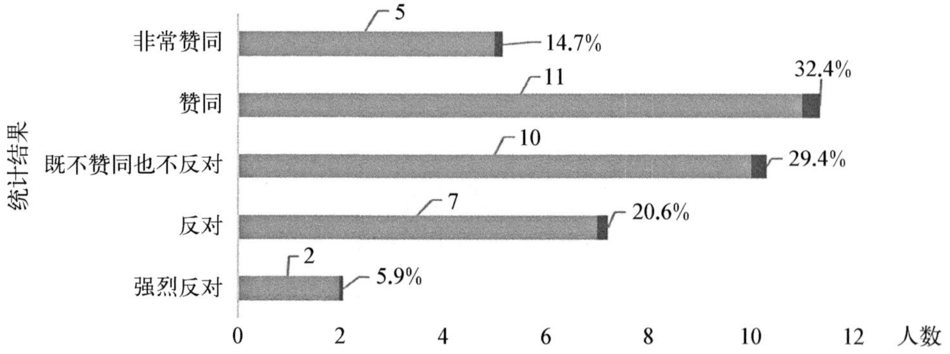

图 4-41　运用新知识带来职业晋升

上述问题的统计结果见表4-16，总评平均值为3.40，标准差为1.122，平均值较低，离散程度大。其中，运用新知识带来个人满意度提升平均值3.91，运用新知识带来薪酬提升平均值为3.06，运用新知识带来职业晋升平均值3.24。上述数据表明，组织对于运用新知识带来成果后，激励措施略显滞后，尤其是在薪酬提升和职业晋升方面的匹配不够，对培训迁移是不利的。

表4-16　组织激励机制因素统计结果

二级指标	三　级　指　标	极大值	极小值	均 值	标准差
组织激励机制	运用新知识带来个人满意度提升	5	2	3.91	0.919
	运用新知识带来薪酬提升	5	1	3.06	1.162
	运用新知识带来职业晋升	5	1	3.24	1.086
总　评		5	1	3.40	1.122

4.5.6　工作环境支持的影响小结

通过对上述组织反馈、同事支持、上级支持、组织变革、组织激励5个二级指标，17个三级指标的分析，总体情况见表4-17。

表4-17　应用新知识和技术工作环境影响统计表

一级指标	平均值	二级指标	平均值	三　级　指　标	平均值	标准差
工作环境支持	3.60	组织反馈	3.91	组织支持运用尝试	3.94	0.765
				组织主动反馈运用成果	3.88	0.758
		同事支持	3.72	同事间寻找运用机会	3.65	0.997
				同事间鼓励运用新知识	3.68	0.992
				同事们有耐心解决运用难题	3.68	0.716

续 表

一级指标	平均值	二级指标	平均值	三 级 指 标	平均值	标准差
工作环境支持	3.60	上级支持	3.58	同事们认可运用新知识	3.88	0.718
				上级及时澄清培训运用绩效期望	3.74	1.038
				上级主动提供运用机会	3.88	0.963
				上级主动设定运用目标	3.76	0.876
				上级主动解决运用中的困难	3.94	0.838
				上级及时对运用成功奖励	3.82	0.890
				上级使用的方法与培训方法相同	2.35	1.054
		组织变革意识	3.41	组织乐于变革	2.88	1.207
				组织愿意投入变革资源	3.94	0.802
		组织激励机制	3.40	运用新知识带来个人满意度提升	3.91	0.919
				运用新知识带来薪酬提升	3.06	1.162
				运用新知识带来职业晋升	3.24	1.086

从上表可以看出，工作环境支持总体均值达到3.60，与受训人员迁移能力和动机因素相比，相对较低，表明该因素对培训迁移所起到的有利作用还有一些差距。从二级指标来看，上级支持、组织变革意识，以及组织激励机制等对培训迁移促进还是乏力的。

4.6 个人特质影响分析

4.6.1 学习准备程度影响分析

调查问卷的问题42“在本次训练营开营前，我有机会向培训老师反馈相关培训需求信息”，统计结果见图4-42。其中，23.5%表示非常赞同，32.4%表示

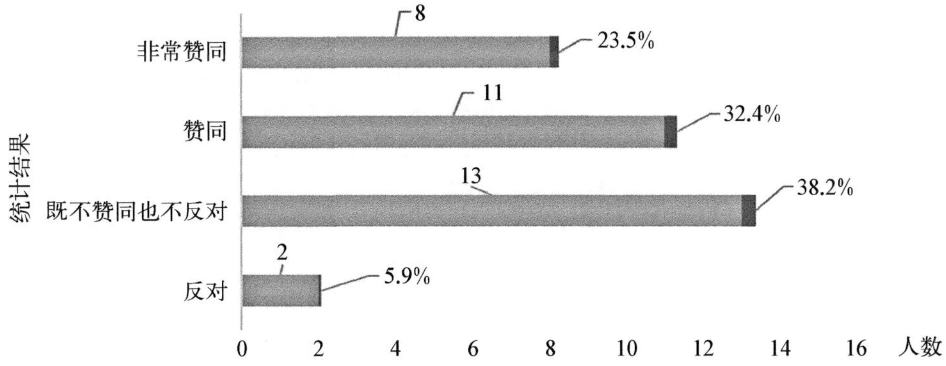

图 4-42　培训前反馈培训需求的机会

赞同,38.2%表示既不赞同也不反对,5.9%表示反对。

调查问卷的问题43“在本次训练营开营前,我非常清楚自己期望学习的知识和技能”,统计结果见图4-43。其中,17.6%表示非常赞同,47.1%表示赞同,26.5%表示既不赞同也不反对,8.8%表示反对。

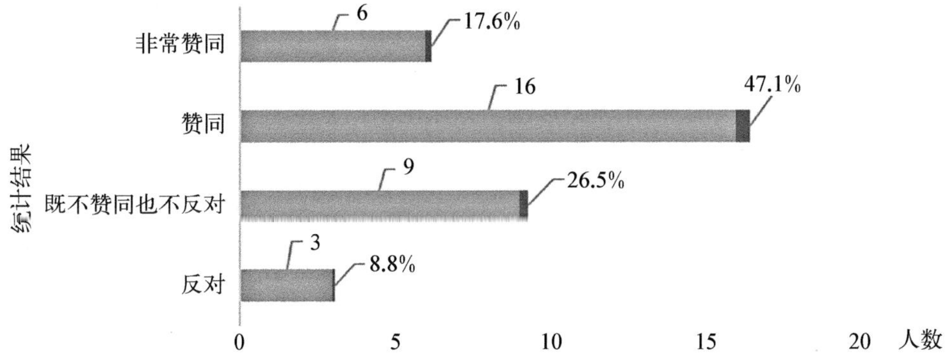

图 4-43　培训前自我期望内容清晰

调查问卷的问题44“我非常清楚本次训练营所培训知识与工作绩效的联系。”,统计结果见图4-44。其中,14.7%表示非常赞同,50.0%表示赞同,23.5%表示既不赞同也不反对,8.8%表示反对,2.9%表示强烈反对。

上述问题的统计结果见表4-18,总评平均值为3.71,标准差为0.892。其中,培训前反馈培训需求的机会平均值3.74,培训前自我期望内容清晰平均值为3.74,培训前已清楚培训知识与绩效的关系平均值为3.65。上述数据表明,受训学员在培训前对培训内容与个人绩效的关联的主动了解还略有不足。

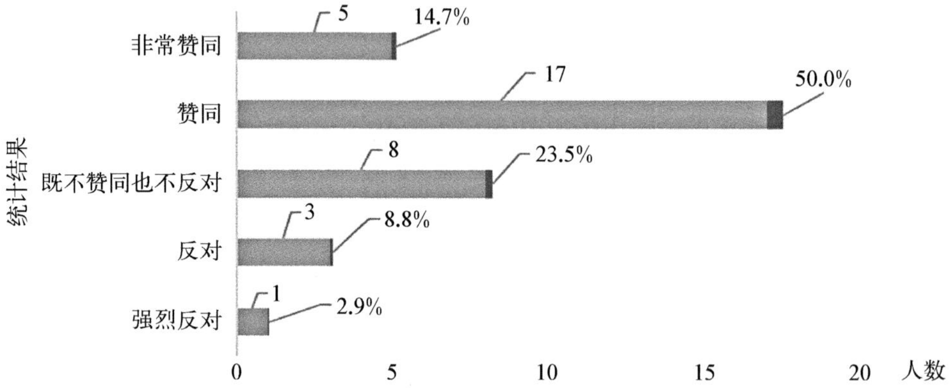

图 4-44　培训前已清楚培训知识与绩效的关系

表 4-18　学习准备程度统计结果

二级指标	三　级　指　标	极大值	极小值	均 值	标准差
学习准备程度	培训前反馈培训需求的机会	5	2	3.74	0.885
	培训前自我期望内容清晰	5	2	3.74	0.851
	培训前已清楚培训知识与绩效的关系	5	1	3.65	0.936
总　评		5	1	3.71	0.892

4.6.2　自我效能感影响分析

调查问卷的问题 45“我对自己有运用知识的能力非常自信，非常有确定感”，统计结果见图 4-45。其中，20.6%表示非常赞同，52.9%表示赞同，23.5%表示既不赞同也不反对，2.9%表示反对。

调查问卷的问题 46“我对能克服运用新知识和新技能的任何障碍非常自信”，统计结果见图 4-46。其中，23.5%表示非常赞同，47.1%表示赞同，29.4%表示既不赞同也不反对。

上述 3 个问题的统计结果见表 4-19，总评平均值为 3.93，标准差为 0.734。其中，运用能力的确定感平均值 3.91，克服障碍的自信平均值为 3.94。上述数据表明，受训学员具有确定的自我效能感，对培训迁移是有利的。

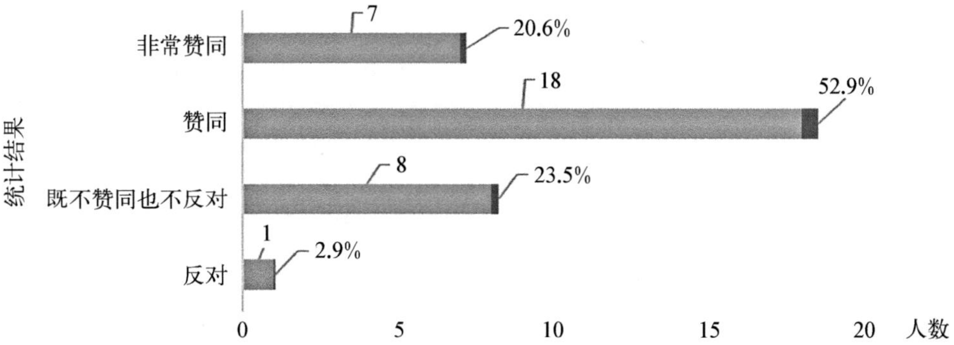

图 4 - 45　运用能力的确定感

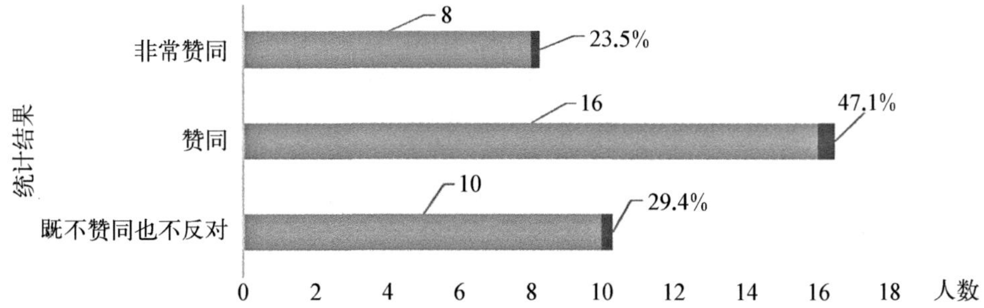

图 4 - 46　克服障碍的自信

表 4 - 19　自我效能统计结果

二级指标	三级指标	极大值	极小值	均值	标准差
自我效能感	运用能力的确定感	5	3	3.91	0.742
	克服障碍的自信	5	3	3.94	0.725
总评		5	3	3.93	0.734

4.6.3　个人特质的影响小结

通过对上述学习准备程度、自我效能感 2 个二级指标，5 个三级指标的分析，总体情况见表 4 - 20。

表 4-20 个人特质影响统计表

一级指标	平均值	二级指标	平均值	三 级 指 标	平均值	标准差
个人特质	3.79	学习准备程度	3.71	培训前反馈培训需求的机会	3.74	0.885
				培训前自我期望内容清晰	3.74	0.851
				培训前已清楚培训知识与绩效的关系	3.65	0.936
		自我效能感	3.93	运用能力的确定感	3.91	0.742
				克服障碍的自信	3.94	0.725

从上表可以看出，在个人特质对培训迁移的影响上显著，无论是学员在学习准备程度方面，还是自我效能感，均值都处于中等以上水平。

4.7 影响因素综合分析

通过上述对各级培训迁移影响因素的统计分析，从一级指标看，运用新知识和技术的动机 4.07 分>运用新知识和技术的能力 3.83 分>个人特质 3.79 分>工作环境支持 3.6 分。二级指标中，7 个指标低于平均值。46 个三级指标中，有 36 项(78%)未达到“赞同”级别，18 项(39.1%)的指标未达到平均值(3.8 分)，具体数据见图 4-47。因上述调查问卷的结果仅来自受训学员，可能会存在一些主观判断，为此结合调查问卷的数据分析，进行了生产现场的观察，开展与培训组织部门、各制造事业部负责人的访谈和确认。综合各方面意见，需要采取促进策略的培训迁移影响因素主要表现在以下几点。

1) 运用新知识和技术的能力维度

虽然，总体上受训者个体表现出了积极地寻找和争取运用新知识和技术机会的态度，但是由于培训内容、培训迁移设计不够完善，需要完善培训需求调研，加强培训内容的评价，在培训中增加更多的互动环节等。另外，生产主管大多受限于工作任务的压力，没有更多的时间和精力投入新知识和技术的运用上，对培训迁移造成了不利影响。CHINT 公司不仅需要在培训项目的实施方面投入足够的资源，更需要在培训后的实践运用上有主动的资金和资源的投入。

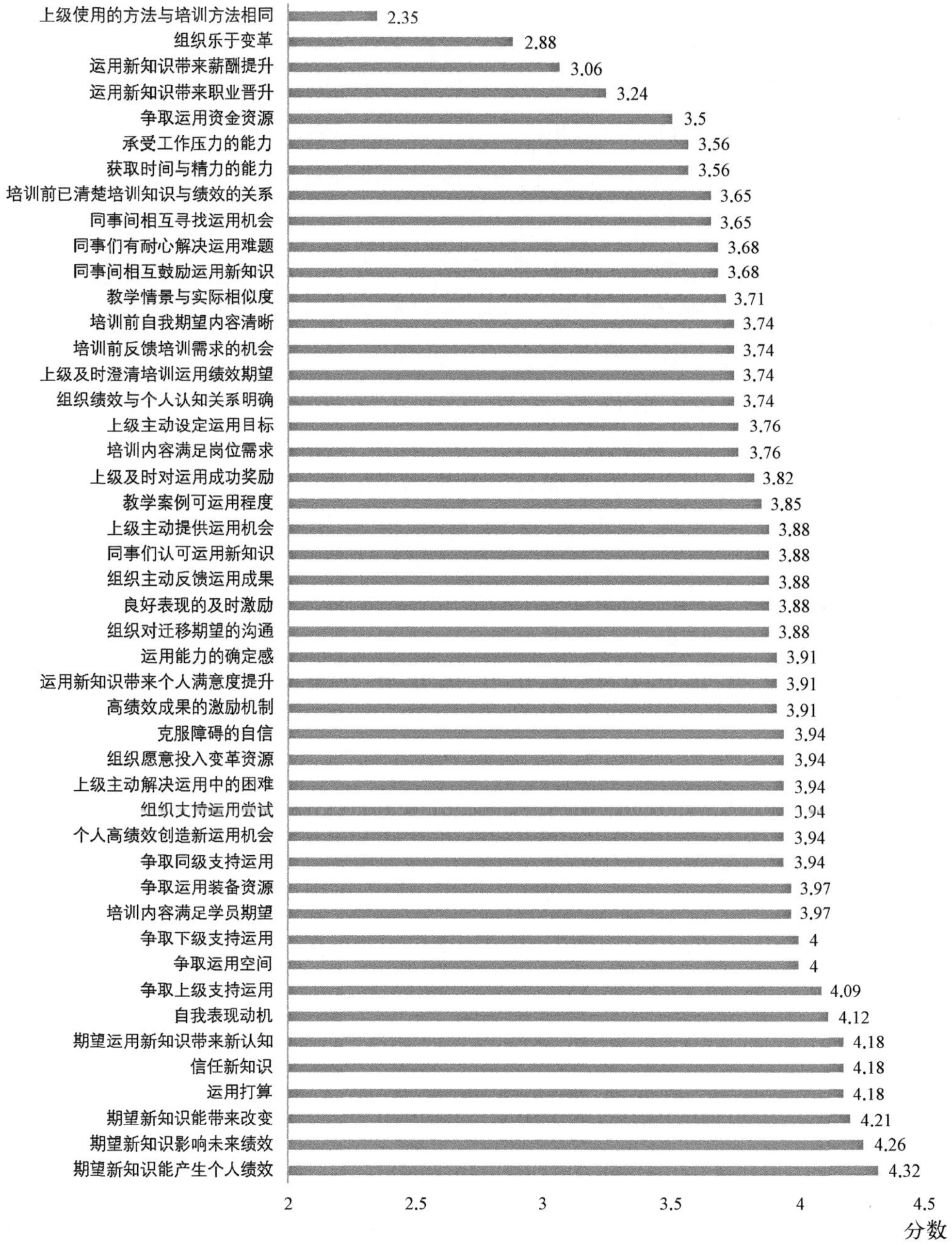

图 4－47　各指标统计分数分布图

2）运用新知识和技术的动机维度

CHINT公司参与本次培训的生产主管，对运用培训所学的动机较强，并对培训后的运用绩效有所期待。但是，组织在培训前与受训学员之间的沟通不足，对于组织发展与学员的绩效、认知关系等宣贯不足，影响学员对运用新知识带来的成果目标设置和取得成果的期待。CHINT公司在训练营开营前的动员、宣贯以及实施过程中上级领导的参与、与学员的互动都是需要加强的。

3）工作环境支持维度

CHINT公司工作环境是当前制约生产主管运用培训所学的关键因素。主要表现在，CHINT公司当前变革与创新意识不足，也缺乏系统性的激励机制。同时，在运用培训所学过程中，能够获得上级、同事的支持程度不高，需要营造运用新知识和技术的整体氛围。

4）个人特质维度

CHINT公司生产主管普遍的自我效能感高，但是缺乏培训开始前的导入机制，比如课程目录发布、相关基础书籍阅读等，培训学员对培训内容了解和准备不充分，造成了对培训迁移的不利影响。

第5章　CHINT公司生产主管培训迁移促进策略

5.1　应用新知识和技术能力维度的促进策略

5.1.1　实施“精品课”工程，提高课程内容效度

上文调查数据显示，76%调查对象对于培训内容与岗位需求匹配不是非常满意，85%对培训中案例与实际工作场景的一致性不是非常满意，79%认为培训案例对实际运用的指导不是非常清晰的。这也说明，通过“课程质量”的提高促进培训迁移能力的提升是非常有必要的。鉴于CHINT公司生产主管培训的课程大多为内训课程，这些课程需要通过“精品课”工程建设，按照精品课标准，改善内容的效度。

1）多角度研讨培训目标与可行性

从过程的角度来看，培训迁移的水平如何，最根本就是培训项目的目标方案，目标越科学越能指导实践，也越能提高迁移水平。实施培训前，应由培训组织部门邀请与该培训项目相关人员，针对培训项目发起的背景、初衷、可行性进行研讨，确定培训项目的目标。培训目标设定的基本原则应“上接战略、下接绩效”，有针对性地解决实际问题。对于生产主管培训来说，则需要从组织的转型升级战略、生产主管的能力匹配，以及现实差距等方面展开培训目标的调研。

（1）战略研讨

组织战略规划需要匹配的知识和能力。如生产主管培训项目应充分考虑CHINT公司智能制造战略、区域化战略，以及通过“两化融合”（信息化、工业化）的转型升级规划要求。

（2）标杆研讨

与行业竞争对手相比，CHINT公司在生产主管的知识和能力等方面存在差距。研究标杆企业对生产主管培训的目标、课程内容以及所学知识运用措施

与绩效等，有助于 CHINT 公司在该方面的提升与改善。

(3) 现状研讨

对组织当前生产主管工作态度、创新能力、组织管理能力等方面的现实状态，进行多方调研和总结，确定通过此项培训可以解决的问题。

通过上述研讨，明确培训项目主旨(要解决什么问题)、受训人员(应满足什么样的基本条件)、培训后应达到的目标(产能或经济效益提升程度)等内容。通过培训目标研讨，为后续更有针对性设计培训内容输入有效信息。

2) 完善生产主管培训需求调研

培训内容效度最基本评价就是与组织需求一致、与受训人员实际期望一致，与学员的岗位需求相匹配，并能促进受训人员提高岗位效率。为此，培训需求的调研应是多方面的。从 CHINT 公司生产主管项目来讲，无论是调研对象、调研方法都需要进一步完善，具体应包括以下几个方面。

(1) 组织领导调研

通过专访的方式，向组织生产运营的副总裁实施调研，听取其对该培训项目中培训课程内容的推荐建议，了解其期望通过培训生产主管应掌握哪些方面的知识改善、技能提升、观念改变等目标。

(2) 培训对象(学员)调研

采用问卷调查、座谈会的方式，收集受训人员对培训内容的期望，包括知识层面的原理、原则、方法、案例，以及对培训内容的呈现方式如现场演示、PPT、多媒体工具等。

(3) 培训项目的利益关系人调研

不仅包括该培训项目中学员的直属上级及同事，还包括该培训项目结束应用场所和具体应用项目的参与者。通过座谈的方式，听取他们对培训内容及应用的需求。

3) 丰富、生动和实用的培训案例

与其他人员相比，生产主管更侧重于对“短平快”“案例型”“实操型”培训课程的期待，希望有更强的知识运用“代入感”和“贴近感”。在课程开发时，不仅要有课程说明书、课程 PPT、讲师手册、学员手册等具体输入，更需要在课程中穿插具体的案例。案例的开发应包括：案例标题、学习目标、案例背景、案例描述、案例研讨问题、解决方案、方案效益等要素，见表 5 - 1。

4) 严格开展课程质量评审

课程质量是培训迁移的重要环节，课程内容是否将培训需求进行了有效转

表5-1　CHINT公司生产主管培训案例开发模板

案例标题：(建议不要超过15个字)
学习目标：(罗列具体、明确的学习目标，包括应掌握的知识点、技巧等)
案例背景：(描述案例发生时所处的大背景，例如“公司正在进行焊接机器人调试的紧张建设，各部门均存在人手短缺的状况。”)
案例描述：(具体、完整地讲述一个案例，描述案例发生的时间、地点、人物、情节、结果。案例描述的事件的背景要清晰，情节要具体真切；如果是事件亲历者，尽量描述当时的心理思想状态，如果案例描述的是他人，要描述编写者对案例主人公的态度、评价。字数不超过1 000字)
案例研讨问题：(向学员提出一个或多个思考题，问题要具有针对性)
解决方案：(针对案例问题，结合培训知识点，给出具体的解决方案)
方案效益：(方案的影响范围，以及带来的业绩)
附件：(例如照片、相关网络链接等)

化，与员工需求相一致，必须进行严格的评审。对生产主管培训来讲，培训课程多，课程内容多，时间相对紧。加上生产主管长期在生产一线，对于诸多管理类课程中的原理、原则，都较难以消化。为此，针对生产主管培训的课程内容，不仅需要在内容全面、呈现形式等方面进行科学性、适宜性把关，更需要从培训方法、时间分配等方面进行把关、评审。

(1) 评审内容

评审内容包括课程结构、目标、材料(案例)完整性、PPT格式、课程大纲、培训师教案，以及课程的实践分配和教学方法。

(2) 评审方式

培训师在准备好课件后，现场试讲。采取两轮评审评分，第一轮由资深内训师组成评审团，第二轮由生产系统代表组成评审团(生产管理部负责人＋事业部负责人代表＋生产主管代表)。按照第一轮评审得分×40%＋第二轮评审得分×60%，计算课程的最终得分。按照得分进行课程等级评定，最终得分高于80分的课程方可列入“精品课”。

(3) 评审打分标准

主要从课程内容、培训设计、培训材料等维度展开，具体见表5-2。

表 5－2　CHINT 公司精品课程评审表

评分维度		评　分　要　点	满分
课程内容	课程目标	课程清晰和合理地陈述了学习目标(考虑教学目标的完整性、顺序和优先级)	5
		课程内容能够很好地实现学习目标(考虑目标与内容的吻合)	5
	课程结构	课程内容针对性强,深度与难度适宜	5
		课程内容条理清晰,逻辑性强,内容顺序设计合理	10
		内容的完整性和新颖性(授课内容是否能反映该主题的最新发展)	5
培训设计	培训方法	学习内容设计是否符合学员的特点	5
		基于学员特点(例如:以前的知识、经验、动机、认知能力和活动能力水平)以及教学方法和内容的选择	
		是否给予学员足够的时间和机会去练习和应用他们所学到的,是否收到实用和可行的反馈意见	10
		课程所运用的培训方法能够起到吸引学员、调动学员积极性的作用	10
		这些培训方法的应用是否能够有效地传递课程内容	10
	时间分配	内容呈现时间与活动或游戏时间分配是否合理	5
培训材料	材料完整	规定的材料无缺漏(讲师手册、学员手册、PPT、课程大纲等)	5
	讲师教案	课程教案(讲师手册、学员手册)格式符合要求、内容完整	10
	课程大纲	课程大纲架构清晰、完备,具体包括课程目标、授课对象、授课课时、大纲内容等	10
	PPT 格式	PPT 格式简洁大方,图文安排合理,内容符合课程要求	5

5.1.2　建立“实训道场”,拓宽实践运用空间

从调查数据发现,38.3%学员反馈在教学所用方法、设备等与实际工作环境类似程度方面不能赞同,47.1%则只是基本赞同。需要采取相应的措施提高培训课堂案例在实际工作环境的运用可能性。根据 CHINT 公司生产主管的培训

课程设置，有关全员生产维护（Total Productive Maintenance，TPM）、质量控制（Quality Control，QC）、生产现场6S[Seiri（整理）、Seition（整顿）、Seios（清扫）、Seiketsu（清洁）、Shitsuke（素养）、安全（Security）]管理等大多需要通过实际演练进行培训。设立实训道场让受训学员有更多的机会演练培训所学，也可以根据实际业务需要，在实训道场进行演练后，进入生产线实际运作。同时，也让更多的员工到实训道场体验，有利于受训学员在运用新知识和技术时得到更多的支持。

实训道场作为实践与理论相结合的平台，一般集培训、实战、模拟和体验于一体。学员可以在充分参与并动手操作的基础上，通过小组改善和讲师现场辅导，巩固所学知识。实训道场一般综合运用案例教学、沙盘模拟等方式，加深学员对培训知识、技术的体会和掌握。

（1）CHINT实训道场目标定位：建立属于CHINT自己的生产类人才培训基地，通过培训及实践（包括理论课程及应用操作课程）使生产主管等岗位人员提供培训后知识的实践运用空间，促进其岗位胜任能力的提升，持续培养公司在转型升级过程所需要的人才，为公司长期发展打下坚实基础。

（2）CHINT实训道场使用对象：主要以现场运用为主，培训学员以生产主管为主，兼顾生产类高、基层、一线人员。

（3）精益文化道场实施内容：通过精益理念（精益图书馆）、精益课件设计与导入、精益管理展示板的设计制作、道场培训师的培训与教育（Training the Trainer to Train，TTT）。

（4）专项道场实施内容：主要包括QC道场、TPM道场、6S改善道场。

（5）模拟道场实施内容：主要包括模拟演练区、模拟生产线改善管理方法建立。同时，还包括实践案例展示，也就是实训道场定期对培训知识运用实践案例或成果，组织分享、演示、讨论。

（6）实操道场实施内容：主要包括直线形流水线建立、U形流水线建立、流水线工艺载体选定、模拟工序建立。以实景课堂形式，结合训练营课程中案例，提前进行实物、人员、工具等培训，演练课程案例。

实训道场场地计划分别在温州、嘉兴、咸阳、上海等工厂各建立1个，结合各区域工厂的产品特点，选择场地进行设计。由各区域工厂选出1名实训道场负责人，负责日常实训道场的维护、课程安排等。

5.1.3　完善培训预算，保障实践运用资源

CHINT公司在整体培训预算投入上，每年不低于销售收入0.06%，总体上是

充足的。在公司层面的培训预算，基本能够建立合理的各类培训项目预算分配结构，确保生产主管培训项目预算充足。在培训项目层面，在开展具体课程项目的筹备、授课以及授课资源的配置预算基础上，对培训后的运用实践项目费用进行预算。

(1) 培训年度预算：培训部门结合年度培训需求，进行每个项目培训实施费(场地、物料、讲师费用等)、运用实践费(材料、设备、人员等)进行总体预算。主要的预算要素见表 5-3。

表 5-3　CHINT 公司年度培训预算要素表

序号	培训项目名称	培训目的	参加人数	培训课时	培训实施费用					运用实践费用				其他	合计
					场地费	物料费	授课费	差旅费	活动费	材料费	设备费	场地费	人员费		

(2) 运用实践项目预算：在具体培训项目实施时，细化具体的预算。学员根据自己的实践运用项目提出资金需求，对运用实践项目的全过程费用进行筹划、预算，主要的预算要素见表 5-4。

表 5-4　CHINT 公司生产主管培训运用实践预算申请表

<table>
<tr><td>运用实践课题名称</td><td></td><td>启动时间</td><td></td><td>结束时间</td><td></td><td>项目人数</td><td></td></tr>
<tr><td colspan="2">项目效益(万元)</td><td colspan="2"></td><td colspan="2">项目激励额度</td><td colspan="2">经济效益的()%</td></tr>
<tr><td>费用类别</td><td>名 称</td><td colspan="3">要　　求</td><td>数量</td><td>单价</td><td>金额</td></tr>
<tr><td rowspan="3">材　料</td><td>材料 1</td><td colspan="3"></td><td></td><td></td><td></td></tr>
<tr><td>材料 2</td><td colspan="3"></td><td></td><td></td><td></td></tr>
<tr><td>……</td><td colspan="3"></td><td></td><td></td><td></td></tr>
</table>

续　表

费用类别	名 称	要　　求	数量	单价	金额
设备配置	设备 1				
	设备 2				
	……				
场　地					
人工费					
试验费					
讲师辅导费					
其　他					
项目奖励					
合　计					

5.2　应用新知识和技术的动机维度促进策略

5.2.1　沟通培训目标，树立培训与运用实践的信心

从调查结果看，问题 20 反映出 CHINT 公司生产主管普遍未对组织绩效与培训、个人绩效的关系阐述清楚，学员难以将组织绩效要求与个人认知相联系，影响了其将培训所学运用到实际的积极性，从而影响其具有较好的达成组织绩效的动机和行为。也就是说，在培训实施前，与学员的沟通、制订学习目标等是非常有必要的。

(1) 沟通内容

组织在培训实施前，应由培训项目负责人、学员上级领导共同与学员进行一对一的沟通，将培训课程知识的本身价值、培训后组织期望的目标，以及选拔学员参加培训的目标设想，以及个人绩效成果与个人设定的目标(包括个人职业发展目标、绩效目标等)的关系进行详细的阐述。

（2）目标分解实施

对于CHINT公司生产主管培训，在课程设置上相对复杂，培训内容多、培训目标要求高，需要在培训前引导学员将培训目标进行分解，明确各阶段应掌握的知识要点、考核要求。通过目标的分解，让学员能感受到培训目标虽然具有挑战，也可实现，促进学员对培训认知，信任培训可能带来的绩效变化，从而将学习心态转向更积极的层面，促进培训迁移。培训目标的分解应包含以下内容。

① 学习的里程碑阶段划分；

② 各阶段的学习要点；

③ 各阶段必须掌握的知识；

④ 各阶段能应用的知识；

⑤ 知识应用的机会点以及可能带来的改变；

⑥ 实施过程的控制计划（Plan，Do，Check，Act；PDCA）。

5.2.2 构建"学用并重"的训练营，解决矛盾促进实践

训练营是CHINT公司各类培训的主要呈现形式，原有以"学"为主的训练营，不仅存在一些工学矛盾，而且在实践运用方面也有缺失，直接影响了培训迁移的水平。同时，需要发挥好训练营对培训知识运用要求的宣贯、沟通平台的作用，也要发挥好及时把培训知识转化为成果、对运用成果激励的平台的作用。

1）充分准备，有序组织，降低"工、学"矛盾

（1）讲师课程预约：确定了训练营开营时间后，至少提前5～7天的时间与讲师敲定授课时间，并将学员的人数、所在单位、岗位、工作年限、培训需求等一些基本情况反馈给讲师，让讲师做到心中有数，这样才能更好地促进讲师与学员之间的了解，从而更加从容地开展互动和教材设计。

（2）培训通知的草拟及下发：确定了开课时间、讲师、学员以后，正式的开课通知需要提前3～5天发送，这样做的目的是帮助讲师、学员在知晓培训的具体时间后根据自身的实际情况安排相关的工作，避免冲突的产生，以及因工作冲突不能参训的情况。

（3）培训通知：培训通知要说明训练营及培训课程的意义及内容，然后要给出具体的授课时间、地点、讲师姓名及职级、课程名称、参训学员名单等，让学员一目了然地看到所有相关培训的主要信息。

（4）培训通知发送：培训通知确认无误后，进行通知的发送，可用邮件的方式发送给训练营学员本人，并抄送人员学员直属领导，确保学员本人及其本单位

领导知晓。培训开展的前1～2天再次提醒参训学员，确保所有学员均收到信息。

2）脱产学习，全心投入

CHINT公司生产主管管理面广，日常零碎事务多，以脱产的方式全身心投入培训学习是非常有必要的。为保证能实现脱产学习，训练营时间选择、前提准备、细致周到的安排等都非常重要。

首先，在训练营时间安排上，应尽量避开公司生产高峰期（比如每年8～10月），具体的培训时间安排在2～7月更为合适。其次，要求各学员做好培训期间的工作交接和安排，同其上级、下级做好沟通。再次，将学习地点集中安排在相对独立和安静的环境中，不受外界干扰，尽量不选择生产园区的培训教室。避免在课余时间，临时被上级或下级要求解决工作任务，使得培训受到影响。最后，隔离外界干扰源，在上课前将手机、电脑等统一放置教室以外的空间。

3）专业导师辅导，推进运用实践

根据学员的要求及工作的情况选定课题，学员提出想了解的工作内容或解决的问题，自己寻找标杆员工或管理者作为专业导师。学员可以工作见习的方式跟随导师在工作实际场景中观摩，或者采取遇到实际问题邀请导师现场指导等方式来提升所培训知识的运用。另外，定期组织案例讨论，由导师针对成功和失败案例分析讨论学习（包括项目背景、What、How、Why方面分析讨论）。学员定期向导师汇报行动及行动结果，导师给学员辅导并作出评价。

4）领导参与，提高运用实践重视度

不仅邀请高层领导（公司总裁班子）参加开营、闭营仪式，同时在学习过程中穿插高层见面会。结合学员在核心课程学习、拆书学习、问题共议、教练辅导等学习中的表现，筛选出一定比例的学员或小组参加高层见面会，提升优秀员工的荣誉感，加强与高层领导之间的直接沟通。

（1）学习汇报：由学员代表展示汇报自参加整个培训项目以来的学习心得。

（2）答疑解惑：由高层领导对学员工作、学习过程中产生的疑问进行答疑。

（3）领导分享：由高层领导从自身经历角度出发与学员分享自身学习成长的经历与经验，并针对相关问题提出建设性意见。

5）互动学习，促进知识消化与运用

（1）沙龙活动

由于CHINT公司生产主管都是来自不同事业部、不同区域工厂，日常交流和接触不多，相互之间的工作经验、学习基础，以及培训后课题实践的环境等都有较大差异。通过组织沙龙活动，增进学员间对学习内容的交流，研讨实践中的问题和方法。也通过活动,增进学员间你追我赶的气氛,以及扩展新知识交流与提升的空间。

(2) 同事与上级参与实践项目

让同事与上级进入新知识、新技术运用项目,并根据每个人的优势和特长,承担不同的角色任务。以生产主管培训项目来说,精益生产类的项目,可以邀请生产经理、车间主管、设备工程师、工艺工程师等参与。通过项目的参与,得到相关人员的支持和对新知识的认可。即使在实施过程中可能有很多的争议,但对于知识的应用来讲都是有益无害的。

6) 固化成果,更大范围地运用和推广

在每一期训练营结束后,由培训组织部门对整个训练营进行总结、评价,对训练营取得的成果进行固化,主要包括以下内容。

(1) 工具与图鉴:将训练营中形成的工具、图表等整理成册。

(2) 优秀实践项目视频:将训练营中各学员运用实践的案例拍录成视频,录入公司知识平台,为后期的持续学习、运用推广以及训练营整个项目的升级打下基础。

(3) CHINT 公司案例集:对受训科目中的案例单独进行整理,形成 CHINT 案例集,促进公司管理经验积累和沉淀。

5.3 工作环境支持维度的促进策略

5.3.1 "小册子"共享,促进广泛共识

无论是 CHINT 公司参加训练营的生产主管,还是生产主管所管理的团队,大多时候都在围绕机器、产品、物料等开展工作,对于学习更侧重于简单、一目了然,而且具有非常强的可操作和应用性的内容。为促进培训新知识和新技术更加快速地传播到生产车间,生产主管的上级、下级都能在第一时间与其达成共识,推动新知识、新技术的运用,"小册子"能发挥一些作用。

(1) "小册子"是指采用一张 A3 纸的篇幅制作的"学习日志",以"图、表"形式为主,文字解释为辅,可以张贴在车间学习栏,或者发放给车间相关人员。

(2) "小册子"的创作由学员(生产主管)在参加每一门课程结束后,一周内制作完成。主要展示学习的理论知识点(包括其亮点、创新点)、个人点评(赞同的地方、有疑惑的地方、可尝试运用的实践点等),与实际现场(情景)的相似点和问题,以及拟解决的办法等内容。

(3)“小册子”初步完成后,可邀请专业导师、团队成员等进行讨论、修改、完善,也可邀请授课老师进行点评。

(4)“小册子”不仅可以在本团队(车间、产品线)传播,也可以通过培训管理部门,利用内部协同网知识平台,在全公司范围内传播和学习。

(5)将每一份“小册子”录入公司知识平台库,按1元/次的点击率给予创作人员相应的奖励。对于年度点击率超过500次的“小册子”创作人员则给予不少于2 000元的专项激励。

5.3.2　设立创新工作室,营造创新变革氛围

CHINT公司高层对于创新与变革确实下了很大决心,但是在生产管理系统,尤其是生产主管团队则很难感受到组织的变革氛围。让生产主管团队参与创新与变革,真正将培训所学运用于实践也是非常有必要的。建立以创新工作室为载体的培训运行机制,给予生产主管更多的创新思路和空间,同时传递公司更多的变革创新信号。创新工作室的实施主要从以下几个方面入手。

(1)定位:新知识、新技术运用,员工名字命名。

(2)组织方式:培训学员(生产主管)为负责人,邀请上级领导、团队同事参加。1个创新工作室项目应不少于3人。

(3)课题立项:培训学员结合训练营的培训知识,以“问题解决”为导向,进行课题立项。编制详细的项目计划书,主要包括:① 立项背景、意义、目标;② 运用实践的新知识和新技术;③ 项目成员与预算(包括设备、材料、资金等);④ 行动方案与实施计划;⑤ 项目的经济价值,如生产效率提升、过程浪费、质量成本降低等。

(4)课题评审:由公司组织专业评审小组(包括相关知识或案例的培训讲师)进行评审。对于评审通过的项目直接挂牌运行。

(5)课题验收:按照项目计划的完成时间,组织评审小组进行验收。

(6)成果激励:根据课题产生的经济效益的50%奖励给工作室成员。对于成果优秀的项目,将其推荐给区、市级创新工作室进行评选。

5.3.3　完善激励机制,鼓励学习与运用实践

1)评选“学习之星”

以训练营培训项目为单位,根据学员的出勤、考试成绩、社团活动,以及培训课题成果等,综合评价出每一个项目的3～5名“学习之星”。通过学习积分,年

度评选出10名公司层级学习之星。主要的评价维度是课程学习积分(线上、线下),以及综合学习的课时、知识分享、课题等。

2) 关联绩效与晋升

在年度绩效中,以综合加分项目单独列项参与培训的课时,以及培训运用实践的项目绩效等内容,鼓励、引导员工参与学习,应用学习知识。对于生产主管晋升,设置每年40个课时、1个以上的课程实践项目为基本门槛项目,通过参加培训,转化内训课程,成为内训师,作为加分项目。

3) 课程实践项目评比与奖励

(1) 运用成果入选案例库

鼓励学员将应用新知识的案例进行归纳、总结,列入公司案例库,供全员学习、借鉴。将案例点击率高、评价高、借鉴应用广的案例评选为年度优秀案例,并进行奖励。

(2) 运用成果与个人绩效挂钩

将个人对新知识的应用纳入绩效考核体系的加分项目。将应用成果按重要程度、产生的绩效增长等确定具体的加分等级。鼓励学员扩展应用新知识的深度、广度。对于效益成果显著的项目,按照"创新增效"进行10%以上利润分享。

(3) 运用成果与薪酬晋级挂钩

薪酬是个人价值最基本体现。学员在将新知识应用到实际项目中,并取得成果时,及时对其薪酬进行晋级,是对学员最直接的认可。由此,更能充分调动员工积极性,新知识的重复应用、推广应用的可能性将更大。

(4) 运用成果与职业晋升挂钩

结合组织的双通道职业发展体系,将应用新知识成果作为学员评定晋升的要素之一。对成绩突出者,破格晋升专业职级。对应用成果优秀的学员,开展专业的职业生涯规划辅导,促进学员在组织成长与发展的同时,帮助其更加广泛地应用新知识、新技能。

5.4 个人特质维度促进策略

5.4.1 讲师见面会,课前答疑解惑

CHINT公司生产主管培训是一个系列化的培训,培训内容多、涉及面广,专业、各课程知识之间相互关联,更需要学员在培训前对课程体系进行全面了解。组织讲师见面会,就是给学员一个与讲师见面的机会,更加深入表达学员的

培训需求和期望。培训讲师通过答疑环节，了解组织现状，必要时进一步优化课程内容，使之与学员需求更加匹配。学员通过见面会，了解自己知识储备的短缺，准备与课程相关的基础知识。讲师见面会的形式和内容包括以下几点。

(1) 见面会时间：每门课控制在40分钟以内。

(2) 方式：可以采用集中面对面的线下进行，也可以采用微信课堂等线上的方式进行。

(3) 见面会内容：课程目标与内容介绍，知识准备提醒，现场答疑等。

(4) 频次：训练营课程开课前的见面会不少于总课程科目的80%，对于管理类、团队与领导力类课程，应100%开展。

5.4.2　“翻转课堂”，导入培训准备

在培训项目正式启动前，以“翻转课堂”的方式，进行拆书学习、问题共议、微课堂互动等让学员能够提前学习相关的知识。

1) 拆书学习

虽然在原来课程中设置了“拆书”环节，但拆书方式以自学分享为主，实施方法不科学，效果不明显。为此，引入RIA便签读书法进行与训练营课程相关的基础知识书籍拆书。由拆书家(公司指定)主持下拆书共修学习，在团队陪伴下践行并实现知行合一。书单由课程培训师选择，具体书单见表5-5。组织流程与方式如下。

(1) 角色设定

活动角色1：训练营成员；

活动角色2：拆书家(指定)，拆书家设计每次活动的流程，出现突发事件时最终决策，把控项目进度；

活动角色3：视觉记录师，实践视觉记录及拆书纪要。

(2) 规则：自愿报名参加；由拆书家带领1次后，第2次共修由训练营成员轮流主持担任拆书家，每期的拆书家在上1期中指定，由拆书家安排共修的时间、地点等；一般每周2次，每次1小时，在固定时间段分团进行，每个团人数不超过6人(含拆书家)

(3) 行动结果：学以致用，在拆书学习中发现的问题，由提出者担任“项目经理”，负责落实行动点的实施。每一次拆书结束，每个小团应输出1～2个行动点并落实行动结果。同时，每次拆书结束后，撰写拆书心得，分享读书笔记。

表 5-5　CHINT 公司生产主管课前推荐学习书单

类　别	书名、作者及译者
自我管理	《非暴力沟通》，马歇尔·卢森堡，阮胤华（译）（沟通类）
	《麦肯锡问题分析与解决技巧》，高杉尚孝，郑舜珑（译）（分析解决问题类）
运营管理	《市场营销原理》，科特勒，阿姆斯特朗
	《财报就像一本故事书》，刘顺仁
	《人力资源管理》，加里·德斯勒
	《精益思想》，詹姆斯·P. 沃麦克、丹尼尔·T. 琼斯
领导力	《别让猴子跳回背上：为什么领导没时间，下属没事做？》威廉·安肯三世
	《首先，打破一切常规》，马库斯·白金汉、柯特·科夫曼；鲍世修（译）（团队领导力）
	《卓有成效的管理者》，彼得·德鲁克
其　他	《如何阅读一本书》，莫提默·J. 艾德勒、查尔斯·范多伦，郝明义、朱衣（译）（读书技巧）
	《你的生命有什么可能》《拆掉思维里的墙》，古典（职业规划类）
	《大数据时代》，维克托·迈尔-舍恩伯格、大卫·芬雷布、查克·马丁，盛杨燕（译）

2）问题共议

训练营学员一般在促动师主持下群策群力分析与解决问题。由参训学员针对具体的问题进行分析，提出解决方案。

（1）提出问题，包括问题的情景、期望达到的目标、问题解决的方法与思路；

（2）小组内轮流传递“问题卷”并给出解决问题的建议，依次传递下去，最后到问题拥有者的手中；

（3）问题拥有者根据大家的建议分析对策措施；

（4）问题拥有者按照 SMART（Specific、Measurable、Attainable、Relevant、Time-bound）的原则制订问题共议的行动计划（行动计划 2 个月完成汇报）。

第6章　研究总结

6.1　研究结论

本文始终带着“是什么影响了培训迁移”的疑问，分析研究了培训迁移的相关概念、有关培训迁移模型，选择了Holton培训迁移模型作为本次研究工具。同时，通过对CHINT公司及生产主管现状进行了分析，找出了CHINT公司在生产主管培训迁移上面临的困境，以及培训迁移的影响因素。

根据Holton模型，我们展开了CHINT公司生产主管培训迁移影响因素的调查与分析。从运用新知识和技术的能力、运用新知识和技术的动机、工作环境支持、个人特质四个维度，我们找出了CHINT公司在培训内容效度、实际运用资源投入、创新变革氛围、学习准备等因素中尚未发挥出其促进作用的因素。

提出实施“精品课”工程改善内容效度，构建“学用并重”的训练营，建立创新工作室、实训道场，完善培训激励机制，建立培训目标与绩效沟通机制、完善培训预算、讲师见面会及“翻转课堂”等促进策略，以解决CHINT公司生产主管培训迁移水平不高的问题。通过研究，为其他公司在培训迁移方面的研究提供了借鉴和参考，进一步深化了Holton培训迁移模型的应用。

6.2　不足与展望

本文的研究也存在诸多不足，主要表现在以下几点。

1）调查样本单一

本次主要针对受训学员（生产主管）进行问卷调研，并未对与培训迁移相关的人员展开。后续的研究将进一步深入，增加上级、同级、下级、领导等评价，修正可能存在的主观因素。

2）促进策略局限性

所采取的策略主要为“单点式”的针对生产主管培训当前问题的实用性策

略。还需要结合企业大学建设、干部梯队建设、激励体系以及员工职业生涯等方向的策略，对其进行整合形成有序的管理标准和体系。

3）研究深度不足

笔者在研究理论以及培训迁移方面沉淀的知识还不够，在培训迁移的促进策略方面的应用经验不足，制约了本次研究的深度。促进策略是否能在不同规模、体制、行业的组织参考和应用，还需要更加深入地进行案例研究、总结和优化。

参考文献

[1] 何懿文.工业4.0：中国的机遇与挑战[N].计算机世界，2015-06-22(18).

[2] GEORGENSON D L. The problem of transfer calls for partnership[J]. Training and Development Journal，1982，36，(10)：75.

[3] SAKS M A. So what is a good transfer of training estimate? A reply to Fitzpatrick[J]. The Industrial Organizational Psychologist，2002，39：30.

[4] 赵德军，姚学林，宋连久，等.西藏高等农业院校辅导员队伍现状、问题及绩效提升对策[J].西藏科技，2016(10)：37-38.

[5] 周锦，周盼盼.我国民营企业员工培训成果转化探析[J].企业管理，2012(1)：72-73.

[6] 王姝洁."中国制造2025"面临的困境[J].中国集体经济，2019(13)：13-15.

[7] 易开刚，孙漪.民营制造业企业"低端锁定"突破机理与路径——基于智能制造视角[J].科学进步与对策，2014(6)：73-78.

[8] 兰筱琳，黄茂兴.工业4.0背景下中国制造业转型升级的现实条件与发展策略[J].中国矿业大学学报(社会科学版)，2018(5)：47-59.

[9] 雷蒙德·A. 诺伊.雇员培训与开发[M].徐芳，译.北京：中国人民大学出版社，2001.

[10] 赵曙名，张正堂，程德俊.人力资源管理与开发[M].北京：高等教育出版社，2009.

[11] 李颖.我国企业培训现状、问题及对策研究[D].天津：天津大学，2006.

[12] 包彦宇.从三九看企业的广义培训[D].北京：清华大学.2002.

[13] 凌文轮，方俐洛.组织培训[M].北京：中国人民大学出版社，2003.

[14] 车文博.当代西方心理学新词典[M].长春：吉林人民出版社，2001.

[15] 李亚平.个性特征对于销售能力培训迁移效果影响的实证研究[D].北京：首都经济贸易大学，2014.

[16] BALDWIN T T，FORDS K. Transfer of training：a review and future direction for future research[J]. Personnel Psychology，1988，41(1)：63-105.

[17] 郑秀慧. 西方培训迁移评估模型述评[J].职教通讯，2014(4)：24-27.

[18] 徐芳.培育培训成果转化的工作环境[J].中国人力资源开发，2001(4)：45-50.

[19] 谭丽华.如何促进培训成果转化[J].合作经济与科技，2012(22)：49.

[20] 陈丽芬.企业提高培训迁移效度的策略分析[J].现代企业管理，2002(7)：86-89.

[21] 周晖，杨思诗.职业经理人管理培训效果评估与培训迁移研究[J].人力资源管理，2015(2)：83-88.

[22] 王素凤，苏成柏.石油企业开展培训效果评估的有效途径[J].石油人力资源，2018(6)：

81 - 83.

[23] 胡重霞，尚晋.基于柯氏模型的企业培训效果评估体系的构建[J].网络财富，2010(20)：62 - 63.

[24] 赵亚南.柯氏模型在提高培训有效性中的应用研究[J].继续教学研究，2013(9)：122 - 123.

[25] TRACY J B, TANNENBAUM S I, KAVANAGH M J. Applying trained skill on the job: the importance of the work environment[J]. Journal of Applied Psycholohy, 1995, 80(2): 239 - 252.

[26] 刘雪峰，王晓冰.培训转移研究的回顾与展望[J].管理科学文摘，2003(12)：41.

[27] FOXON M. A process approach to the transfer of training: using action planning to facilitate the transfer of training[J]. Australian Journal of Educational Technology, 1994, 26(2): 130 - 134.

[28] HOLTON J K. The flawed four-level evaluation mode[J]. Human Resource Development Quarterly, 1996, 10(2): 5 - 25.

[29] 谭伟.培训迁移及其影响因素研究述评[J].经济研究导刊，2012(11)：285.

[30] HOLTON E F, BATES R A, RUONA W E A. Development of a generalized leaning transfer system inventory[J]. Human Resource Development Quarterly, 2000(4): 335 - 337.

[31] 吴蕊.培训迁移影响因素研究[D].大连：大连理工大学，2007.

[32] 牛刚.学习迁移系统量表述评[J].职教通讯，2014(4)：28 - 30.

[33] 田俊国.上接战略，下接绩效——培训就该这样搞[M].北京：北京联合出版公司，2015(3)：6 - 8.

[34] 中消研人力资源调研网.中国人力资源管理调查报告——企业员工培训现状[OL]. http://www.chinacae.cn.

[35] 彼得·圣吉.第五项修炼——学习型组织的艺术与实务[M].郭进隆，译.上海：上海三联书店，2004.

附录 A　Holton 培训迁移量表提问简表

影响因素类别	潜在的障碍因素	定　义	相　关　问　题
运用学习知识的能力	内容效度	培训参与者能够准确判断学习内容与工作需求相匹配的程度	1. 培训中技能和知识是否与实际表现期望相类似； 2. 这些知识是否是个体需要的用以更高效工作的知识； 3. 教学中所运用的方法、设备等是否与工作环境相类似
	迁移设计	学习设计与工作需求相匹配，且培训教会学员将知识迁移至工作中的能力的程度	4. 学习是否被明确地设计为与实际工作相联系； 5. 培训中的案例，活动和训练是否清晰地呈现了如何在工作中运用新知识和新技能； 6. 教学方法是否与工作环境相类似
	个人迁移能力	个体在工作中运用新知识作出改变所拥有的时间、精力和精神程度	7. 员工的工作量是否允许他们运用新知识； 8. 员工是否有精力投身于新的方法； 9. 员工工作压力是否已经很大，使得他们无法作出更多改变
	使用新知识的机会	员工可以得到或者取得允许他们运用新知识的资源或任务的程度	10. 员工在工作中是否有机会运用新知识； 11. 员工是否具备运用新知识的资源（设备、信息、材料或供给等）； 12. 是否有运用新知识的资金； 13. 对于员工运用新知识，是否有足够的支持人群
运用知识和技术的动机	迁移动机	员工在工作中运用新知识的驱动力	14. 学习者能感觉有更好的表现吗； 15. 学习者打算运用他们的知识吗； 16. 学习者是否相信他们所学知识可以帮助他们更高效地工作

续 表

影响因素类别	潜在的障碍因素	定 义	相 关 问 题
运用知识和技术的动机	对迁移成果的期望	对致力于运用新知识而带来的工作绩效改变的期望	17. 员工是否相信运用新知识会提升他们的绩效； 18. 员工是否相信为运用所学知识所付出的努力可以让他们与从前不一样； 19. 员工是否相信这么做会影响他们未来的成果和效率
	对绩效成果的期望	对工作中的绩效改变可以带来对个体有价值的产出的期望	20. 员工是否相信运用所学知识会带来有价值的个人认知； 21. 组织是否阐明了发展、绩效和认知之间关系； 22. 组织是否清晰地表达了绩效期望以及在员工表现好的时候是否给予了表扬； 23. 个体是否因为高效和绩效提升而受到奖励； 24. 组织是否创造了个体表现好便会收到积极体会的环境
工作环境对使用知识和技术的支持	组织反馈	来自组织对个体工作绩效的正式的或者非正式的指导	25. 当个体把新的能力迁移到工作中或者想要尝试提高工作绩效时，他们是否得到了建设性帮助 26. 学员个体是否在工作场所收到了其他人的或者非正式的反馈
	同事支持	同事支持并促使员工运用所学新知识	27. 同级是否相互寻找机会运用新知识； 28. 同级是否鼓励或期待新知识的运用； 29. 同级是否对运用新知识遇到难题时仍有耐心； 30. 同级是否对新知识的运用给予赏识
	上级支持	上级对新知识运用的支持，并强化学习的程度	31. 在培训结束后，上级是否澄清了绩效期望； 32. 上级是否为学员运用新知识提供了机会； 33. 上级是否对学员设定了基于学习的现实可行的目标； 34. 在学员运用新知识、或在运用新知识遇到困难时，上级是否和员工一起解决； 35. 当学员运用新知识取得成功时，上级是否给予了及时的奖励

续 表

影响因素类别	潜在的障碍因素	定　义	相　关　问　题
工作环境对使用知识和技术的支持	上级反对	学员运用所学知识时，从上级处收到的消极反馈	36. 上级是否反对使用新知识和新技能； 37. 上级所使用的方法是否与员工所学的方法有差异； 38. 当学员在工作中运用新知识时，他们是否给予了消极的反馈
	乐于改变还是抵触改变	学员对组织反对或支持应用新知识的感受程度	39. 组织是否明确反对变革； 40. 组织是否愿意为变革投入精力； 41. 组织是否支持运用新方法的个体
	积极的个人成果	学员将所学知识运用取得成果且得到奖励	42. 新知识应用是否带来了工作产量、效率的提升以及满意度的提升； 43. 新知识应用是否带来薪酬、职业生涯发展等晋升机会
	消极的个人成果	学员将所学知识运用未取得预定成果	
学员个人特质	学习者准备程度	学员已经准备进入学习状态的程度	44. 学员是否有机会向学习指导者提供学习前的反馈； 45. 学员是否清楚自己期望学习什么知识； 46. 学员是否理解培训与工作绩效相联系
	绩效自我效能感	学员普遍认为只要他们愿意则能改善绩效	47. 学员是否把他们的能力运用到工作中，并充满了自信和自我确定感； 48. 学员是否能够克服阻碍他们运用新知识和新技能的阻碍

附录 B　CHINT 公司雏鹰训练营培训安排

<table>
<tr><th>日　期</th><th>培训时间</th><th colspan="2">课程/活动</th></tr>
<tr><td>*月*日</td><td>6:30～17:00</td><td rowspan="3">军训</td><td>开营仪式、军事训练</td></tr>
<tr><td>*月*日—*日(3 天)</td><td>6:30～17:00</td><td>军事训练、战救技术、意志训练
车间参观、拓展训练</td></tr>
<tr><td>*月*日</td><td>6:30～17:00</td><td>军事训练、汇报演练</td></tr>
<tr><td rowspan="7">*月*日</td><td>8:00～8:30</td><td colspan="2">《大国重器——CHINT 篇》</td></tr>
<tr><td>8:30～10:30</td><td colspan="2">《企业概况与发展历程》</td></tr>
<tr><td>10:30～11:30</td><td colspan="2">雏鹰晚会筹建</td></tr>
<tr><td>12:30～14:30</td><td colspan="2">《电气产品与技术简介》</td></tr>
<tr><td>14:40～15:50</td><td colspan="2">培训学习评估</td></tr>
<tr><td>15:50～17:00</td><td colspan="2">晚会筹建讨论节目</td></tr>
<tr><td>18:30～20:30</td><td colspan="2">《校友开放空间》</td></tr>
<tr><td rowspan="5">*月*日</td><td>8:00～8:30</td><td colspan="2">《鞋匠的儿子》</td></tr>
<tr><td>8:30～11:00</td><td colspan="2">《市场销售概览》</td></tr>
<tr><td>12:30～14:30</td><td colspan="2">《员工生活指南》</td></tr>
<tr><td>14:40～16:40</td><td colspan="2">《人事管理制度》</td></tr>
<tr><td>16:40～17:00</td><td colspan="2">培训学习评估与雏鹰晚会</td></tr>
</table>

续　表

日　　期	培 训 时 间	课程/活动
*月*日	8:00～8:50	第1～2天课程回顾
	9:00～11:30	《追求卓越质量》
	12:30～16:30	《安全与环境教育》
	16:30～17:00	培训学习评估与雏鹰晚会
*月*日	8:00～8:30	第3天课程回顾
	8:30～11:30	《大学生角色转换》
	12:30～16:30	《职场礼仪》
	16:30～17:00	培训评估与雏鹰晚会
*月*日	8:30～10:30	笔试
7月25日—8月31日		雏鹰晚会

附录C　CHINT公司飞鹰、蓝鹰训练营选拔条件与课程设置

项目		飞　鹰	蓝　鹰
选拔条件	基本要求	具备敬业、进取、诚信、协作等职业素养;认同公司经营理念和愿景目标,愿与公司共同发展。	具备敬业、进取、诚信、协作等职业素养;认同公司经营理念和愿景目标,愿与公司共同发展。
	学　历	大专及以上	大专及以上
	工　龄	3年(大专学历);2年(本科学历)	主管级任职1年及以上
	司　龄	1年及以上	5年(大专学历);3年(本科学历)
	年　龄	30岁以下	35岁以下
	绩　效	连续2年考核中至少一个为B,另一个为C及以上。(前2年度绩效考核)	连续2年考核中至少一个为B,另一个为C及以上。(前2年绩效考核)
	能力要求	具备良好人际沟通能力、协调能力、问题解决能力、团队精神、一定的管理能力和成长潜力。	具备良好人际沟通能力、协调能力、问题解决能力、团队精神、较强的管理能力和成长潜力。
	破格条件	绩效优秀、高潜质人员,其司龄、学历、工龄等要求可适度放宽。	绩效优秀、高潜质人员,其职务、司龄、学历、工龄等要求可适度放宽。
课程设置	团队熔炼	拓展训练(2天)	拓展训练(2天)
	职场技能	PPT、EXCEL、商务邮件、商务礼仪、公文写作(20课时)	高效会议POA技术、员工面谈技巧、职场写作(24课时)
	通用管理	员工到管理者管理锦囊、有效沟通、时间管理、问题解决、目标管理、风险意识、非财的财务管理、精益理念、高效执行(36个课时)	从主管到经理角色转换、团队管理(外聘)、行为心理学(外聘)、有效沟通(外聘)、时间管理(外聘)、目标管理(外聘)、精益管理(外聘)、卓越绩效管理(外聘)、高效执行(外聘)(54个课时)

续　表

项　目		飞　鹰	蓝　鹰
课程设置	领导力	冲突管理、压力管理、人力资源(外聘)、领导力修炼(外聘)(16课时)	冲突管理(外聘)、压力管理(外聘)、人力资源(外聘)、领导力修炼(外聘)(32个课时)

附录 D　生产主管培训迁移访谈提纲

1. 在培训前，您对参加该训练营的期望有哪些？

2. 您是否认为这次训练营可以从掌握实用性的生产管理技能、方法、策略，了解行业标杆企业生产管理经验知识，开发与生产管理相关的课程等方面能帮助到您？为什么？

3. 您在培训结束后及时在所在单位选择合适的项目应用了吗？应用后绩效如何？过程中是否遇到了困难？都是如何解决的？

4. 在培训过程中，学员之间都是如何交流的？有专业知识方面的深度交流吗？效果如何？

5. 这次培训是否有助于自己职业生涯规划与发展？为什么？

6. 在训练营培训结束后至今，您对新知识和新技能应用状态如何？如果用数字来总结训练营以后对新知识和新技术的运用程度的话，你觉得大概的比例有多少？

7. 您能说一说参加本次训练营后，最直观的收获是什么吗？与最初的期望有什么不同？

附录 E　CHINT 公司生产主管培训迁移调查问卷

调查问卷说明

(1) 本调查问卷以公司 2018 年"红豹——生产主管训练营"为研究对象，进行培训迁移的随机抽样调查。

(2) 本调查问卷共有 46 个问题，请仔细阅读并结合实际情况作答。

(3) 填写问卷大概需要占用您 30 分钟，您所提供的信息对公司管理提升非常有价值。

(4) 本问卷只作统计分析和建议参考使用，并且任何信息都是保密的，您可以放心作答。

我的基本状况

姓名：[　　　　]

[　　]性别：A. 男　　B. 女

[　　]年龄：A. 18～25 岁　　B. 26～30 岁　　C. 31～35 岁
D. 36～45 岁　　E. 46 岁及以上

[　　]司龄：A. 1 年以内　　B. 1～3 年　　C. 3～5 年
D. 5～10 年　　E. 10～15 年　　F. 15 年以上

[　　]学历：A. 高中及以下　　B. 大专　　C. 本科(全日制)
D. 本科(非全日制)　　E. 硕士及以上

调查问卷题目

Q1：[　　]训练营中所培训的技能、知识，与我实际期望是相类似的。

1. 强烈反对　2. 反对　3. 既不赞成也不反对　4. 赞成　5. 非常赞成

Q2：[　　]训练营中所培训的知识和技能，与我所在岗位实现更加高效的工作，是完全匹配的。

1. 强烈反对　2. 反对　3. 既不赞成也不反对　4. 赞成　5. 非常赞成

Q3：[　　]训练营中所采用的教学方法、设备等，与我所在的实际工作环境是相类似的。

1. 强烈反对　2. 反对　3. 既不赞成也不反对　4. 赞成　5. 非常赞成

Q4：[　　]训练营课程的案例、课堂活动和训练，能清晰地指导我在工作中应用新知识和新技能。

1. 强烈反对　2. 反对　3. 既不赞成也不反对　4. 赞成　5. 非常赞成

Q5：[　　]从我当前的工作任务量看，我可以有充足的时间和精力运用这些新知识、新方法。

1. 强烈反对　2. 反对　3. 既不赞成也不反对　4. 赞成　5. 非常赞成

Q6：[　　]在目前的工作压力下，我可以改变现状，应用所学的新知识和新方法。

1. 强烈反对　2. 反对　3. 既不赞成也不反对　4. 赞成　5. 非常赞成

Q7：[　　]在我的组织和工作中，我能够通过自己的努力找到机会运用新知识。

1. 强烈反对　2. 反对　3. 既不赞成也不反对　4. 赞成　5. 非常赞成

Q8：[　　]在我的组织和工作中，我能够获得充足设备、材料、信息等，让我能应用新知识。

1. 强烈反对　2. 反对　3. 既不赞成也不反对　4. 赞成　5. 非常赞成

Q9：[　　]在我的组织和工作中，我能够争取到足够的资金投入，让我能运用新知识。

1. 强烈反对　2. 反对　3. 既不赞成也不反对　4. 赞成　5. 非常赞成

Q10：[　　]在我的组织和工作中，我能争取到我的上级领导，支持我运用新知识。

1. 强烈反对　2. 反对　3. 既不赞成也不反对　4. 赞成　5. 非常赞成

Q11：[　　]在我的组织和工作中，我能争取到我的同级同事，支持我运用新知识。

1. 强烈反对　2. 反对　3. 既不赞成也不反对　4. 赞成　5. 非常赞成

Q12：[　　]在我的组织和工作中，我能争取到我的下级同事，支持我运用新知识。

1. 强烈反对　2. 反对　3. 既不赞成也不反对　4. 赞成　5. 非常赞成

Q13：[　　]我认为，通过这次培训，我是可以取得更好的表现的。

1. 强烈反对　2. 反对　3. 既不赞成也不反对　4. 赞成　5. 非常赞成

Q14：[　　]我始终有在工作中运用所培训知识的打算。

1. 强烈反对　2. 反对　3. 既不赞成也不反对　4. 赞成　5. 非常赞成

Q15：[　　]我始终相信，应用这些新知识是可以帮我更高效工作的。

1. 强烈反对　2. 反对　3. 既不赞成也不反对　4. 赞成　5. 非常赞成

Q16：[　　]我始终相信，运用这些新知识，可以提升我的个人绩效。

1. 强烈反对　2. 反对　3. 既不赞成也不反对　4. 赞成　5. 非常赞成

Q17：[　　]我始终相信，运用这些新知识，一定会让我与从前不一样。

1. 强烈反对　2. 反对　3. 既不赞成也不反对　4. 赞成　5. 非常赞成

Q18：[　　]我始终相信，运用这些新知识，一定会提高我未来的工作成果和工作效率。

1. 强烈反对　2. 反对　3. 既不赞成也不反对　4. 赞成　5. 非常赞成

Q19：[　　]我始终相信，运用这些新知识，会给我带来更有价值的个人认知。

1. 强烈反对　2. 反对　3. 既不赞成也不反对　4. 赞成　5. 非常赞成

Q20：[　　]我认为，我所在的组织已经将发展、绩效与个人认知之间关系阐明清楚了。

1. 强烈反对　2. 反对　3. 既不赞成也不反对　4. 赞成　5. 非常赞成

Q21：[　　]我所在的组织中，对我参加培训应达到的绩效，清晰地进行了表达，并与我进行了沟通。

1. 强烈反对　2. 反对　3. 既不赞成也不反对　4. 赞成　5. 非常赞成

Q22：[　　]我所在的组织中，在我应用新知识取得良好表现时，及时给予了表扬。

1. 强烈反对　2. 反对　3. 既不赞成也不反对　4. 赞成　5. 非常赞成

Q23：[　　]我所在的组织中，在我应用新知识而取得高绩效成果时，有给予我奖励的相应制度保障。

1. 强烈反对　2. 反对　3. 既不赞成也不反对　4. 赞成　5. 非常赞成

Q24：[　　]我所在的组织中，越是创造了良好的个人绩效表现，越能得到更多应用新知识的机会和条件。

1. 强烈反对　2. 反对　3. 既不赞成也不反对　4. 赞成　5. 非常赞成

Q25：[　　]当我在应用新知识或尝试提高工作绩效时，我所在组织和上级领导给予了建设性帮助。

1. 强烈反对　2. 反对　3. 既不赞成也不反对　4. 赞成　5. 非常赞成

Q26：[　　]当我在应用新知识或尝试提高工作绩效时，我收到了组织中其他人给予的正式或非正式反馈。

1. 强烈反对　2. 反对　3. 既不赞成也不反对　4. 赞成　5. 非常赞成

Q27：[　　]我的同级同事们经常相互寻找运用新知识的机会。

1. 强烈反对　2. 反对　3. 既不赞成也不反对　4. 赞成　5. 非常赞成

Q28：[　　]我的同级同事们经常相互鼓励和期待运用新知识。

1. 强烈反对　2. 反对　3. 既不赞成也不反对　4. 赞成　5. 非常赞成

Q29：[　　]我的同级同事们在运用新知识过程中遭遇到难题时，仍然有耐心。

1. 强烈反对　2. 反对　3. 既不赞成也不反对　4. 赞成　5. 非常赞成

Q30：[　　]我的同级同事们都相互认可和赏识运用新知识。

1. 强烈反对　2. 反对　3. 既不赞成也不反对　4. 赞成　5. 非常赞成

Q31：[　　]在培训结束后，我的上级澄清了对我的绩效期望。

1. 强烈反对　2. 反对　3. 既不赞成也不反对　4. 赞成　5. 非常赞成

Q32：[　　]在培训结束后，我的上级主动为我提供运用新知识的机会。

1. 强烈反对　2. 反对　3. 既不赞成也不反对　4. 赞成　5. 非常赞成

Q33：[　　]在培训结束后，我的上级为我设定了基于本次学习应实现的目标。

1. 强烈反对　2. 反对　3. 既不赞成也不反对　4. 赞成　5. 非常赞成

Q34：[　　]在我运用新知识过程中，以及在运用新知识遇到困难时，我的上级都与我一起解决。

1. 强烈反对　2. 反对　3. 既不赞成也不反对　4. 赞成　5. 非常赞成

Q35：[　　]当我运用新知识，取得成功时，我的上级给予了我及时的奖励。

1. 强烈反对　2. 反对　3. 既不赞成也不反对　4. 赞成　5. 非常赞成

Q36：[　　]在工作中，我的上级所使用的方法与我们所学运用的方法是没有差异的。

1. 强烈反对　2. 反对　3. 既不赞成也不反对　4. 赞成　5. 非常赞成

Q37：[　　]我所在的组织对变革的态度是开放的、支持的。

1. 强烈反对　2. 反对　3. 既不赞成也不反对　4. 赞成　5. 非常赞成

Q38：[　　]我所在的组织非常愿意为新知识的应用和变革投入资源和精力。

1. 强烈反对　2. 反对　3. 既不赞成也不反对　4. 赞成　5. 非常赞成

Q39：[　　]通过运用训练营所学知识，使得我的岗位(组织)产量、效率以及满意度得到了提升。

1. 强烈反对　2. 反对　3. 既不赞成也不反对　4. 赞成　5. 非常赞成

Q40：[　　]通过运用训练营所学知识，我的薪酬得到了提升。

1. 强烈反对　2. 反对　3. 既不赞成也不反对　4. 赞成　5. 非常赞成

Q41：[　　]通过运用训练营所学知识，我得到了晋升的机会。

1. 强烈反对　2. 反对　3. 既不赞成也不反对　4. 赞成　5. 非常赞成

Q42：[　　]在本次训练营开营前，我有机会向培训指导老师反馈相关培训需求信息。

1. 强烈反对　2. 反对　3. 既不赞成也不反对　4. 赞成　5. 非常赞成

Q43：[　　]在本次训练营开营前，我非常清楚自己期望学习的知识和技能。

1. 强烈反对　2. 反对　3. 既不赞成也不反对　4. 赞成　5. 非常赞成

Q44：[　　]我非常清楚本次训练营所培训知识与工作绩效的联系。

1. 强烈反对　2. 反对　3. 既不赞成也不反对　4. 赞成　5. 非常赞成

Q45：[　　]我对自己有应用知识的能力非常自信，非常有确定感。

1. 强烈反对　2. 反对　3. 既不赞成也不反对　4. 赞成　5. 非常赞成

Q46：[　　]我对能克服运用新知识和新技能的任何障碍非常自信。

1. 强烈反对　2. 反对　3. 既不赞成也不反对　4. 赞成　5. 非常赞成

感谢您对此次调查工作的积极参与和大力支持！

第四篇

综合交通枢纽一体化形成机理研究

刘　东

第1章 绪　　论

本章从政府在大型建设工程中的重要作用、项目管理绩效改善的迫切需求以及项目管理向项目治理的研究趋势转变的研究背景入手，提出本文的研究问题，并阐述本文的研究内容、研究方法、技术路线以及研究目的和意义。

1.1 研究背景及问题提出

1.1.1 研究背景

1）政府在大型建设工程中的重要作用

在世界经济持续增长和经济全球化的环境下，我国在国民经济和区域发展等方面均得到了飞速发展，也因此对公共基础设施、空港、铁路和公路网建设形成了庞大的社会需求，进而催生出了一批大型或特大型建设工程项目。在我国特有的制度环境下，以政府的行政手段为主导推动建设已经成为我国大型工程的重要实施策略[1]。即使在我国全面深化改革的背景下，催生了一系列适应性变革，特别是在建设工程领域进行了一系列体制、法制和机制的探索和尝试，但当面对投资额巨大的基础设施工程，或是具有重大政治意义的大型工程，政府始终扮演着非常重要的角色，比如世博会、港珠澳大桥、虹桥综合交通枢纽以及北京大兴国际机场等大型工程。

中国情境下的大型建设工程，政府往往承担着多种角色，以保障和支持工程的决策、实施、交付和运营，最终实现既定的项目目标。作为监督者，政府往往通过规范性和强制性的法律法规来实施其对工程的监督和管控权利，包括行政审批、质量安全监督、工程审计等[2]。作为指挥者，在投资大型工程建设前期，政府往往会集合政府各投资主体组建工程指挥部，以起到有效协调复杂组织间关系的作用，类似的这种行政协调机制还包括“重大项目建设指挥办公室”(重大办)、“管理委员会”和“领导小组”。作为直接参与者，政府在土地出让决策、项目审批程序优化等创新政策支持，引导公众情感认知以及促进公众认可等方面起到极为关键的推进作用；此外，当参与建设的市场主体出现利益偏差时，政府还运用其规范与诱导职能,特殊情况下借助强制性手段,发挥其干预作用。

2) 大型建设工程项目管理绩效改善的迫切需求

大型建设工程在寻求公共改善和加速经济增长方面的关键作用已获得学界的广泛认可[3-4]。然而从现实来看,大型建设工程的项目管理绩效却不尽如人意。国际社会的研究表明,大部分大型建设工程很难达到预期效果和实现既定的建设目标,除进度滞后、成本超支以及质量安全问题频出等常规的工程管理问题以外,更面临着无法达到预期功能性要求的困境。例如没有交付出令用户感到满意的产品,或是由于损害公众利益引发社会冲突,以及关于价值观和文化观的矛盾激化等[5]。此外,相较于一般性的建设工程,大型建设工程项目常常会涉及以权谋私、官员腐败、权力寻租等问题,进而影响项目管理的绩效,以及公共项目投资效益,并使公众利益受损。

可以发现,这些问题具有制度性和社会性的特征,既是项目的外部环境和条件作用的结果,又是当前社会、政治和经济大背景下的产物,而这些是无法通过单一传统的项目管理理论体系进行分析研究,并加以预防控制的。因此,如何寻找新的理论视角来探究大型建设工程项目管理绩效的改善路径,成为目前主导参与大型项目建设的政府以及学术界面临的重大课题。

3) 大型建设工程项目管理到项目治理的研究趋势

从20世纪初开始,作为备受关注的研究领域,项目管理在促进项目目标控制方面的方法和理论体系获得了国内外研究学者的广泛认可。然而,作为一个与社会、经济、环境、政治等紧密相关的巨系统,大型建设工程的项目管理已经不再局限于项目内部因素的分析,还需要在当前社会、政治和经济大背景下对项目的整体系统性思考,而这是传统项目管理理论体系无法做到的;与此同时,大型建设工程项目的组织复杂性和利益相关者复杂性需要各参与主体在项目进行过程中紧密地协调管理,以及具备不同专业知识技能的参与主体跨组织协同合作解决问题,这给传统项目管理理论体系带来了新的要求。在这样的背景下,研究学者开始引入"治理"的概念,以强调通过组织和制度的安排来缓解复杂项目中的利益相关者冲突,降低自利和短视行为对组织经济和生产活动产生的危害和风险,并充分考虑外部环境对项目的重要影响[6-7]。相比于项目管理,项目治理的根本目的在于为项目进行有效管理提供有利并可靠的环境[8]。

因此,近几年来,伴随我国大型建设工程如火如荼地进行,通过"治理"的理论视角来分析探究目前大型工程建设过程中存在的复杂性问题已经成为国内外专家学者的研究热点,并形成了比较丰富的理论成果。

1.1.2　问题提出

笔者近两年曾参与我国多个大型建设工程项目的咨询管理工作。在项目实践中发现，政府在实现项目管理绩效的过程中扮演着非常重要的角色，主要是因为相关工作的有序开展和问题的快速解决都需要依赖政府的广泛介入。但是，通过大量的研究文献综述，可以清楚发现国内外已有文献只是强调了政府在大型工程建设过程中的重要作用，没有系统性地分析政府介入对项目管理绩效的改善机制，也没有从治理层面去分析提炼出相应的政府治理理论框架，缺乏对政府治理结构和治理机制的内涵阐释；同时，已有的项目治理研究一般从交易的角度出发，围绕契约治理和关系治理这两个层面进行分析探究，但没有充分认识到政府层面的大型工程项目治理特性。

因此，针对大型建设工程项目政府治理理论框架构建，及其对项目管理绩效改善的研究，从目前来看还是一个研究成果比较缺乏的领域。此外，针对政府治理这一概念，主要出现于政治学和公共行政学领域。因此，如何将政府治理在政治学和公共行政学视角下的内涵，转化为大型工程领域视角下的政府治理理论框架，是本文的研究难点，亦是本文的创新点。

基于以上认识，本文针对以下问题开展研究。

(1) 在学理上，大型建设工程项目的政府治理是如何运行的？政府治理的基本内涵、治理结构以及治理机制是什么？

(2) 大型建设工程政府治理的核心要素有哪些？如何构建政府治理核心内涵要素体系？

(3) 政府治理的核心要素是如何改善大型建设工程项目管理绩效的？需要通过何种范式、何种方法从哪些方面进行研究？如何制定政府治理策略，以提升大型建设工程项目管理绩效？

1.2　研究内容和意义

1.2.1　相关概念界定

1) 大型建设工程

对于大型建设工程的具体概念，国内外尚未形成统一确切的定义。美国联邦公路管理局认为，大型建设工程是合同总额超过 5 亿美元，对相关社会团体、环境和国家财政支出有直接或非直接的影响的项目。Bruzelius[9] 和 Flyvbjerg 等[3]认为,对建设工程的分类应该集中于这些项目在发展、规划和管理这几个层面上的体量,超过 2 200 万美元的项目应被称为大型建设工程。另外,也有一些学者将大型建设工程描述为投资数十亿美元的大型基础设施项目,其特征是:往往由政府发起,具备不确定性、复杂性、政治敏锐性,并包括众多的利益相关者[10-11]。结合已有文献中的描述,本文将大型建设工程定义为:由政府发起的,涉及一个或多个政府投资主体,规模巨大,周期较长,具有预期的长远的经济和社会目标,对区域经济社会影响巨大,在一定资源、环境约束条件下完成的一项集成性建构活动。

2) 项目管理绩效

传统的项目管理着重于追求质量、成本和进度这三个目标的顺利实现,同时也把满足技术要求作为评判项目管理绩效的标准之一。但是,随着学术界研究的不断深入,许多研究学者认为项目管理绩效不仅仅是一个结果,也更应关注这个结果产生的过程(行为),以及对未来的反映。而这个可以体现在项目建设过程中各利益相关者之间良好合作关系的建立,以及各利益相关者期望的满足程度[12]。

因此,本研究对项目管理绩效的界定主要采用这些观点的集合,即项目管理绩效是质量、进度、成本和技术要求等战术目标,以及项目各利益相关者的合作关系建立和期望满足等战略目标完成情况的表征。

3) 政府治理

对于"政府治理"的定义及其内涵,本文将在后文经过分析研究后进行详细阐述。

1.2.2 研究内容

委托代理理论可以揭示大型建设工程中各政府投资主体的多层级委托代理关系,进而探究政府的治理结构。Scott 的组织制度理论则可以利用新制度理论的思想和工具分析政府治理的机制问题。鉴于此,本文试图以委托代理理论和组织制度理论为理论基础,系统分析大型建设工程项目政府治理的理论框架体系,包括基本内涵、治理机制和治理结构,并通过扎根理论方法梳理出政府治理的核心内涵要素体系,进而借助结构方程模型分析探究政府治理对大型建设工程项目管理绩效改善的影响,并提出相应的政府治理策略。最后,以北京大兴国际机场工程的政府治理实践作为案例,实证分析政府治理提高大型建设工程项目管理绩效的过程与路径。

基于以上研究,本文的内容主要包含以下三个成果。

1) 大型建设工程政府治理理论框架构建

首先,从分析大型建设工程的复杂性特征入手,基于政治学和公共行政学等学科视角下的政府治理概念,分析探究大型建设工程层面的政府治理内涵和基本特征；其次，借助委托代理理论，梳理出政府治理的主体及其治理结构体系；再次，基于 Scott 的组织制度理论，从规制性、规范性、文化认知性和创新性这四个维度，分析研究大型建设工程政府治理机制；最后，基于上述分析结果，得出大型建设工程政府治理的理论框架图。

2）大型建设工程政府治理核心内涵要素体系构建

基于《巨变——上海城市重大工程建设实录》大型口述史丛书的访谈实录，借助扎根理论方法对大型建设工程政府治理的内涵进行分析研究，并构建出相应的政府治理核心要素体系；同时，通过对国内外已有文献的比较分析，对核心内涵要素体系进行修正和完善。

3）政府治理对大型建设工程项目管理绩效的改善机制研究

通过问卷调查，借助结构方程模型分析方法，探究政府治理及其各个核心要素对大型建设工程项目管理绩效的影响程度，识别出政府治理的关键要素，并针对数据分析结果进行讨论，探究大型建设工程政府治理的实施策略，以达到项目管理绩效有效提升的目的。

1.2.3　研究意义

随着我国国民经济的飞速发展，催生出了一批大型或特大型建设工程，而这些工程的项目管理绩效却一直不尽如人意。本文从治理的视角出发，通过厘清政府在大型建设工程项目管理绩效改善中的作用，从学理上系统研究了大型建设工程政府治理的运行机制，并讨论了政府治理核心要素对大型工程项目管理绩效的改善机制，在帮助加深各界对大型建设工程政府治理的复杂性认识的基础上，为政府制定相应的治理策略提供参考和指导。

1）对已有项目治理理论的补充

国内外研究学者在进行项目治理研究时，大多是从契约治理和关系治理的角度出发，或是单独分析其中一项机制，或是分析其交互作用（互补或替代），而对于政府投资大型建设工程来说，由于其由政府投资（或部分投资）、政府主导实施建设，具有基础性和唯一性等特征，那么仅仅从契约治理和关系治理这种基于市场交易和社会交换视角出发的治理机制，就无法对大型建设工程的实施进行完全的解释。此时，基于行政权力且需要保持合法性的政府治理机制，将可以对现有的项目治理理论进行一定的补充。

2）拓宽组织制度理论和委托代理理论的应用场景

从理论应用角度而言，本文首次将 Scott 的组织制度理论应用于大型建设工程政府治理的运行机制研究中，同时，基于委托代理理论，对政府投资大型建设工程的多级委托代理链进行了探究，并以此梳理出了大型建设工程政府治理的治理主体。因此，本研究将拓宽 Scott 的组织制度理论和委托代理理论在工程领域的应用场景。

3）为政府部门制定相应的治理策略提供参考

本文通过扎根理论分析方法，从 10 个政府投资大型建设工程的 66 个访谈人员资料中分析提取出符合我国特有情境的政府治理核心内涵要素；同时，基于问卷调查和数理统计分析方法，探究得到各政府治理核心要素对大型建设工程项目管理绩效的改善作用机制。通过上述研究，不仅可以帮助政府政策制定者更好地理解政府在大型建设工程中应该发挥的作用，识别出现有的政府治理短板，还可以在一定程度上为解决现实中由于政府治理不当导致项目管理绩效低下等问题提供思路，以此来制定相应的政府治理策略。

1.3 研究方法和技术路线

1.3.1 研究方法

从整体上讲，本文以提出问题、分析问题和解决问题的逻辑为基础，将理论研究与实证研究相结合，主要涉及以下研究方法。

1）文献研究法

在研究过程中，本文搜集了国内外有关的委托代理理论、组织制度理论、政府治理理论、大型建设工程项目管理绩效等方面的文献资料。这些资料的来源包括出版书籍、学术期刊、互联网以及部分实际大型工程项目的管理资料，主要是对政府治理以及大型建设工程政府治理的相关理论知识和发展脉络进行梳理。

2）扎根理论方法

文献研究发现，鲜有以政府投资大型建设工程为研究背景探讨政府治理机制所包含核心要素的文献，故针对该问题采用了扎根理论研究分析方法。本文以上海市建设和交通委员会负责编制的《巨变——上海城市重大工程建设实录》大型口述史丛书作为原始资料数据，对筛选后访谈人员资料进行三级编码及理论饱和度验证，以探明大型建设工程政府治理的核心内涵要素体系。

3）问卷调查法及数理统计分析法

为了实践检验政府治理核心内涵要素对大型建设工程项目管理绩效的积极作用，我们对若干样本项目的各利益相关者分别进行问卷调查，从而获得所需的真实数据，然后对数理统计分析的结果进行数据处理，使用的软件主要包括SPSS 22.0 和 AMOS 24.0。

4）实例论证法

本文通过分析北京大兴国际机场工程项目的政府治理实践，以验证政府治理及其核心要素对大型工程项目管理绩效的改善作用。

1.3.2 研究技术路线

图 1-1 所示是本文开展研究的技术路线。

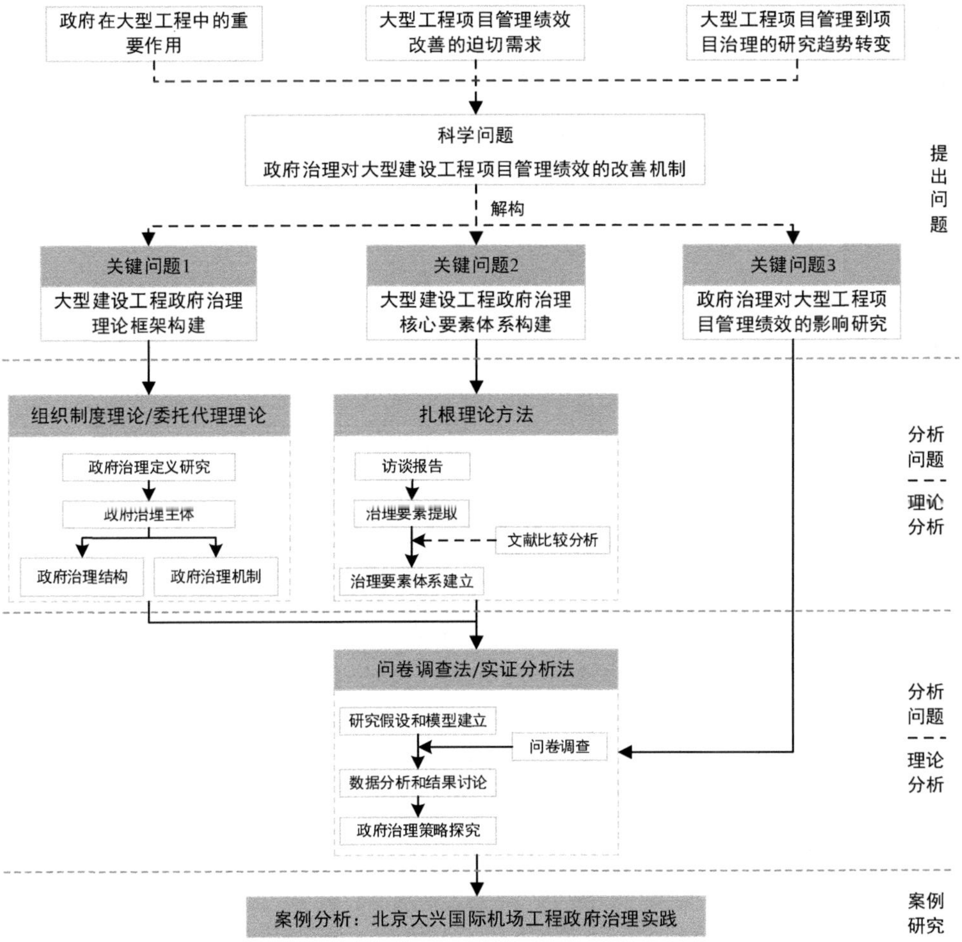

图 1-1 研究技术路线图

第 2 章　文献综述及理论基础

本章对项目治理的研究进展进行了综述，并对国内外政府投资大型建设工程政府治理的实践和理论研究情况进行了比较分析，得出适用于本文研究主题的理论基础，即委托代理理论和 Scott 的组织制度理论。同时，对上述理论进行了介绍，包括理论的含义及由来、研究综述及其对本文研究的适切性。

2.1　国内外研究综述

2.1.1　项目治理的研究进展

1) 项目治理的定义研究

在治理范式兴起的背景下，国内外专家学者或研究机构以不同的理论视角和研究方法阐述项目治理的基本内涵，试图赋予项目治理一个明确清晰的定义，但关于"项目治理"这一概念仍没有形成一致的认识，只是从不同的角度或方面给出了自己的理解。国外最早提出项目治理这一概念的是 Turner，他从项目导向性组织的角度，指出项目治理涉及项目管理层、项目发起者、项目业主和其他利益相关方之间的一系列关系，它提供了一种结构，通过这种结构来获得秩序、设立项目目标，以及决定达成这些目标和监控绩效的方法[13]。Ralf Müller 则把项目治理定义为一种模型，通过这个模型来治理项目、项目集和项目组合，并确定各个项目的优先秩序来分配稀缺资源，它表现了项目实施的结构、角色、各角色的责任、各角色间的关系和相互间的沟通机制，以支持项目和项目治理机构间的合作[14]。美国项目管理协会(Project Management Institute, PMI)指出，项目治理主要关注的是项目发起人和项目团队如何将项目目标与组织战略保持一致，并且在不同的组织层面满足利益相关者的需求，而这需要通过一系列正式和非正式的协议或约定来付诸行动[15]。国内学者关于项目治理的定义，主要采纳的是严玲和丁荣贵等人的阐述，他们强调治理的本质就是为了"更好地协调安排项目参与各方和其他利益相关主体之间的权、责、利关系"而进行的一系列制度安排，需要通过建立项目利益相关方所扮演的治理角色关系，以降低项目治理角色承担的风险，从而为实现项目目标、使利益相关者满意提供可靠的管理环境[16-17]。

2）国外项目治理研究现状

国外关于项目治理的研究起步较早，因此形成了较为丰富的学术成果和实践经验。许多学者通过不同的理论视角，针对项目治理的结构、过程和机制展开了相关研究。Winch 基于威廉姆森的成本交易理论，以微观层次的项目全生命周期交易治理为切入点，提出了建设项目全生命周期的交易治理概念框架，主要涉及两个维度：垂直交易治理和水平交易治理[18]。其中，业主、总承包商、建筑师、供应商等都包含在垂直治理的范畴中。Turner 等则从委托代理理论视角探究项目治理，他强调了项目经理在工程实施过程中的重要地位，认为项目经理不仅是这个临时性组织的主要执行者，如果把项目的拥有者看作委托人，项目经理还可以看作代理人，这就形成了项目契约组织中的委托—代理关系[19]。Ralf Müller 从两种不同的视角对项目治理的内涵进行了分析探究。一是将项目视为交易，在这一原则指导下，关于如何治理作为交易的项目的决策是在保持一个最低交易成本的基础上制定的。二是将项目视为代理的治理，项目治理主要包括如何通过代理机构管理不确定性、变化和资源的使用，代理机构如何与母公司相联系并进行管理[20]。Magnus Hellström 等基于利益相关者理论的视角，强调了项目关键利益相关者在项目治理中所起到的重要作用[21]。

此外，涉及项目治理的内部和外部治理研究也是近几年国外学者着力探讨的热门话题。项目外部治理的出发点是项目型组织从外部对其实施的治理活动。Mosavi 提出，项目治理要解决的问题是协调处理好组织内多个项目的目标，并确保每个项目目标与公司战略保持一致性[22]。项目的内部治理主要是根据项目治理跨组织的特性，从组织间治理的视角出发对项目治理作出内涵阐释，比如 Ritson 和 Johansen 等[23]。

3）国内项目治理研究现状

国内对项目治理理论的研究起步较晚，大体采用从局部到整体的研究思路，在参考借鉴公司治理理论和方法的基础上，逐步构建项目治理的理论框架体系。严玲和尹贻林等提出了公共项目治理的概念，基于委托代理理论、交易成本理论等经济学视角，从项目治理结构、治理机制和治理效果评估这几个方面进行了深入研究[24-25]。山东大学丁荣贵教授及其团队则从管理学角度出发，强调项目治理研究的方法和技术导向。他们认为将项目经理层作为项目治理的核心是不恰当的，因为参与项目治理的项目利益相关者是具有特异性的，因此，在不同的项目和不同的全生命周期阶段都必须采取差异化的治理方式[26-27]。在此基础上，作者提出了项目治理的 P－R4 研究模型，针对不同的项目提出与其相适应的治理方式。沙凯逊教授及其团队则将已有的治理理论及其知识基础的一般性与建筑行业的特殊情境性进行有机结合[28]。他们围绕建设项目或者建筑市场制度层面问题展开，分析研究利益相关者之间责、权、利的制度安排，通过优化项目治理的结构、规模和效率，达到整合资源、节约成本、创造价值的目的。

除上述较有代表性的学者及研究团队外，国内也有越来越多的学者开始关注并研究项目治理(图 2－1)。比如，梁永宽从委托代理理论、交易成本理论和项目组织理论出发，从关系治理和契约治理两个维度对建设工程项目治理进行研究，认为契约治理与关系治理相结合的治理机制有助于项目绩效的提升[29]。

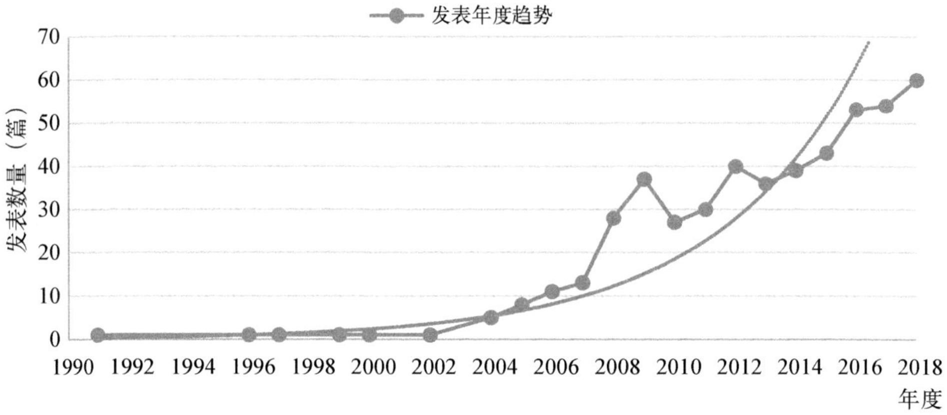

图 2－1 国内项目治理文献发表数量趋势图

4) 研究述评

综上可见，国内外研究学者主要从项目利益相关者理论、交易成本理论、委托代理理论等不同的理论视角对项目治理的结构、过程和机制进行阐述；同时，针对项目的治理模式，现有的研究成果侧重于交易层面的契约治理和关系治理，但是针对大型建设工程所具有的组织和环境复杂性、政府主导属性等特征，现有的"契约—关系"二元项目治理框架是否能够解释实际情况，是一个有待深入研究的问题。

2.1.2 政府治理的理论和实践研究综述

在现代社会，政府首先是公共主体，除此之外又是经济主体，它并不是凌驾于经济之上，而是直接渗透在经济结构当中[30]。这表明，政府既调控经济，又参与经济，是市场经济的主体之一，具有社会经济管理者和市场经济活动参与者双重身份。政府在经济活动中的介入行为是一把双刃剑，政府在其中既可以起到促进的作用，也会带来负面的效果。不管是发达的西方资本主义国家，还是处在改革深化时期的中国，社会经济、政治、文化和环境都在不断发生变化，社会变得更加多样化、动态化和复杂化，政府也在不断适应这一变化。为了更好地解释政府的角色与行为，治理理论逐渐得到广泛使用，它的出现给人们提供了一个全新的视角来理解政府。在这样的背景下，国内外研究学者从政治学、经济学和公共行政学等多学科角度出发，对政府治理的基本内涵进行了相关的分析探究。同时，对于大型工程项目中政府的作用机制，国内外的学术界及政府相关部门也开展了相关的理论研究和实践探索。

1）政府治理的内涵研究

关于政府治理的概念，学术界尚未形成一个特别明确的定义。政治学与公共管理领域的学者首先开始探究政府治理的内涵，并提出政府治理是政府管理的未来方向。国家治理体系与治理能力现代化的提出，促进了国内许多专家学者对治理的政治学和公共行政学内涵进行研究。作为整个国家治理体系中一个最为重要的子系统，政府治理也受到了政治学领域学者的广泛关注。从中国政治话语和语境出发，王浦劬指出，政府治理的目的是基于我国特有的国体规定性，实现和发展公共利益。作者强调了政府内部的治理，包括政府体制的创新、政府管理的创新、政府管理价值理念的创新等内容[31]。在此基础上，何增科强调了政府内部管理的效率和对社会治理的有效性，以及政府治理行为的合法性[32]。从经济学角度来看，唐娟将政府治理理解为向社会提供公共物品的过程，因为公共物品属性往往会导致社会中存在“免费搭车问题”，进而引发公共物品的供给不足，而市场机制无法很好地解决公共物品供给问题，因此必须由政府介入进行主导或参与治理[33]。彭忠益和周谨平则强调了政府对公共事务的管理不再是政府的单方面管理，而是多主体的交互活动，需要在社会正义视角下厘清政府治理的对象和场域，通过规范国家政治、社会伦理等关系的制度来实现政府自身对社会的管理[34]。

西方学者关于政府治理的理论发展大概经历了三个时期：从对凯恩斯主义的质疑，到制度主义的兴起，以及近期发展的传统政治学范式的变革，即社会和市场被纳入政府治理的范畴中来[35]。因此，国外关于政府治理的概念阐释，主要基于相应的治理语境下，突出政府治理主体的多元化，因为在政治学视域下，治理可以表现为一个政府、市场和社会的分析框架，它关注的是特定政治个体的运作和管理的运行机制，同时强调政府、市场和社会之间的互动关系。Kettl 认为，政府治理是政府主导的与非政府部门和公民合作的过程，他们通过充分利用自身的资源来协同管理公共事务[36]。这个时候的公民和非政府组织不再单纯是政府管制的对象，也将会作为政府治理的主体参与对公共事务的管理之中，与政府沟通、协调并共同决策[37]。

因此，国内外研究在政府治理内涵的对应性上是存在差异性的，即国外学者是基于已有的治理语境对政府治理的概念进行研究，政府成为与市场、社会并行的主体；国内学者则是基于我国特有的制度情境对政府治理的概念进行阐释，即认为治理者就是政府。究其原因，主要是由于西方一直是以市场为主导，形成相应的治理结构；而我国在制度变迁和改革开放的历程中一直是以政府的行政力量为主导。因此，中国和西方国家所产生的政府、市场的力量是有差异的，由于政府、市场的博弈关系的差异，也因此形成了各自不同的社会发展路径。在这样的模式下，西方可能在政府、市场、社会之间形成了较为制衡的博弈关系，因此治理本身的研究反映了这种平等的特征；而我国的国情决定了我们依然需要借助政府的力量来塑造市场和社会，所以政府治理这个概念反映了这一过程。

2）国外政府治理的理论和实践研究综述

伴随着世界经济持续增长和经济全球化步伐的加快，引发了大型工程项目的又一轮投资热潮。发展中国家对公共基础设施的需求不断增长，催生了一大批大型城市和基础设施工程项目的投资建设，例如交通路网、电力和电信等。据统计，发展中国家在 2008 年至 2017 年期间，大约投资了数十万亿美元用于基础设施建设。与此同时，发达国家的基础设施系统也已经处于更新和再造的阶段。因此，全球大型工程项目的建设正在繁荣地进行中[38]。这些政府投资的大型工程的建设往往是由政府参与决策和监督的，并在其中起到了非常重要的作用，直接影响着项目战略目标的达成。因此，在全球治理范式兴起的大背景下，国外的许多专家学者和研究机构开始关注大型建设工程领域下政府治理的基本内涵和作用机制，并初步形成了相关的研究成果。

澳大利亚国家审计署(Australian National Audit Office)提出，“良好的政府治理会关注于向包括纳税人在内的许多利益相关者提供充分的问责制和透明度，并在满足项目控制和合规要求的基础上，通过政策的有效实施和适应性调整来满足利益相关者的需求”[39]。

Considine 和 Lewis 提供了与经合组织国家公共行政管理发展阶段大致相

对应的政府治理框架[40]。在传统的政府管理模式下，政府治理主要以程序治理为中心；从 20 世纪 80 年代初到 21 世纪初，伴随着新公共管理运动的兴起，政府治理逐步向公司治理转变，旨在控制和减少公共开支的同时，提升政府运行效能。

Maude Brunet 和 Monique Aubry 基于公共行政学视角分析发现，政府投资大型建设工程的治理框架能够体现出三种价值：一是有助于政府效率的提升，因为它能够使项目决策更具理性，并通过关注项目的前期阶段和利益相关者管理，以达到项目绩效改善的目标；二是可以增强政府的合法性，并通过这种程序化的监管制度来确保政治决策的规范性；三是可以通过一系列的法律、制度等程序手段来加强政府的问责制，以提升透明度[41]。

Liisa Sallinen 等指出，由于社会政治意义，大型建设工程常常会受到外部环境的影响，并涉及项目各利益相关者之间的互动，其中包括政府相关部门、社会公众等非营利公共组织。在大型工程中，监管机构、法律当局、政府机构和中央政府部门等组织被确定为项目中具有影响力的利益相关方，他们通过自身的行政权力来限制项目的选择、为项目设定目标并进行项目经济活动的监管，以达到良好的政府治理[42]。

国外的专家学者和研究机构在进行大型工程政府治理研究的过程中，往往会以各个学科领域的理论成果为基础，而大型工程所具有的公共属性和政治属性，使得政治学和经济学领域的理论更多地被拿来作为政府治理的理论基础。从经济学视角来看，委托代理理论、公共选择理论、利益相关者理论、社会网络理论和政府经济学理论被国外专家学者用来分析探究大型工程政府治理的内涵及其作用机制。比如，根据委托代理理论，当代理人代表委托人（社会公众—政府部门）行使行政权力时，社会公众对信息不对称可能导致的机会主义行为会有很大的关注，因此在政府治理过程中需要重视公众参与机制的建立[43]。公共选择理论则为选择第三方评审机构介入大型工程前期决策和论证提供了论据[44]。从政治学视角来看，大型工程政府治理的框架取决于所在国家的政治体制和机制环境，因此，每个国家的政府治理框架存在情境性，相应地会有所差异[45]。此外，国外许多学者提出在大型工程项目研究中通常需要从制度理论的视角出发阐释制度在政府投资大型项目中的重要性[46]，或是通过实证研究梳理出政府在投资大型工程项目中表现出来的各种制度安排和制度冲突[47]，或是分析研究不同制度环境下大型工程项目的组织模式创新[48]。

在过去的十几年里，大型工程项目的实施往往伴随着成本超支、进度延误和对经济效益期望不满足等问题的发生，一些西方国家的政府部门开始探究如何建立对政府投资项目的有效决策和监督治理机制，以保障项目的成功。英国、挪威、澳大利亚等国家的相关政府部门已经取得了相应的实践成果，它们依托于政府相关部门的行政权力，构建出了与自身国家政治体制相适应的大型建设工程项目治理框架。

（1）英国

2000年，英国中央政府成立了隶属于内阁办公室（Cabinet Office）的政府商务办公室（Office of Government Commerce, OGC），负责政府公共工程的监督和控制管理，并针对重大工程项目设置了重大项目管理局（Major Projects Association, MPA），负责项目的监察和监管[49]。为了能够让政府选择正确的项目，并能很好地执行这些项目，OGC组织建立了涉及一套完整“网关”审查程序的公共工程政府治理框架。其治理核心是由OGC评审中心（OGC Gateway Review Hubs）负责实施一种“同行审查”制度，以此作为对项目内部审查的重要补充，并通过在项目的全生命周期中设置了6个关键点（网关），分别评估项目是否能够继续进行。这6个关键点（网关）分别是Gate 0：战略评估；Gate 1：合理性评估；Gate 2：交付策略；Gate 3：投资决策；Gate 4：运营准备；Gate 5：运营评估和利益交付。通过该治理框架的使用，极大地提升了英国政府部门对公共工程项目的成本控制。财政部长约翰·希利在2007年指出，“因为网关审查的治理机制，公共工程的成本节省效率超过了80亿英镑”[50]。

需要提到的是，由于国防项目的特殊性，英国的国防部采用了与之不同的治理框架，即国防部采办操作框架（MoD Acquisition Operating Framework），以实现项目成本控制和风险降低的目标。该治理框架较为精简，主要涉及包含两个关键点的控制和监管：初始关键点用于决策是否资助项目评估；主要关键点则用于决策是否为主要项目提供专款[51]。

（2）挪威

挪威的大型投资项目由于其巨额的资金投入，往往会引起社会公众的广泛关注。20世纪80年代至90年代，挪威的政府投资项目大多数都存在严重的成本超支、进度延误、经济效益低下等问题，根据Berg于1999年对11个公共投资项目的深入审查显示，其成本超支比例达到84%[41]。为了提升政府投资项目的成本和质量控制，挪威财政部于2000年开始制定了强制性质量保证计划（Quality Assurance Scheme），主要涉及QA2（quality assurance of the basis for control and management）的设置，其核心治理机制是借助成本估算和不确定性分析等手段达到质量保证的良好控制。虽然 QA2 对政府投资项目的质量控制达到了预期效果，但 2000—2004 年的项目经验表明，对项目前期阶段进行有效控制是项目成功的关键。因此，挪威政府于 2005 年建立了 QA1(quality assurance of the choice of concept)，用于确保政府相关部门作出正确的项目概念选择，以决策是否启动项目前期计划。需要指出的是，挪威的两阶段治理框架主要是为议会—政府—部委等政府各层级机构提供了一个项目控制的工具，而并没有不涉及私营部门(供应商、承包商等)[52]。根据挪威于 2013 年的最新报告，平均 80% 的政府投资项目目前仍在核定预算范围内，这说明了挪威的 QA1—QA2 治理框架起到了很好的绩效提升作用。

3）国内政府治理的理论和实践研究综述

国内学者在研究政府治理的过程中，并没有不加批判地吸收和借鉴西方政府治理理论，而是基于中国国情进行了本土化改造，形成了一系列适用于中国国情的政府治理模式。它凸显了政府在由政府、市场和社会等多元治理主体组成的治理格局或模式中处于核心和主导地位，并承担培育市场和社会组织、增强市场和社会机制的重要职责。在大型建设工程领域，许多专家学者和研究机构强调了政府在大型工程建设过程中的重要作用，认为政府无论是作为项目的指挥者或者直接参与者，还是法律法规制度下的监督管理者，都对大型建设工程项目管理绩效产生了积极的影响。然而，很少有专家学者从治理的角度阐释政府在大型工程建设过程中的运行机制，并提出与我国大型工程领域相适应的政府治理内涵。

李永奎等提出，政府在重大工程建设过程中的全方位介入会对重大工程的组织模式产生影响，比如项目法人组织的建立，以及一直沿用的工程指挥部模式[53-54]。

严玲等提出，政府投资大型建设工程作为一种满足社会公共需要的基础设施工程，在决策主体群中一般呈现以政府为主导的多层次“政府式”委托代理关系。政府在这个委托代理链里面既是代理人，又是委托人，而在信息不对称、监督管理机制缺失的情况下，政府代理下的公共权力存在委托代理失灵的潜在性，进而导致以权谋私、滥用职权等情况的发生[55]。

谢坚勋等提出，在中国情境下的政府投资大型建设工程，政府在利益相关者协调、强制性的监督管理和创新政策推动等方面都扮演着非常重要的角色，因此在传统的“契约—关系”二维治理框架基础上加入了政府行政协调的维度，即“政府—契约—关系”三维项目治理结构概念模型，以此来强调政府的治理职能对项目成功的促进作用[56]。

翟嬰通过对上海世博会工程的深入研究，识别出政府在面对重大工程时采用的治理手段，即政府会成立临时性组织机构——工程建设指挥部，并将其作为最高层的领导和协调组织；注重政府各行政部门的职能整合，以缩短项目所需的行政化程序；提升政府临时性组织领导者的责任心；促进共同价值目标的形成[57]。

在我国体制、制度和机制层面的特殊情境下，政府往往依靠其行政权力在大型工程建设过程中起主导作用。改革开放以后，中国政府的相关部门和治理主体也开展实施了一系列的政府治理实践，以此来有效执行政府对大型工程的监督、决策、协调和控制等职能。

作为世界上唯一跨越三个司法管辖区域的重要桥梁，港珠澳大桥工程也具有多元体制下的制度复杂性。由于粤港澳三地处在"一国两制"理念的框架下，公共工程的管理制度及管理体制、方式及工作程序具有很大不同，相关的法律制度、政府管理以及社会环境与文化也存在较大差异。在这样的背景下，中央政府和香港、澳门共同组建了港珠澳大桥专责小组，负责前期的决策协调事宜，并随后相继成立了三地联合工作委员会和港珠澳大桥管理局。政府部门通过组织间良好的治理设计，为港珠澳大桥工程构建了一个非常高效的组织运作机制，确保了项目在战略上的成功[58]。

虹桥综合交通枢纽工程是由政府作为主要投资主体，涉及航空、高速和城际铁路、磁浮、城市轨道交通、高速公路和城市公共交通等多种运输方式的换乘枢纽工程。项目采用了工程建设指挥部的组织模式，通过这样一个集成化的协调平台的建立，很好地解决了项目各投资主体之间的协调问题。为了更好地协调项目的投资运作和协调管理，上海市政府创新性地成立了由三家政府投资主体出资组建的项目法人单位——上海申虹投资发展有限公司，负责整个项目的投融资管理，有效地解决了土地征收、项目审批和审计等问题；同时作为一个实际架构行使指挥部日常协调办事机构的职能，形成了"一套人马，两个牌子"的项目管理模式[59]。

2.1.3 大型建设工程政府治理的理论基础

通过 2.1.2 节对国内外政府治理的理论和实践研究进行的系统性综述，可以发现，我国和西方国家均形成了比较丰富的大型建设工程政府治理实践成果，但由于每个国家之间政治体制和制度环境的差异性，其政府治理的基本内涵和运行机制也存在着不一致性。比如西方国家的政府相关部门治理大型工程主要是通过评估和控制项目全生命周期中的关键决策点，强调政府的合法性和透明性；而中国的政府部门在大型工程中往往扮演着直接参与者、指挥者、政策制定者和监督管理者等多重角色，项目的投资主体和其他利益相关者大多是具有行政级别的政府相关部门、项目法人单位及其所属的国有企业，政府治理主体几乎作用于工程的全部层次，因此，比较适合借助委托代理理论来分析政府治理主体之间的多层代理机制，进而探究政府治理的结构构成。同时，通过国内外对比研究，发现我国大型建设工程政府治理的内涵机理还需要结合我国自身的特有制度情境，即需要在制度层面去探究政府治理的运作机制。考虑到国外学者已经开始关注制度理论在政府投资项目治理机制研究中的运用，并形成了初步的理论成果，因此，可以从制度理论的视角开展我国大型建设工程政府治理的理论研究（表 2－1）。

表 2－1　国内外大型建设工程政府治理的理论和实践研究对比

	国　内	国　外
实践	港珠澳大桥工程：指挥部等集成化组织机构建立 虹桥综合交通枢纽工程：项目法人单位的组建 北京大兴国际机场工程：政府创新制度的建立 上海世博会工程：多样化项目交付模式的运用 ……	英国：OGC Gateway Process MoD Acquisition Operating Framework 挪威：Quality Assurance Scheme（QA1 & QA2） 澳大利亚：OnQ Project Governance Framework 德国："政府工程管理机构"的设立 ……
理论	• 项目治理理论（契约治理理论、关系治理理论） • 经济学理论（委托代理理论、公共选择理论、利益相关者理论、社会网络理论和政府经济学理论） • 组织理论（权变理论、资源依赖理论） • 制度理论（新制度主义理论、组织制度理论） • 新公共管理理论	

2.2　委托代理理论

2.2.1　委托代理理论的基本内涵

委托代理理论最初由 Michael 和 William 在 1976 年提出，它植根于信息经济学，试图用契约来描述代理关系，并专注于解决代理关系中的代理问题和风险分担这两类问题[60]。其中，作为两个不同的利益主体，委托人和代理人的目标和激励机制存在着不一致性，因而导致了代理问题的产生。

导致委托代理问题的原因有很多，从经济学视角来看，主要涉及以下三个特征：信息的不对称性、环境的不确定性和契约的不完备性。

1）信息的不对称性

信息的不对称性是研究委托代理关系的一个重要出发点，经济主体对交易相关信息的了解程度是有限的和不完全的，且委托人和代理人所了解和掌握的信息往往是不对称的。因此，在交易中，往往拥有更多信息的一方占据有利地位。这种信息不对称的情况会给处于有利地位的一方提供机会和投机条件。

2）环境的不确定性

聂辉华在研究威廉姆森代理理论时指出，环境的不确定性是资本主义经济体系中区分各种交易的主要表征，这种不确定性主要涉及原发不确定性和继发不确定性[61]。

3）契约的不完备性

张跃平等人在研究威廉姆森的代理理论时提到，早期的代理理论强调的是委托人在签订合同以前就完全了解代理人在履行合同时会给委托人出哪些难题。因此，尽管所有权与控制权的分离会削弱利润激励机制，但这一点在两权分离时已被充分估计，而且可以把所有与签约有关的行为，通通纳入事前合同的激励之中[62]。然而，实际上，由于人的有限理性，因此不可能在现实中形成非常完备的契约，而这使得委托代理的双方在履约的过程中，倾向根据契约中的漏洞，采取相关的行为去欺骗对方，以达到谋取自身利益的目的。

2.2.2 委托代理理论相关研究综述

随着社会分工和建设项目复杂程度的不断提高，委托代理关系已成为大型建设项目中不可避免的关系。为了更好地处理代理问题，有必要设计一系列大型建设项目的制度来规范委托人与代理人之间的关系。国内外许多专家学者认为，解决代理问题的关键就是建立有效的约束激励机制。张跃平等总结了委托代理理论在过去九年中促进代理问题解决的方法，认为存在显性和隐性这两种激励方式[62]。邓曦和杜亚灵等基于经典的委托代理理论分析探究了政府投资项目下的机理机制，及其对代建方努力程度的影响，并形成了政府投资项目模式下的最优契约条件[63-64]。

由于我国大型建设工程项目的组织和环境复杂性特征，国内许多学者从不同角度对中国建筑市场中多层次的复杂委托代理关系进行了分析，主要涉及以下几个层次：社会公众与政府、政府与项目公司、项目公司与其他参与方（咨询公司、承包公司、融资机构、供应商和监理单位）。严玲等分析了代建项目中政府投资项目双层多级委托代理链，即从公众到政府，从政府到项目业主[55]。陈振权分析了建设项目中公众与政府、业主与承包商、业主与监理单位间的委托代理关系[65]。罗建华等基于“国家—政府—项目”的层次关系，分析了其中所包含的委托代理关系、代理问题以及相应的弊端，最终指出政府投资项目中因政府内部委托代理关系形成的行政代理模式应该向市场化的外部委托代理关系转变[66]。另外也有相关学者从代建制的角度出发来分析其中的委托代理关系[67]。

从治理的视角来看，完善的项目治理机制（监督机制、约束机制和竞争机制等）能够很好地解决信息的不对称和契约的不完备性等代理问题；同时，委托代理理论能够很好地解释项目治理机制的运行机理。梁永宽和汪建成基于委托代理理论，解释并建立了一个合同治理和关系治理两个维度并重的项目治理机制，认为这个机制可以达到项目管理绩效提升的目的[68]。王华和尹贻林认为工程项目治理结构需要促进工程项目组织效率与委托代理人的效用最大化问题的解决[69]。通过对公共项目的多级委托代理链的分析，尹贻林等认为，对于公共项目而言，治理途径对于提升项目管理绩效具有重要意义[70]。

综上所述，由委托代理理论的观点、代理问题以及解决途径可知，在大型建设工程项目中，委托代理链呈现复杂、多层级的特征，这势必会加重代理人与委托人之间的信息不对称问题以及风险分担问题的产生，委托代理理论的相关成果有助于厘清大型建设工程项目治理机制及其运行机理。考虑到政府在大型工程项目建设过程中的重要作用，本文以政府治理为落脚点，希望借助委托代理理论，对大型建设工程政府治理内涵和机制进行相应的探索性研究。

2.3 组织制度理论

2.3.1 组织制度理论的基本内涵

目前存在两种不同的学派推行制度理论——经济学派和组织社会学派。经济学派的代表人物包括诺斯、威廉姆森。赵康等的研究中对此进行了总结，文章中提到诺斯的组织制度理论，认为制度是因人们的相互关系而被人为设定的一些制约，包括正规约束（如法律与规章）和非正规约束（如习惯、行为准则、伦理规范），以激励或制约人们的风俗习惯和规则[71]。组织社会学派的代表人物包括 DiMaggio、Powell 和 Scott 等，他们关注制度的合法性与制度的建构。DiMaggio 和 Powell 认为现代组织受到制度的三种同构影响：强制同构（coercive isomorphism）、模仿同构（mimetic isomorphism）与规范同构（normative isomorphism）[72]。

组织社会学视角的制度理论的核心思想是组织嵌入在制度环境中，制度环境是组织行为决策的主要决定因素，制度是符合合法性行为的社会规则和规范。Dacin 等进一步在已有制度理论研究的基础上，提出了著名的三大支柱系统组织制度理论模型，即规制性制度、规范性制度和文化认知制度，这三大基础要素构成一个整体，构成了一个从有意识到无意识、从合法强制到顺其自然的连续过程[73]。① 规制性制度。制度会约束和调节组织行为，由此可知，制度的规制性层面很重要，它的核心思想是，组织受制度环境影响，法律法规等权威制度直接影响组织是否生存，因此，组织会为生存而与法律法规的强制力和政府的权威等保持一致性[73]。② 规范性制度。制度主要依赖规范层面，规范制度强调的是，社会生活中制度的说明性、评价性和义务性的因素，属于社会义务的范畴。规范制度是以共享的价值观和社会规范为基础的，确定了社会所期望的行为[74]。③ 文化认知制度。认知制度构成了关于社会实在性质的共同理解，以文化建构意义的认知框架，理所当然地认为那些惯例是我们做这些事情的恰当方式。认知、观念等因素会对组织决策者的行为产生压力，这是因为认知制度是具有相同社会经验、受过相同教育的人们所共有的心理框架。

本文则是借助 Scott 的组织制度框架来对大型建设工程政府治理机制的基本内涵进行分析探究。

2.3.2 组织制度理论对本研究的适用性

1) 为大型建设工程的复杂情境性提供适当的解释

Morris 将制度分析视为项目管理研究的新兴领域，他主张项目管理的三个层面：技术、战略、制度，并强调了制度因素对项目管理绩效的重要性和复杂性[75]。这一点已经得到了其他学者的支持和发展[76]。Jacobsson 等着重讨论了临时组织所面临的制度挑战，并提出制度理论可以应用于项目这一临时性组织的运行机制研究[77]。Javernick-Will 和 Scott 则指出，由于项目管理研究往往基于经济学的视角，这使得大多数国际项目管理文献都侧重于规制性要素（规则设置、监督作用等），而规范性和认知文化因素则受到较少关注，也可能是因为项目管理研究人员接触更多的是应用领域，而对社会科学方面的了解不够深入，进而难以深入探究规范性和文化认知因素对项目管理的影响[78]。相比于信息管理、企业管理等领域，工程领域的项目管理研究比较早地关注制度因素的影响，并在理论和实证研究层面都形成了比较丰富的成果。Rogen 和 Donald 通过分析调研加拿大的 60 个大型工程项目，明确指出，完善的制度安排是项目管理绩效提升的重要因素，并进一步认为，制度因素在工程项目的全生命周期中均起着重要作用[79]。Mahalingam 和 Levitt 表明不同制度要素会导致大型工程项目冲突的差异化，这些不同要素主要包括规制性制度、规范性制度和文化认知制度，其中规制性冲突比规范性冲突更容易解决[80]。此外，也有学者认为，大型建设工程项目的高度不确定性，使得法规政策无法有效地规制投机行为，因此转向其他非正式机制的研究，例如规范性制度（如团队认同、关系、社会公平）为核心的关系合作模式常常引发合作和共同解决问题的行为，如共同风险管理和“伙伴协议”；文化认知制度则是通过专业训练、教育和公众关系的建立与沟通，改变和影响项目参与者及利益相关者的认知、偏好与观念，引发主动积极支持、辨识问题和发掘解决方案等行为。

我国的大型建设工程常常与社会、经济、环境、政治等因素密切联系，是一个复杂、开放的社会经济系统。此外，与一般工程不同，由于大型建设工程的公共属性和多重目的，政府往往在其中扮演非常重要的角色。政府可以通过规范性和强制性的法律法规来实施其对工程的监督和管控权力；同时也会作为投资主体直接参与项目的具体实施过程中，以促进工程进度和工程效率的提升，但过度的政府参与也伴随着诸如权责分配失衡、以权谋私、社会矛盾激化以及寻租等政府作用失灵现象的出现。因此，在我国特有的体制、法制和机制情境下，从制度层面去分析探究大型建设工程中存在的问题是非常必要的。与此同时，大型建设工程项目在利益相关者层面存在复杂的利益分配、发展冲突以及社会公平等方面的问题，大型建设工程的组织复杂性和不确定性也可以从规范性制度的视角进行解释。近年来，随着舆论的开放和公众对社会可持续发展认知度的提升，大型建设工程中的公众参与和共同价值观构建已经成为项目成功的重要影响因素，这一点也可以从制度理论中找到相应的观点支持。综上所述，Scott 的组织制度理论已经逐渐被用于项目管理研究中，其中包含工程领域，并形成了比较丰富的理论和实践成果，同时该理论也可以很好地解释我国大型建设工程的复杂情境性。

2）组织制度理论视角下项目治理研究的兴起

治理的概念起源于政治学领域的政府“控制、引导和操纵”，而目前正被越来越广泛地应用于国家和市场、公共及私人管理共同事务的责权利制度。治理本身所具有的制度属性，使得组织制度理论开始应用于各个领域的治理研究中。Jacobson 基于组织制度理论，深入探究了 IT 治理的相关研究成果中尚未完全解决的三个问题：① IT 治理如何实际完成；② IT 治理与绩效之间的联系是什么；③ IT 治理如何随时间而变化[81]。从企业社会责任(Corporate social responsibility)这一视角出发，Campbell 分析得出基本经济条件和公司行为之间的关系可以通过制度措施进行调节：采取公共和私人共同监管，引入非政府或其他独立组织来监督公司行为等[82]。近几年，组织制度理论在工程项目层面的治理研究也逐渐受到关注。Henisz 等从组织制度学观点出发，建立了项目治理的理论解释框架，形成了一系列促进关系契约效力提升的策略，包括：管制制度措施(例如法律、规章、合同和调解、仲裁或诉讼后的强制执行)，规范制度措施(如公众对合理行为的期望和社会变化进程)与认知制度措施(如创造身份认同、弥合价值、兴趣分歧的流程和概念框架)[83]。Yujie Lu 等将组织制度理论与动态治理理论相结合，提出了重大活动类项目的动态治理理论框架[84]。Williams 和 Samset 强调了组织制度理论不仅有助于解决项目前期阶段存在的问题，还同样适用于项目实施阶段的治理[85]。

第 3 章　大型建设工程政府治理理论框架构建

大型建设工程政府治理理论框架是一种基于政府层面(带有行政属性的各级政府部门)的制度安排,这一制度安排不仅包括正式的组织和制度,还包括非正式的组织、制度、规则和文化关系等。各层级政府的委托方和代理方等利益相关者在这一治理框架下通过一系列合约缔结的各种行为来完成各种交易并明确相应的责权利关系。

大型建设工程政府治理理论框架分为两部分:一是治理结构(governance structure),二是治理机制(governance mechanism)。治理结构为政府治理提供了利益制衡的组织结构,各政府层面的利益主体在治理结构下形成了多层级的委托代理关系;治理机制是指把政府的治理目标转化为具体行动,并最终实现治理目标的手段和方法,相对灵活,在一个确定的项目中可以根据需要进行调整。

3.1　大型建设工程政府治理内涵及其特征

3.1.1　政府治理的定义研究

政府职能的实现路径之一是向社会提供公共产品和服务,而大型建设工程大多是政府投资的公共工程,具有成本支出和社会影响巨大等特点,并且与经济、社会和政治等密切相关[56]。因此,投资与管理这类的大型建设工程项目,是政府服务于社会的重要载体。对于一般工程来说,政府属于外部利益相关方,广义来看,包括监管机构、法律机关、政府机构和部门,它们的共同目标是通过建设项目来实现社会目标,而且对项目有着基于道德推动的动机。政府投资的大型建设工程的特殊性在于,其历史起源就是基于政府主导的并扮演着极其重要角色的政府工程。政府的主导作用在促进大型建设工程成就的同时,也引发了权责分配和资源分配失衡(市场内部垄断)、滥用职权、以权谋私、社会矛盾激化及寻租等政府治理失灵问题。在治理范式兴起的背景下，需要借助项目治理理论对大型建设工程政府层面的治理内涵和运行机制进行分析探究，以提升各方对大型建设工程中政府治理作用的复杂性认识。

通过文献综述可以发现，相关的专家学者主要从政治学、经济学、公共行政学等多维度学科视角出发，对政府治理的基本内涵、治理模式和治理机制等方面进行了分析，但是缺乏对工程领域下政府治理内涵的阐释。

关于政府治理的定义阐释，学者主要从治理层次和治理主体两个方面展开。从治理层次来看，政府治理可以分为政府的外部治理和内部治理。政府的内部治理是指政府部门开展政府管理创新、政府管理理念等方面的创新措施，通过不断地建立和完善自身的权威来对公共事务实施管理；政府的外部治理是指政府通过多方协同对社会公共事务实施管理的同时，也受到社会对政府与公共权力的约束，最终达到维护社会秩序、增进公共利益的目的。从治理主体来看，政府治理还是以政府部门为主导，但也强调了市场和社会主体的多方协同治理，而这也受到经济体制和社会结构诸多因素动态变化的影响。

与政治学、公共行政学等学科视角下的政府治理不同，政府投资大型建设工程的政府治理具有其特殊性(表 3－1)。从治理主体来看，由于大型建设工程的复杂性和不确定性，政府依靠其行政权力、合法性和诉求紧迫性，在大型工程建设过程中扮演着非常重要的角色。尽管随着市场经济的发展与完善，政府的角色和作用逐渐发生了变化，但是政府在大型工程中的主导作用和多重角色仍然没有动摇，这涉及与市场和社会主体的多方协同。因此，基于上述论述，本文提出大型建设工程的政府治理是指政府(包括各级政府机构、部门)作为治理中的主导角色，在保证政府自身行为正当性的前提下，通过“治理”的模式和方法来配置制度化权力安排和互动机制，并协调项目各投资主体及其他利益相关方，以实现既定的项目目标。

表 3－1　政府治理内涵的相关定义及特征描述

专家学者	学科领域	定　义	治理主体	基本特征
张立荣、冷向明[86]	公共行政学	在政府的主导作用下，与企业、公民个人通过合作、协商、伙伴关系，确定共同的目标等途径，实现对公共事务的治理	政府主导、官民协同	政府治理范式的动态演化受经济体制和社会结构诸多因素影响

续　表

专家学者	学科领域	定　　义	治理主体	基本特征
王浦劬[31]	政治学	国家行政体制和治权体系基于党和人民根本利益一致性,维护社会的秩序,供给多种制度规则和基本公共服务,以实现公共利益	各级政府行政机关和部门	政府治理途径:依靠国家权力或者公共权力中的治权;政府内部治理:政府体制改革、政府管理创新、政府管理价值理念的创新
唐娟[87]	经济学	以政府为治理主体向社会提供公共物品的过程	政府主导	政府治理的公共性:实现公共目标、维护公共利益
彭忠益、周谨平[34]	社会学	通过规范国家政治关系、政府市场关系和社会伦理关系的制度来实现政府自身对社会的管理	政府主导、市场和第三部门协同	政府治理的正义价值约束
何增科[88]	公共行政学	政府联合多方力量对社会公共事务的合作管理和社会对政府与公共权力的约束的规则和行为的有机统一体,以达到维护社会秩序,增进公共利益的目的	政府主导、市场和社会主体多元治理	政府内部管理的效率和政府对社会的治理的有效性,政府治理行为的正当性
张成福[89]	政治学	政府代表社会施政,促使全体社会成员履行自己的社会义务,同时政府切实履行社会契约规定的条件的过程	政府主导	政府的外部治理:保障社会利益、促进社会公共意志的实现

3.1.2　政府治理的重要特征

1）制度环境下的动态演化

改革开放以来,政府投资大型建设工程对促进中国的社会和经济发展,起到了关键性的作用,但由于我国外部制度情境的不断变化,政府治理机制也伴随着持续演化,呈现出动态适应性的特征。政府投资大型建设工程是一个社会工程,是极度复杂的社会经济系统。政治体制改革是对政权组织、政治组织的相互关系及其机制的调整和完善,对经济社会发展起到重要的保障和促进作用。随着政治经济体制改革的深入,政府在大型建设工程中的职能也开始逐渐转变,进而导致政府治理模式的变化。重大工程无法脱离行业情境的影响,中国建筑业自

21世纪初以来，进行了长期而深入的市场化改革，一系列制度的制定使中国大型建设工程的政府治理模式不断发生演变[90]。技术发展和管理创新也同样推动着大型建设工程政府治理制度的变迁，如政府与社会资本合作(Public-Private Partnership, PPP)的推行，极大地改变了政府对重大工程的治理模式，也成为大型建设工程政府—市场二元作用发生根本性改变的试金石。

2) 治理主体的多层次

从纵向维度来看，政府部门及其相关委托代理方作为政府治理的主体，其行政权力几乎作用于工程的全部层次。从领导层面来看，大型建设工程项目常常会设置由中央和地方政府相关部门组成的临时性领导机构，统筹指挥项目的决策和协调管理工作；从项目法人层面来看，大型建设工程的业主多是由政府部门委托给国有企业，或是事业单位性质的管理局，负责整个项目的投资管理工作，同时还会成立相应的工程建设指挥部负责项目的具体实施管理工作；在工程实施层面，项目的各参建方多是国有企业或者是与政府有密切关系的企业。

从横向维度来看，政府这一治理主体在大型工程建设过程中扮演着多重角色，它既是监督者、指挥者，又是直接参与者。作为监督者，政府通过规范性和强制性的法律法规来实施其对工程的监督和管控权力；作为指挥者，政府往往会集合项目各投资主体组建工程指挥部，以促进前瞻性和长远性决策的形成，发挥政府的战略功能，同时还可以起到有效协调组织间关系的作用；作为直接参与者，政府在土地出让决策、项目审批程序优化等创新政策支持，引导公众情感认知以及促进公众认可等方面起到极为关键的推进作用。此外，当参与建设的市场主体出现利益偏差时，政府还发挥其规范与诱导作用。

3.2 大型建设工程政府治理结构分析

本文主要阐述一般意义上的政府投资大型建设工程的治理结构，或许并不一定能够直接推广到所有的大型建设工程中，但是其治理结构的具体内涵和思路都是类似的，可以有选择、逐步地在其他案例中尝试和探索，最终实现我国大型建设工程项目管理绩效的提升。

3.2.1 政府治理中的委托代理关系

我国政府投资大型建设工程存在多层级复杂委托代理关系，一般可以分为两个层级：公众将全民所有的资产交由政府进行公共管理；政府业主将大型建设工程项目委托给工程实施主体。

1）第一层委托代理关系：公众—政府

第一层级的委托代理关系由大型建设工程的公共品属性所决定，公共品的属性决定了其公共产权的性质。政府投资的大型建设工程属公众所有，要达到所有权与经营权的统一，由公众直接来行使所有权，不但交易成本很高，而且效率也过于低下。面对这种情况，由国家来代理公有产权的所有者行使公共产权就成为一种必然的选择（图 3－1）[91]。

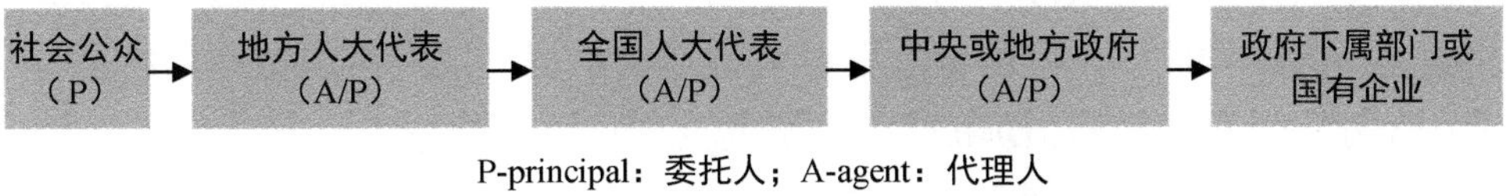

图 3－1　公众—政府层的委托代理关系

总的来说，大型建设工程政府治理中的第一层委托代理关系形成了社会公众—地方人大代表—全国人大代表—中央或地方政府—政府下属部门或国有企业这一委托代理链，在这一委托代理链中，初始委托人是社会公众，最终代理人是政府下属部门或国有企业。社会公众通过投票将监督权力授权给其选出的代表形成地方人大代表和全国人大代表，由地方人大代表和全国人大代表将监督权力授权给相应的政府，政府同时成立相应国有企业作为政府代表行使职权。

2）第二层委托代理关系：政府—市场

在政府投资项目建设过程中，政府作为投资人的地位是虚设的，政府需要委托其各政府机构或相应的国有企业，而各政府机构或国有企业又委托项目管理单位管理项目（图 3－2）。而针对这一层面的行政委托代理模式可以分为两类：

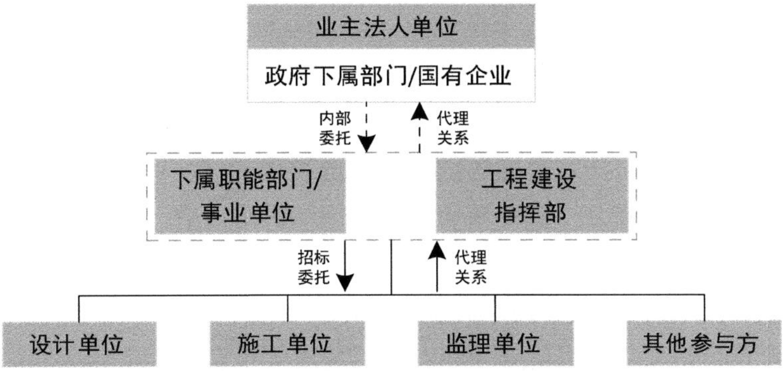

图 3－2　政府—市场层的委托代理关系

一类是政府部门或所属国有企业设立专门的下属职能部门或相应事业单位的行政代理模式;另一类是国有企业投资项目的内部行政委托代理模式,如成立建设工程指挥部。此外,随着我国政府体制改革的进一步推进,政府投资项目的市场代理模式是我国政府投资大型建设工程项目管理的发展模式。

3.2.2 政府治理的主体

大型建设工程政府治理的主体是政府治理的实施者,回答“由谁来治理”的问题。本文结合公司治理中的关键利益相关者治理观,通过分析梳理从计划经济时期到改革开放以来我国政府投资大型建设工程的政府组织结构的特征,探寻大型建设工程中政府治理的主体需要包含哪些关键利益相关者。

在计划经济时期,政府投资大型建设工程实行国家有计划的集中管理,中央或地方政府统一建设。项目所属政府管辖权限和层级根据其规模和性质有所差异,因此对应的临时性领导机构也呈现出多种管理模式,比如湘黔铁路工程采用的工程指挥部模式,北京地铁1号线工程采用的项目领导小组模式,以及南京长江大桥工程采用的工程建设委员会模式。对于这些机构的设置都具有相应的行政级别。在此基础上,临时性领导机构直接指挥各项目参建单位进行工程实施,当中不设立专门的业主机构。自改革开放以来,随着我国建筑业的体制、法制和机制变革,大型建设工程政府层面的组织模式随之发生了比较大的变化,在项目领导和实施层面之间增加了项目法人层面,具有明确的行政级别,但实质上还是政府组织体系中的一部分。此外,项目建设委员会、建设领导小组依旧是领导层临时性项目组织机构的常见表现形式,但计划经济时期常见的工程指挥部模式则很少在中央或地方政府层面看到,更多地出现在项目法人单位下面,负责工程的具体项目管理工作,对接协调管理项目各参建方。

总的来说,政府投资大型建设工程涉及中央和地方政府组织。尽管政府相关部门职能中有大型工程建设职能,但在具体实施项目时,往往是在政府常设机构的基础上,再对项目建设临时组建专门的项目组织,这些组织因为项目建设的开始而建立,随着项目的结束而解散。同时也发现,由政府组建的临时性组织并不是单一性构成的,而是由多个政府主导的组织机构构成。因此,大型建设工程政府层面的组织结构呈现出多层级的委托代理模式,主要包括三个层面:① 领导层,根据项目规模和性质,由中央和地方政府组建临时性领导班子进行统筹管理,主要形式包括项目建设领导小组和项目建设委员会;② 企业法人层,由政府组建具有行政级别的管理公司或管理局,负责项目的全面管理工作;③ 工程指挥部层，由管理公司或管理局通过企业内部行政指令形式成立临时性建设管理组织——工程指挥部，由工程指挥部代其行使项目建设管理工作。

因此，从上文分析的大型建设工程政府治理中的委托代理关系出发，结合我国大型建设工程的政府组织结构特征，本文认为大型建设工程中的政府治理主体包括中央和地方政府建设委员会（或领导小组）、项目的政府投资方或委托方[如政府部门下辖的管理公司（管理局）、工程建设指挥部]，以及作为项目外部治理主体的政府相关行政监管部门。自上而下，政府治理主体形成的层次结构可以分为两个层次：项目建设委员会（或领导小组）层级是整个大型建设工程项目政府治理结构中处于最高层级的一个治理主体，是政府部门和管理公司（或管理局）及其他投资主体利益诉求之地，也承担了争端处理和利益协调的角色；项目的政府投资方或委托方层级则是作为项目的实施层，负责项目的具体规划和执行，确保项目目标的实现。

1）项目建设委员会（或领导小组）

大型建设工程的项目建设协调委员会往往是中央和地方政府的授权机构和派出机构，由政府各个相关部门主管领导共同组建和产生。作为政府成立的机构，中央和地方政府将对大型工程建设的控制权全部或部分授予项目建设协调委员会，由其来代理政府对大型建设工程的建设实施监督、控制和协调，对项目的整体进度、成本等目标进行审核，并就一些重要的政策性问题和涉及多个政府政策性部门的事务进行集体决策。

大型工程建设治理最高组织机构也被称为项目董事会或领导小组。通过制定项目治理的决策，决定为组织战略的实现所需要的项目种类、数量和范围并对项目的最终成果负责。他们设置项目参数，包括预算、时间、成功标准（如质量水平）等，并确定在这些限制条件下要达到的目标。一般项目建设委员会包括了中央政府和地方政府的相关部门（涉及政府投资方）、政府相关政策性监管部门、项目成果使用方等群体代表。

2）项目的政府投资方或委托方

项目的政府投资方或委托方主要包括政府所属国有企业等企业法人或事业单位（管理局或管理公司），以及工程建设指挥部。他们在大型建设工程中主要承担公共项目设施的投资和管理工作，其项目资金主要来自政府财政预算。一般情况下，政府投资大型建设工程项目的具体建设管理实施由政府所属国有企业内部委托的工程建设指挥部来进行，投资主管部门通过审批方式对政府投资大型建设工程项目进行投资计划与决策，并通过不定期或定期的项目稽查方式对项目实施进行监管。

3) 政府相关行政监管部门

目前,我国政府相关行政监管部门往往承担着政府管制者的角色,依法通过许可与审批、备案、检查、行政处罚与处分等监管手段,来监督建设工程参与者执行国家相关部门制定的建筑业建设法律法规、标准规范及各级建设行政主管部门发布的各种命令、办法和规则,从而规范建筑市场。他们关注的是大型工程的建设和各参与者的建设行为给社会造成的影响。政府监管部门在治理中处于强势地位,主要来源于其公共权力的使用,他们属于大型建设工程政府层面的外部治理主体(图 3-3)。

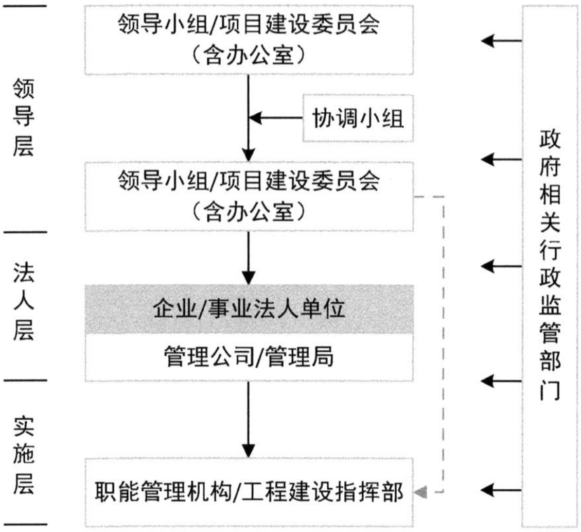

图 3-3 大型建设工程政府治理组织结构抽象图

3.2.3 政府治理的客体及其环境

1) 政府治理客体

大型建设工程政府治理客体是指政府治理的对象。大型建设工程项目存在的基础,是基于因委托—代理而形成的一组契约关系,其中政府层面的多层级契约关系往往起到非常重要的作用。而这种政府层面的契约关系具有契约的不完备性与信息的不对称性,因而产生了大型建设工程项目的政府治理。可见,政府治理的对象就是政府治理主体及其利益相关者之间的契约关系,从契约的本质上来说,治理的客体就是在政府治理过程中所涉及的权、责、利关系。

“权”指的是对项目的控制权和所有权。在公司治理中,是指剩余索取权和剩余控制权。关于“权”的主要问题就是权力的分配问题。在政府治理中,可以理解为是对项目资源的支配权和对财产所享有的占有、使用、收益和处分的权利。

“责”有两层含义:一是指应做的事,如职责、尽责等;二是指没有做好自己工作而应承担的责任。在政府治理中,各政府治理主体及其利益相关者要各司其职、各尽其责,明确交界面的责任分配。

“利”主要指各政府治理主体及其利益相关者在项目建设过程中的收益。政府投资大型工程项目建设过程不同于企业经营，没有利润的分配。项目中“利”对于不同的利益相关者有着不同的概念。如在项目实施层，施工单位、设计单位、咨询单位及供应商的利是通过提供技术服务所获得的报酬，而建设管理方的利是来自业主的委托。在项目领导层，主要是政府管理部门及投资方，他们的利主要表现为项目的顺利实施，不超预算，不出事故，不拖工期，圆满完成建设目标，使得投入的资金发挥最大化效用。

2）政府治理环境

大型建设工程政府治理实施的效果受到来自项目内部和外部环境因素的影响。外部环境从宏观角度影响项目的进展，包括国家的大政方针、经济的发展情况、建筑市场的完善程度、媒体大众的态度。外部环境因素多具有不可抗性，即无法避免不利因素对治理水平的影响，只能调整政府治理结构从而适应外部环境的变化。内部环境具体指包含政府治理相关者层次模型在内的项目运行环境，包括项目信息平台、政府部门的有效性、决策执行效率、管理人员的专业素质、项目组织文化、决策者的领导风格等具体对项目的实施起直接作用的因素。内部环境因素是可控的，排除内部环境中的不利因素也是提高项目政府治理水平的重要途径。

3.3　大型建设工程政府治理机制研究

治理机制回答了“采用何种方式治理”的问题，主要目标是对制度进行设计，以保证项目能够顺利地执行，对各类冲突和风险进行协调处理。因此，大型建设工程政府治理机制可以解释为：政府治理主体在特定项目范围内，借助相关的动力驱使，以某种方法和路径达成项目治理目标的过程。基于 2.3 节关于组织制度理论对大型建设工程政府治理机制研究适用性的阐述，本文将选择 Scott 的组织制度理论，对大型建设工程政府治理机制的内涵进行分析。

Scott 的组织制度理论主要包含规制性制度、规范性制度和文化认知制度三个层面。规制性制度通过拥有政策权力的政府或被正式授权的私人组织对违反者的强制性制裁而在“交易中”得到强制性执行。这里的规制性主要体现在法规颁布、政策制定、规则调整等，以及相关的监控、督察与制裁等方面。相比于依赖正式过程来产生合作，规范性和认知性机制则依赖于需要共同规范和共同价值观的非正式过程。规范性制度是指人们对社会交换过程、正当行为等的共同预期。违反规范性制度的人，会被他周边的其他人通过嘲笑、孤立或排斥等社会性手段进行制裁。文化认知制度则更强调参与者的共同身份、信念或连接不同利益和价值的概念框架。人们如果做了严重违背他们自己信念的行为,会受到来自他们自己内心的惩罚,如严重的"认知错乱"等内心煎熬。

根据组织制度理论和政府角色的描述,大型建设工程中的政府治理机制在组织制度理论下的各个制度层面均可以得到很好的解释。同时,需要强调的是,由于制度要素是相互依赖的,如果在政府治理机制某一层面有所缺失,那么其他两个层面的表现一定会相应地增强[92]。

1) 规制性机制

大型建设工程项目通常是在制度环境的需求下运行。这些复杂项目影响了公众健康和安全、环境可持续性与生活质量,因此,项目需要遵守严格的正式管制要求。从这层意义上来说,大型建设工程项目需要遵守已有的"博弈规则"和法律层面的规制性制度。比如,从政府相关行政监管部门这一治理主体来看,在计划规制方面,需要加强对项目计划审批程序的治理,建立相应的稽查制度、项目后评价机制和责任追究机制等,对项目投资安排实施情况进行监督和检查;在资金规制方面,需要通过资金集中支付机制和财政评审机制有效避免腐败行为的滋生;在审计规制方面,需要通过加强项目概、预、结算的审计,真实、合规地评价投资效益情况;在监察规制方面,需要加强行政纪律维护,促进廉政建设,实施对项目腐败问题的专项治理,并进行效能督查。

与此同时,大型建设工程中的政府治理主体包括中央和地方政府建设委员会(或领导小组)、项目的政府投资方或委托方[如政府部门下辖的管理公司(管理局)、工程建设指挥部],政府部门及其所属行政单位作为治理的主导角色,由于其行政权力、合法性和诉求紧迫性,往往会在建设过程中采取明确、外在的各种正式管制机制,比如合法性规则设置、监督问责和奖惩规定。大型建设工程的决策一般集中在顶层组织(主要由中央和地方政府相关部门组成)进行,指令传达的方式是通过行政权力的层级,并用强制性的措施来要求被治理方顺从[93]。因此,大型建设工程需要在相对固化的治理结构中实施且需要符合各项严格制度流程的规定,比如我国大型工程的政府治理一般采取"领导层—公司法人层—实施层"的三层次组织结构,其中比较特别的是业主法人组织的设置,以市场化配置来替代政府进行项目的投融资管理。需要注意的是,治理结构的选择需要依据工程项目的具体情况而定,即要满足治理结构与项目相契合的制度要求。

2) 规范性机制

大型建设工程项目的高度不确定性,使得严格的规制性机制无法有效地规避投机行为，而规范性机制能够通过建立非正式的被人们默认的行为规则或契约，来实现对项目的有效推进。因为在我国制度情境下，政府在工程建设过程中的主导参与，与政府的社会关系对企业来说有着特殊的意义，而政府所具有的关键资源和商业机会，对企业未来发展十分重要，这使得项目参建方会倾向维护与政府方良好、诚实的关系，同时愿意为维护这种关系付出更多的努力，以期望与政府形成长久且牢固的合作关系，进而为自己带来其他的工程项目。此外，国有企业的行政属性会使得政府和国有企业之间可以通过行政级别形成更为高效的合作机制，这也是政府部门在选择项目参建方的时候会倾向选择国有企业的原因。因此，规范性机制在政府治理过程中的重要作用不容忽视，不仅体现在如何通过充分利用项目参建方强烈的合作意愿，与其建立良好且有效的合作机制，还体现在如何搭建信息共享的平台，创造高效的沟通协调组织结构和运作机制。

3）文化认知机制

文化认知机制可以显性化为人们的价值取向、道德伦理规范等层面，它强调了参与者的共同身份、信念或连接不同利益和价值的概念框架。文化—认知机制不仅可以涉及其他非正式制度层面，还能够在形式上形成相关正式制度的理论体系。在治理过程中，高层管理者通过在组织网络中建立更大的共同价值观来寻求多方合作并减少机会主义的发生率[93]。

因此，政府在正式的行政手段和合同手段之外，可以通过各种途径来宣传大型建设工程的政治意义、社会效益、经济效益等积极信息，构建其特有的工程理念，从而在更大的范围内构建一个共同的价值观，以达到社会的广泛认同。比如对上海虹桥综合交通枢纽工程的建设，政府部门将其定位为“加速上海和长三角经济社会一体化发展，促进长三角区域交通一体化”的重要举措。同时，大型建设工程由于其公共属性，往往会和社会公众的生产生活息息相关，因此，通过公众参与机制的引入，不仅有利于共同价值观的建立，还能够有效避免工程建设过程中可能出现的公众维权问题。

中国的大型建设工程项目的政府治理机制不仅包括了社会主义体系下已有的社会和政治结构，还包括了对国家荣誉和民族自豪感的共同认知。由于这些项目都是一些高度引人注目的项目，具有非常广泛的社会意义，参建企业会利用机会来获取其自身在市场上的地位；同时出于责任感和民族自豪感，也会更加努力地投入项目中[57]。

4）政府管理创新机制

政治学领域的专家学者提出政府治理包含政府的内部治理，如政府管理理念的创新，以及政府管理制度的创新[94]，因此，还应该从内部治理的视角分析大型建设工程的政府治理机制。通过分析调研我国大型建设工程案例可以发现，政府往往会借助自身的行政权力和资源控制，采取相应的管理创新机制来促进项目的顺利实施，比如突破行政审批的常规制约、政府管理绩效的评估实施和信息化等。与此同时，随着我国国家治理体系和治理能力现代化的推进，“有限政府”“高效政府”“服务政府”的政府管理理念也体现在我国建筑业体制、法制和机制的改革中，进而对政府投资大型建设工程项目的成功实施产生非常重要的影响。

3.4 大型建设工程政府治理理论概念框架

在对大型建设工程政府治理进行定义研究的基础上，通过对政府治理结构和治理机制进行多维度分析探究，最终形成大型建设工程政府治理理论的概念框架，如图 3-4 所示。

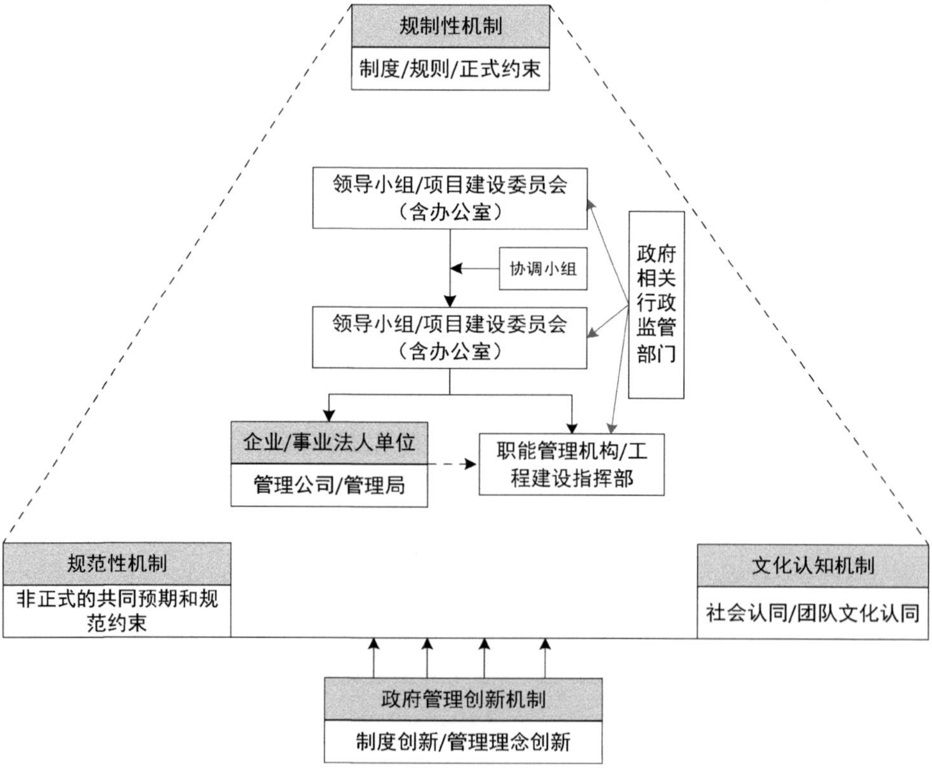

图 3-4 大型建设工程政府治理理论框架图

第4章　大型建设工程政府治理核心内涵要素体系建立

4.1　核心内涵要素体系建立的方法概述

4.1.1　研究方法的选择

本章的研究目的是探索中国情境下大型建设工程政府治理的内涵构成，需要从中国大型建设工程项目实践中获取原始数据。此外，现有关于政府投资大型建设工程政府治理内涵的研究尚未明确大型建设工程政府治理的具体内涵，且较少考虑中国特有的情境因素。因此，旨在通过现实数据提炼出基本理论的扎根理论分析方法非常适合内涵和外延不明确的理论概念研究。

国内外许多研究学者利用扎根理论方法在各个学科领域开展了相关研究，其中就包括了建设工程领域。张瑞等借助扎根理论研究方法，在访谈资料以及相关数据的分析基础上，构建得出工程交易模式创新设计的影响因素体系[95]。尹贻林和李志钦等基于扎根理论，通过访谈调研资料探究了公共项目的契约治理和关系治理内容结构体系[25,96]。Rahmani 等则列举了扎根理论在施工危机管理、知识管理和组织管理中的广泛应用[97]。因此，本文立足于中国国情，选用扎根理论研究方法进行大型建设工程政府治理的内涵研究，以构建出政府治理核心内涵要素体系。

4.1.2　扎根理论的研究步骤

扎根理论的研究步骤可分为文献回顾、原始资料收集与整理、三层次编码、理论饱和度检验[98]等。本文仅运用文献回顾、原始资料收集与整理、数据分析三个步骤。

1）文献回顾

文献回顾作为扎根理论研究方法较其他研究方法最具差异性和争议性

的研究步骤，不同的学者持有不同的观点。本文采用 Suddaby 的方法，从公共政治学、政治学、经济学等多维学科视角对政府治理的内涵进行了初步了解，并对大型建设工程的相关特征进行了探究[99]。具体内容可以参见本文的第 2 章。

2）原始资料收集与整理

采用扎根理论研究方法收集了相关研究文献之后，还需要对相关的原始资料作进一步整理，原始资料可以来自新闻报道、访谈内容、深度观察记录等，也可以是现有文献、研究者本身及其研究对象的观点、历史信息或个人经历，通过文献收集、调研访谈等途径得到。对于本文来讲，更适合以具有代表性的我国大型建设工程实际案例为原始资料，而关于具体案例所涉及的背景资料和访谈文本，则需要保证其资料数据的真实性和可靠性。

3）数据分析

研究采用手工编码方式，对访谈问题的内容进行细致的阅读和分析，以识别和梳理出与研究主题相关的描述，并在此基础上完成贴标签的工作。

4.2 数据收集

4.2.1 案例选择

本文在进行案例选择过程中，先要保证所选案例的代表性，即属于政府投资的大型建设工程项目；为避免项目复杂程度、项目类型等变量不同导致的结果差异，所选取的案例应包括各个专业领域的大型建设工程，以体现所选案例复杂程度的梯度性，同时体现扎根结果的普适性。

综合以上标准，本文选择上海市建设和交通委员会负责编制的《巨变——上海城市重大工程建设实录》大型口述史丛书作为原始资料数据，其中包含 10 个政府投资大型建设工程项目参与者和建设者的真实访谈实录，分别为上海世博会、虹桥综合交通枢纽、苏州河治理、洋山深水港、长江口深水航道、长江隧桥、轨道交通、新外滩、黄浦江大桥和青草沙水源地工程（表 4－1）[100]。书中访谈内容翔实，涉及项目各参与方关于项目规划、设计、施工和运营全过程建设经过和细节的口述；角度多元，所包含的工程涉及地铁工程、工业工程、桥梁工程、环境治理工程等，因此具有非常好的全面性和可信度，也和本文的研究主题非常契合。

表 4-1　大型建设工程案例基本情况一览表

项目名称	项目内容	工程类别	投资规模（元）	工　期	政府治理主体
上海世博会工程	包括市政及配套工程、场馆及配套服务设施	场馆工程/市政配套工程	233 亿	2003.10—2010.3	上海世博会事务协调局/工程建设指挥部
虹桥综合交通枢纽工程	集航空、铁路、高速公路、磁浮、地铁、地面公交等功能于一体的综合交通枢纽	机场工程	474 亿	2006.4—2011.6	项目建设领导小组/工程建设指挥部
苏州河治理工程	涉及一至三期工程，集水利、防汛、环保、环卫、绿化等内容于一体	环境工程	140 亿	1998.5—2010.9	苏州河综合整治领导小组/苏州河环境综合整治领导小组
洋山深水港工程	涉及东、西、南、北四个港区，分三期实施	港口工程	139 亿	2001.2—2015.11	洋山深水港工程建设指挥部
长江口深水航道工程	涉及建筑物整治工程、航道疏浚工程	环境工程	150 亿	1997.11—2010.11	长江口航道管理局/长江口航道建设有限公司
长江隧桥工程	以隧道方式穿越长江口南港水域，以桥梁方式跨越长江北港水域	隧桥工程	110 亿	2002.12—2009.10	长江隧桥建设发展有限公司、长江隧桥工程指挥部
轨道交通工程	涉及 10 个快速轨道交通项目的新建	地铁工程	数千亿	2004.11—2010.4	上海市轨道交通建设有限公司、上海市地铁建设指挥部
新外滩工程	涉及外滩通道工程、新建路隧道和人民路隧道	市政配套工程	60 亿	2007.4—2010.3	外滩地区交通综合改造工程指挥部
黄浦江大桥工程	涉及十座跨江大桥的建设	桥梁工程	数百亿	2000.3—2010.5	大桥工程建设指挥部
青草沙水源地工程	涉及青草沙水库、长兴岛域输水管线、五号沟泵站、严桥支线等工程	市政配套工程	170 亿	2006.1—2011.4	青草沙投资建设发展有限公司/工程建设指挥部

4.2.2 案例描述与分析

在《巨变——上海城市重大工程建设实录》大型口述史丛书中，针对每个工程案例都包含着数十名项目参与者的访谈实录，他们或是项目的决策者和规划者，或是项目的建设者和管理者。由于本文主要研究大型建设工程政府治理的内涵，因此，从中主要选择政府层面的项目建设者（包括政府投资主体成员、工程指挥部成员等，从正面了解政府治理的内涵），以及少数项目参建方代表（包括设计方、施工方等，从侧面了解政府治理的内涵）的访谈内容作为基础材料，以此来保证后续数据分析结果的契合度。

为了能够更加清晰地揭示上述十大工程案例中所选择的访谈人员背景情况，本文对访谈人员的年龄、职务、所在部门层级和兼任情况等方面进行了梳理和阐述，如表 4－2 所示。

表 4－2 访谈人员情况梳理表

<table>
<tr><th>项目</th><th>访谈人员</th><th>层级</th><th>项目</th><th>访谈人员</th><th>层级</th></tr>
<tr><td rowspan="13">上海世博会工程</td><td>上海世博局副局长/指挥部副总指挥</td><td rowspan="3">项目领导层</td><td rowspan="10">虹桥综合交通枢纽工程</td><td>指挥部副总指挥</td><td rowspan="4">项目领导层</td></tr>
<tr><td>上海世博集团投资发展部总经理</td><td>上海申虹公司总经理</td></tr>
<tr><td>上海世博集团世博项目部总经理</td><td>上海申虹公司副总经理</td></tr>
<tr><td>工程指挥部办公室副主任</td><td rowspan="8">指挥部层</td><td>上海公路投资建设发展公司</td></tr>
<tr><td>指挥部中国馆项目部经理</td><td>上海申虹公司总工办主任</td><td rowspan="4">指挥部层</td></tr>
<tr><td>指挥部世博轴/公园项目经理</td><td>上海申虹公司计划财务部部长</td></tr>
<tr><td>指挥部世博轴项目副经理</td><td>指挥部工程管理部主任</td></tr>
<tr><td>指挥部 AB 片区场馆项目经理</td><td>虹桥枢纽项目进度总控小组</td></tr>
<tr><td>指挥部 C 片区场馆项目经理</td><td>上海市建管公司副总经理</td><td rowspan="2">项目承包商</td></tr>
<tr><td>指挥部 DE 片区管理部副部长</td><td>上海建工集团副总裁</td></tr>
<tr><td>指挥部城市最佳实践区项目经理</td><td rowspan="3">新外滩工程</td><td>上海市重大办副主任</td><td rowspan="3">政府监管部门</td></tr>
<tr><td>上海建工集团世博会工程副总指挥</td><td>总承包商</td><td>上海市建交委综合规划处处长</td></tr>
<tr><td>世博会工程总体项目管理团队负责人</td><td>咨询单位</td><td>虹口区建交委副主任</td></tr>
</table>

续　表

项目	访　谈　人　员	层级
苏州河治理工程	苏州河综合整治领导小组成员	项目领导层
	苏州河综合整治领导小组办公室成员	
	苏州河整治领导小组办公室副主任	
	苏州河整治建设公司工程部副经理	指挥部层
	苏州河整治建设公司工程部经理	
	长宁区苏州河综合整治办公室负责人	
	长宁区苏州河综合整治办公室副主任	
轨道交通工程	上海地铁工程建设指挥部总指挥	项目领导层
	上海轨道交通建设指挥部副总指挥	
	上海地铁工程建设指挥部副总指挥	
	上海城市轨道交通建设公司总经理	
	指挥部推进办副主任	指挥部层
	上海轨道交通申嘉线发展公司董事长	
	指挥部办公室副主任	
长江隧桥工程	长江隧桥建设发展有限公司总经理	项目领导层
	长江隧桥建设指挥部办公室副主任	
	长江隧桥建设发展有限公司总工程师	
	长江隧桥建设发展有限公司副总经理	
新外滩工程	上海市城投开发总公司	项目领导层
	外滩综合开发办公室主任	
	外滩综合改造工程项目部总经理	指挥部层
	外滩综合改造工程项目部副总经理	
	上海建工集团常务副指挥	承包商
长江口深水航道工程	长江口航道建设有限公司总经理	项目领导层
	长江口航道管理局副局长	
青草沙水源地工程	上海市建设委员会副主任	政府监管部门
	上海市建设委员会规划处处长	
	青草沙投资建设发展公司董事长	项目领导层
	青草沙投资建设发展公司总经理	
	青草沙投资建设发展公司副总经理	
	上海青草沙水库项目部常务副主任	指挥部层
洋山深水港工程	深水港工程港口分指挥部指挥	
	港口公司总经理	项目领导层
	三航局洋山分公司总工程师	
	上海港务公司洋山项目副总经理	承包商层
	通州建总集团洋山项目部经理	

续 表

项目	访谈人员	层级	项目	访谈人员	层级
黄浦江大桥工程	南浦、杨浦大桥建设指挥部总指挥	项目领导层			
	南浦大桥建设指挥部副总指挥				
	上海公路投资建设有限公司副总经理				
	闵浦大桥主桥工程项目经理	指挥部层			

从访谈人员的选择情况来看，基于本研究的主题，被选择的访谈人员人数共计 66 人，其中，上海世博会工程 13 人，虹桥综合交通枢纽工程 10 人，新外滩工程 8 人，苏州河治理工程 7 人，轨道交通工程 7 人，青草沙水源地工程 6 人，洋山深水港工程 5 人，长江隧桥工程 4 人，黄浦江大桥工程 4 人，长江口深水航道工程 2 人。

从访谈人员的年龄和知识背景来看，一般分布在 40～55 岁之间，具有本科及其以上学历，并且具有非常丰富的大型工程建设经验；同时，访谈人员中还存在着比较明显的兼任情况，往往一人身兼数职，并或多或少具有相关的政府工作背景。从访谈人员的层级来看，主要涉及政府监管部门、项目领导层、项目指挥部层面；其中也包括少量的项目承包商代表，因为通过施工方的角度和诉求，可以侧面揭示出政府治理过程中需要注意的问题。

4.3 数据分析及结果

4.3.1 开放性编码

在上述涉及的十大工程案例(包含 66 份访谈报告)中，7 个工程案例(上海世博会、虹桥综合交通枢纽、黄浦江大桥、洋山深水港、新外滩、长江口深水航道和轨道交通工程)将被用于构建模型，其余 3 个工程案例(长江隧桥、苏州河治理和青草沙水源地工程)用于检验理论饱和度。

开放性编码(Open Coding)的核心思想是将访谈文本中的关键内容赋予概念，并以另外一种方式重新组合。开放性编码的过程主要包括以下步骤。

1) 贴标签

通过对访谈资料进行细致的内容整理和分析，共贴出 213 个标签，将其设定为最小分析单元。

2）概念化和范畴化

将上述标签调整为116个概念，并通过分析对含义相关的概念进行归类，以聚拢为一个范畴。基于此，本文最终提炼出了25个范畴。表4-3所列是某项目访谈资料开放性编码的部分内容，开放性编码提取的范畴集合见表4-4。

表4-3　某项目访谈资料开放性编码(部分)

某项目的访谈人员记录(部分) (贴标签)	开放性编码	
	概念化	范畴化
2007年以后，时间实在不行了，我们感觉到整个世博如果没有一个统一的组织去指挥、领导和协调，就不能形成一个好的建设机制。因此，我们成立了世博工程建设指挥部，指挥部领导小组由市领导杨雄副市长亲自挂帅，我也是以建交委副主任的身份加入了指挥部。 …… 关于我们工程指挥部办公室的运作，我们是每个项目部派出两到三个人，成为这个项目部的灵魂，然后招聘社会上的工程管理团队跟我们合而为一。其次，我们紧紧依靠施工总承包单位，在同等条件下，我们原则上向国有大中型的有管理经验的企业倾斜，这样许多工程项目上的管理可以直接交给总包来解决。 关于我们指挥部层面的工程管理，原则上是面向第一线倾斜，分配好的员工到一线，给项目经理比较大的权力和责任；同时，我们的监督管理机制也会同步跟上，这样使得他有职有责有权，同时受到监督，又可以在工程正常推进过程中保证廉政建设。 ……	aa1 统一的集成化组织 aa2 工程建设指挥部 aa3 政府官员兼任 aa22 项目管理团队的引入 aa23 对施工总包的重视 aa24 国有企业的选择 aa25 项目经理的权力和责任 aa26 监督管理机制 aa27 党风廉政建设	a1 指挥部等集成式协调机构的设置 a2 高层管理者的领导力 a12 市场交付模式的运用 a13 政府对项目参建方的倾向性选择 a14 组织内部责权利的合理安排 a15 党风廉政建设规制

表4-4　开放性编码——提炼范畴

序号	开放性编码提取的范畴集合	序号	开放性编码提取的范畴集合
a1	指挥部等集成式协调机构的设置	a4	党建联建机制
a2	高层管理者的领导力	a5	前期论证的科学性
a3	誓师大会、倒计时100天等主题活动	a6	决策流程的合规性

续 表

序号	开放性编码提取的范畴集合	序号	开放性编码提取的范畴集合
a7	决策权的分配机制	a17	舆论宣传和理念策划
a8	政府管理制度创新	a18	政府高层领导者的支持
a9	业主法人组织的成立	a19	公众参与机制
a10	市场化交付模式的运用	a20	会议制度的多维度利用
a11	政府内部的跨部门协同	a21	会议纪要的规范约束性
a12	市场交付模式的运用	a22	协调机构的多层级性
a13	政府对项目参建方的倾向性选择	a23	信息共享平台的搭建
a14	组织内部责权利的合理安排	a24	合同关系下的互信机制
a15	党风廉政建设规制	a25	文化背景差异的弥合机制
a16	立功竞赛和先进个人评选机制		

4.3.2 主轴性编码

主轴性编码的目的是通过仔细分析开放性编码提取结果中的 116 个概念和 25 个范畴，结合大型建设工程项目政府的广泛参与背景，最终形成大型建设工程政府治理的 4 个主范畴和 10 个次要范畴，如表 4－5 所示。

表 4－5 主轴性编码——形成主范畴

主 范 畴	次 要 范 畴	开放性编码提取的范畴
A 规制性机制	A1 问责监管规制	A11 监督管理规制(政府行政监管部门)
		A12 党风廉政建设规制
	A2 政府决策规制	A21 前期论证的科学性
		A22 决策流程的合规性
		A23 决策权的分配机制

续　表

主　范　畴	次 要 范 畴	开放性编码提取的范畴
A 规制性机制	A3 治理结构规制	A31 业主法人组织的成立
		A32 市场化交付模式的运用
B 规范性机制	B1 治理组织的合理配置	B11 领导小组/指挥部等集成组织的设置
		B12 组织内部责权利的合理安排
		B13 高层管理者的领导力
	B2 信任约束下的合作机制	B21 政府内部的跨部门协同
		B22 合同关系下的互信机制
		B23 政府对项目参建方的倾向性选择
	B3 高效的沟通协调机制	B31 信息共享平台的搭建
		B32 协调机构的多层级性
		B33 沟通反馈的及时性
	B4 有成效的会议机制	B41 会议制度的多维度利用
		B42 会议纪要的规范约束性
C 文化认知机制	C1 社会认同机制	C11 舆论宣传和理念策划
		C12 政府高层领导者的支持
		C13 公众参与机制
	C2 团队文化认同机制	C21 文化背景差异的弥合机制
		C22 立功竞赛和先进个人评选机制
		C23 誓师大会、倒计时 100 天等主题活动
		C24 党建联建机制
D 政府管理制度创新机制	D1 政府管理制度创新	D11 验收、审批等管理制度创新

4.3.3 选择性编码

选择性编码的目的是寻找主范畴之间的内在关联，以形成一个完善的研究框架。基于研究主题，本文的核心范畴可以定义为“大型建设工程政府治理内涵及其作用机制”。通过借助“故事线”的方式，对主范畴、核心范畴及其他范畴进行相应的整合：① 根据对原始资料和各级编码的分析，公共项目关系治理机制概念的故事脉络是为促进政府投资大型建设工程项目的实施，政府治理主体在我国特有情境下产生的文化认知机制的“土壤”上，通过强制性机制和规范性机制等方式促进项目的全方位管理，同时借助政府内部的治理机制实现政府职能的规范化管理。② 对主范畴、次要范畴进行联系和比较，可以发现政府治理内涵及其作用机制与其他范畴都存在一定的联系；规制性机制、规范性机制、文化认知机制和政府管理制度创新机制可作为政府治理在大型工程项目实施中的具体内涵表现。③ 对核心范畴和其他层级范畴的关系进一步分析，如“文化认知机制”(C)作为大型建设工程政府治理的内涵之一，其中一种体现就是社会认同机制的建立，而社会认同的获得可能来自“舆论宣传和理念策划”(C11)、“政府高层领导者的支持”(C12)、“公众参与机制”(C13)。最终建立了包含各范畴和概念的关联构思体系，最终得到了大型建设工程政府治理的内容结构体系，如图 4－1所示。

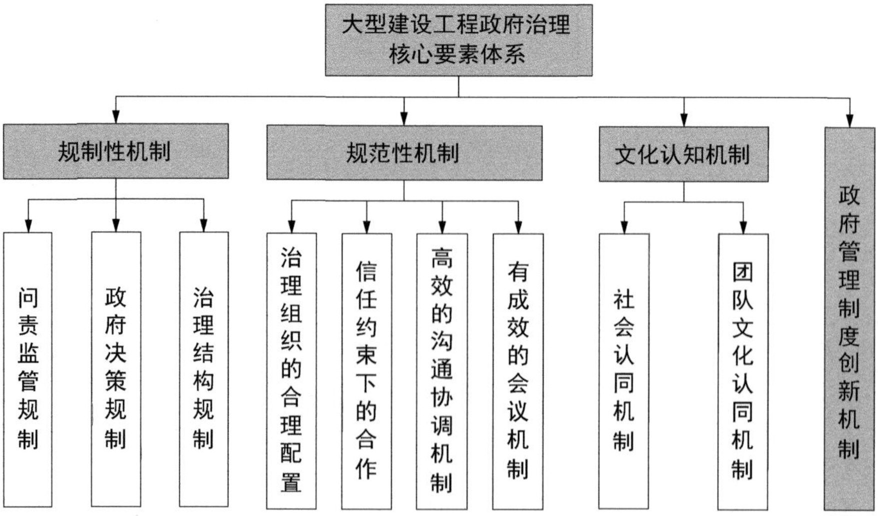

图 4－1 扎根理论下的大型建设工程政府治理核心要素体系图

4.3.4　饱和度检验

对剩余的 3 个工程案例(长江隧桥、苏州河治理和青草沙水源地工程)所涉及的访谈报告作进一步分析,结果显示,模型中的范畴已经发展得非常丰富,对于大型建设工程政府治理内涵要素的主要范畴(规制性机制、规范性机制、文化认知机制和政府管理制度创新机制),均没有发现新的重要范畴和关系。由此,本文判定扎根理论构建的模型是可信的,理论饱和可信。

4.4　大型建设工程政府治理核心内涵要素体系建立

为了进一步完善和优化初步建立的大型建设工程政府治理核心内涵要素体系,本文在运用扎根理论研究方法的基础上,进一步结合相关文献研究最终形成大型建设工程政府治理的内涵体系。

关于政府治理这一研究主题,国内外已有相关文献主要基于政治学、公共行政学等学科领域对其内涵和运行机制进行分析研究;而在大型建设工程领域,相关研究学者主要是探究政府在大型工程领域中的作用机理,而没有关于大型工程政府治理的内涵阐述。因此,本章主要从以下两个方面进行相关文献的搜集和整理工作:① 以“政府治理”(governmental governance)为主题词,通过中外文数据库进行文献检索;② 以“项目治理(project governance)+政府(government)”为主题词,通过中外文数据库进行文献检索。通过阅读筛选,得到符合要求的研究文献(共计 14 篇)作为分析依据,整理出各文献涉及的政府治理内涵要素。具体分析结果如表 4-6 所示。

表 4-6　国内外已有文献的政府治理内涵描述

作　者	政府治理内涵描述	比较分析
王浦劬[31]	政府自身的内部管理:政府运行流程改进,政府行政管理的科学性; 政府和社会关系的处理:社会协同、公众参与; 强制性机制:利用公共权力	可并入 A11、D11 指标
霍春龙[102]	目标形成机制:参与、表达和博弈、信息沟通; 公共物品提供机制:强制性机制; 评估机制:政府治理绩效评价; 竞争激励机制:公民认同、领导认同	可并入 B3 指标; 可并入 D11 指标; 将 D22 指标描述改为“竞争激励机制”

续　表

作　者	政府治理内涵描述	比较分析
安然[103]	透明性：政治、经济等各种信息的公开化； 责任性：对自身行为的负责； 回应性：对公民要求作出及时负责的反应； 有效性：组织结构的合理设置	可并入 C13 指标； 增加指标“治理结构与项目的契合性”
张璋[104]	组织性工具：为实现自身意图而将社会团体纳入自己的组织； 规制性工具：带有强制性的法规和命令，包括规则、指令、规范	可并入 A 指标
包国宪、郎玫[105]	政府的内部治理机制：政府体制改革、政府管理制度创新、政府管理理念创新	增加指标“政府管理理念创新”
包国宪、霍春龙[106]	权力的合理配置；公民参与；政府治理主体间的合作机制	可并入 B12、C13、B21 指标
肖俊奇[107]	政府行政部门的监管机制：行政规制（审批规制、资金规制、审计规制和监察规制）、社会性规制和经济性规制	增加指标“行政性规制”“社会性规制”“经济性规制”
尹贻林[70]	信任机制；承诺机制；合作机制；未来的合作意愿；领导视察；开展组织考察和学习活动	均可并入相关指标
Christopher[108]	信息类工具：信息传播、信息引导； 权威性工具：颁发“荣誉”“奖牌”“许可”等； 组织性工具：成立或者撤销某些组织	可并入 B11、B31、C22 指标
Zhai[57]	组织治理结构设置；领导的责任感；承包商的适当选择；共同价值观构建	均可并入相关指标
Dean[109]	威权主义：流程的合规性、严格的治理结构； 自由主义：治理结构的灵活性（市场机制引入，外部力量）； 新自由主义：团队价值观和意识形态的一致性	可并入 A22、A3 指标； 可并入 A3 指标； 可并入 C2 指标
Biesenthal[110]	组织集成：建立监督协调委员会，构建集成团队；先前项目的丰富经验；当地文化信仰	可并入 B11、C 指标
Müller[111]	项目管理者的自主权；高层管理者的支持；项目管理办公室；灵活的组织结构；通信媒体的采用；责任心的提升	均可并入相关指标
Lips[112]	前期策划与战略决策；制度设计与工作流程；监督管理机制；公共监督；党风廉政建设；风险管理	可并入 A 指标

通过上述文献分析，可以明确采用扎根理论研究方法初步获得的大型建设工程政府治理的内涵要素构成与文献中政府治理内涵描述的联系，同时也梳理出存在的不足之处，需要对扎根理论方法初步得出的政府治理内涵要素体系进行相应的修正，进而得到本文最终的大型建设工程政府治理内涵要素体系，如表 4-7 所示。

表 4-7　大型建设工程政府治理核心内涵要素体系

主范畴	次要范畴	开放性编码提取的范畴
A 规制性机制	A1 问责监管规制	A11 行政性规制（审批、经济、审计、监察）
		A12 社会性规制（环保、城乡规划等部门）
		A13 经济性规制（建设主管部门/行业主管部门）
		A14 党风廉政建设规制（内部监督控制体系）
	A2 政府决策规制	A21 前期论证的科学性（专家咨询论证制度）
		A22 决策流程的合规性（决策责任追究制度）
		A23 决策权的分配机制（重大事项集体决策制度）
	A3 治理结构规制	A31 治理结构与项目的契合性
		A32 业主法人组织的成立
		A33 市场化交付模式的运用（代建制、PPP）
B 规范性机制	B1 治理组织的合理配置	B11 领导小组/指挥部等集成组织的设置
		B12 组织内部责权利的合理安排
		B13 高层管理者的领导力（项目经验、责任感等）
	B2 信任约束下的合作机制	B21 政府内部的跨部门协同
		B22 合同关系下的互信机制
		B23 政府对项目参建方的倾向性选择
	B3 高效的沟通协调机制	B31 信息共享平台的搭建
		B32 协调机构的多层级性
		B33 沟通反馈的及时性

续 表

主 范 畴	次 要 范 畴	开放性编码提取的范畴
B 规范性机制	B4 有成效的会议机制	B41 会议制度的多维度利用(决策、例行会议等)
		B42 会议纪要的规范约束性
C 文化认知机制	C1 社会认同机制	C11 舆论宣传和理念策划
		C12 政府高层领导者的支持
		C13 公众参与机制(公共监督和参与决策)
	C2 团队文化认同机制	C21 文化背景差异的弥合机制
		C22 竞争激励机制(立功竞赛和先进个人评选)
		C23 誓师大会、倒计时 100 天等主题活动
		C24 党建联建机制
D 政府管理制度创新机制	D11 政府管理创新	D11 政府管理理念创新(有限政府、信息化等)
		D12 政府管理制度创新(审批、验收、评估制度)

第5章 政府治理对项目管理绩效的改善机制研究

本章通过问卷调查，借助结构方程模型分析方法，探究政府治理及其各个核心内涵要素对大型建设工程项目管理绩效的影响程度，并针对数据分析结果进行讨论，探究大型建设工程政府治理的实施策略，以达到项目管理绩效提升的目的，同时为政府项目部门制定相应的大型工程项目治理策略提供参考和指导。

5.1 研究假设和理论模型建立

5.1.1 研究假设

英国重大项目研究中心(Major Projects Association)在通过对10个国家和地区的30个巨型项目的研究后指出，制度环境要素对保证工程可持续性起到关键作用，需要政府层面制定政策整合公共部门及私人投资组织的资源[113]。政府在西方公共投资项目中的作用已经越来越受到重视。在过去的十年里，许多西方国家制定并实施了包括政府治理在内的项目治理框架，确定了政府如何通过监督和控制来改善项目的实施情况，并组成了项目改革的一部分。而在我国特有的制度情境下，政府在大型工程建设过程中更是起到了非常重要的作用。作为法律规范的制定者、工程建设的监督者，政府依靠其行政力量的介入为大型建设工程项目的实施提供制度和政策上的连续性保障；作为项目决策和建设的指挥者，政府往往会集合政府各投资主体组建领导小组或工程指挥部等临时性政府组织机构，以起到有效协调组织间关系的作用，并在推进工程进度和提高工程效率上能够带来显著的成效；作为项目的直接参与者，政府在土地出让决策、项目审批程序优化等创新政策的支持、引导公众情感认知以及促进公众认可等方面起到极为关键的推进作用。这些都说明了政府治理机制对于大型建设工程项目管理绩效提升的重要性。

关于政府对大型建设工程的治理，第 4 章节已经通过扎根理论方法识别出大型建设工程政府治理核心内涵要素。因此，基于以上分析，本文从四个层面、十个政府治理核心内涵要素出发，提出其对大型建设工程项目管理绩效提升的研究假设。

5.1.2 理论模型构建

为了提高实证研究的可操作性，基于大型建设工程政府治理核心内涵要素的提取结果，在保留核心因素和作用过程的前提下，初步构建了政府治理对大型建设工程项目管理绩效的影响路径模型，并提出基本路径假设，如表 5－1 所示。

表 5－1 设计的结构路径图和基本路径假设

<table>
<tr><th>设计的结构路径图</th><th>基本路径假设</th></tr>
<tr><td>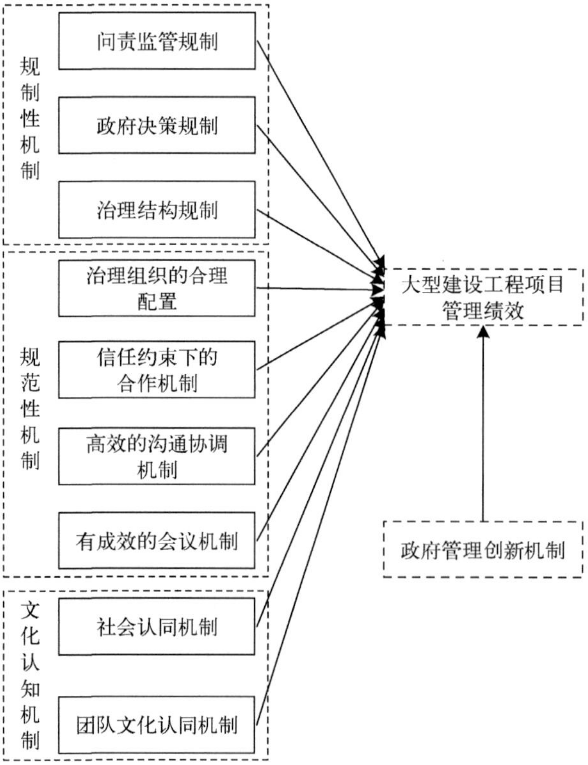
</td><td>H1：问责监管规制对项目管理绩效有正向影响
H2：政府决策规制对项目管理绩效有正向影响
H3：治理结构规制对项目管理绩效有正向影响
H4：治理组织的合理配置对项目管理绩效有正向影响
H5：信任约束下的合作机制对项目管理绩效有正向影响
H6：高效的沟通协调机制对项目管理绩效有正向影响
H7：有成效的会议机制对项目管理绩效有正向影响
H8：社会认同机制对项目管理绩效有正向影响
H9：团队文化认同机制对项目管理绩效有正向影响
H10：政府管理制度创新对项目管理绩效有正向影响</td></tr>
</table>

5.2　问卷设计和描述性统计

5.2.1　指标选取和问卷设计

1）指标选取

作为建设项目管理的铁三角，对政府投资大型建设工程项目管理绩效的测量首先必须包含对工期、成本和质量的评价。在此基础上，业主及项目各利益相关者的满意度也是项目绩效评定的一个重要标准。对于政府投资的大型工程项目，最终使用方（含社会公众）对项目的满意度评价同等重要。可以说，政府投资大型建设工程项目管理绩效已经历了单纯地关注结果与过程并重发展的过程。其过程主要体现为项目各利益相关者之间良好合作关系的建立。因此，对大型建设工程项目管理绩效的测量指标主要从质量、进度和投资目标的实现，以及各利益相关方满意度这几个层面来体现。

对政府投资大型建设工程政府治理各核心内涵要素的测量指标，主要基于本文第 4 章的分析结果，将大型建设工程政府治理核心要素指标体系中的“开放性编码提取的范畴”作为各个自变量的观测指标。

2）问卷设计

通过设计调查问卷、分析调研数据的方法来检验假设，可以使论文分析更有据可循。根据上述假设，调查问卷中将各个观测变量转化为描述性问题，共计 32 个。本文设计的调查问卷总体分为三部分：首先是调查背景部分，主要是向受访者介绍政府治理的基本概念；随后是基本信息部分，主要收集受访者的基本情况；最后是问卷的正文部分，也即测评量表。量表中的所有问题均采用 Likert 5 级量表来测量，分别以 1～5 分来表征。问卷内容详见附录。

5.2.2　样本选择及描述性统计

本文以大型建设工程项目政府治理为研究对象，研究政府治理对大型建设工程项目管理绩效的影响，因此主要选择政府投资大型建设工程的项目各参与方进行问卷调研。本次调查共发放问卷 146 份，回收有效问卷 108 份，有效问卷回收率为 73.9%。在此基础上，首先从整体上对样本的基本特征进行整理和分析（图 5－1），分别就大样本的人员信息和项目信息进行描述性统计（图 5－2）。

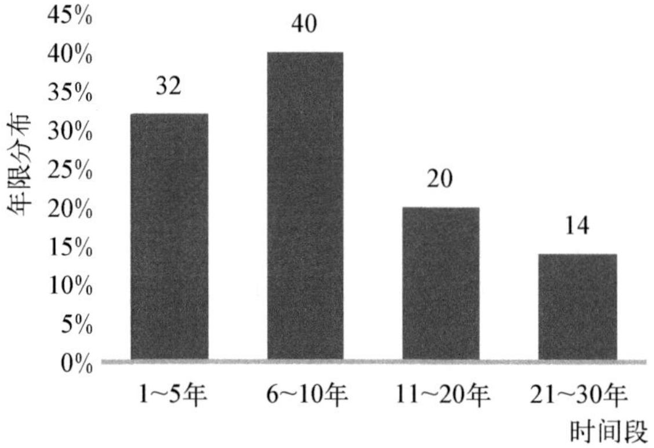

图 5-1　样本参与大型建设工程年限分布

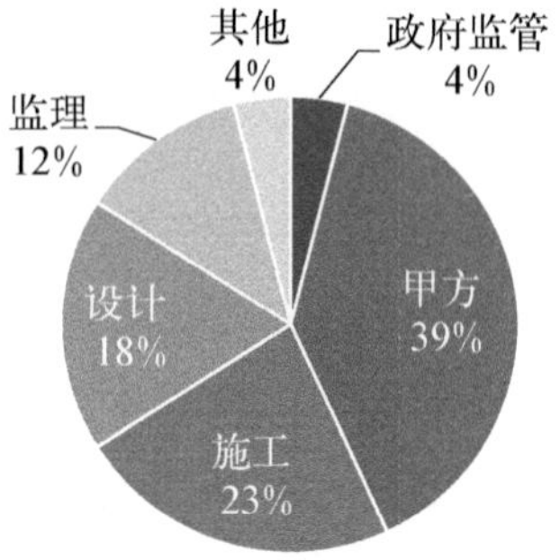

图 5-2　样本角色分布统计

由图 5-1 和图 5-2 可知，受访者来自项目的不同参与主体，业主方、设计方、施工方和监理方占比分别为 39%，18%，23%和 12%，还有 4 人来自政府监管方，受访者的职业分布与中国建筑业相关专业人员的基本情况相符。从样本参与大型建设工程的工作年限来看，多处于“6～10 年”和“11～20 年”区间，可以保证其对大型建设工程的整体实施情况和政府治理在其中扮演的角色有一个更为深刻的认识，进而能够很好地满足本文的主题要求。

5.3　实证分析过程

5.3.1　信度分析

信度（Reliability）是测量结果（数据）的可靠性程度，包括测量数据的一致性和稳定性[114]。本文主要采用的是一致性指标，以此来测量数据的信度。

本文采用 SPSS 19.0 研究数据的内部一致性，结果如表 5-2 所示。

表 5-2　可靠性统计量

Cronbach'α	基于标准化项的 Cronbach'α	项　数
0.938	0.931	33

关于 Cronbach'α 代表信度的临界值，按照 Cuieford 指出的具体测量标准，Cronbach'α≥0.7 属于高信度，问卷设计较好[115]。由表 5-2 可知，该问卷 Cronbach'α 系数为 0.938>0.7，表明本研究的数据可靠，量表稳定，问卷具有较高的信任水平和内部一致性。

表 5-3　各个潜变量的信度检验

潜　变　量	可测变量个数	Cronbach'α
项目管理绩效	3	0.906
问责监管规制	4	0.688
政府决策规制	3	0.762
治理结构规制	3	0.750
治理组织的合理配置	3	0.856
信任约束下的合作机制	3	0.875
高效的沟通协调机制	3	0.887
有成效的会议机制	2	0.741
社会认同机制	3	0.875
团队文化认同机制	4	0.667
政府管理创新	2	0.744

5.3.2　效度分析

本文主要借助结构效度检测的方法对问卷数据进行效度检验。KMO(Kaiser-Meyer-Olkin)分析中，当 KMO>0.9 时，表示非常适合做因子分析；当 0.8<KMO<0.9 时，表示很适合。Bartlett 球形检验(Bartlett Test of Sphericity)显著性概率小于 0.001，则表示相关性强，适合做因子分析。数据计算的结果表明，量表的整体 KMO 值为 0.862，大于 0.500，同时，Bartlett 球形检验的显著性水平为 0.000，小于 0.05，说明量表的效度较高，见表 5-4，其中 df(Degree of Freedom)表示自由度，Sig.(Significance)，即显著性。

表 5-4　问卷 KMO 检验和 Bartlett 球形检验

KMO 值	Bartlett 球形检验		
	近似卡方分布	df	Sig.
0.862	698.860	128	0.000

5.3.3 路径分析

结构方程模型(Structure Equation Modeling, SEM)是一种验证性的分析方法,它整合了因子分析和路径分析两种重要的统计方法,能对模型中的显变量、潜在变量、误差变量间的关系进行验证,在此基础上探索自变量对因变量的直接与间接效果[116]。

1) 初始模型建立

首先将各个潜变量模型输入 AMOS 24.0 中,建立用于 AMOS 分析的初始模型结构,如图 5-3 所示。

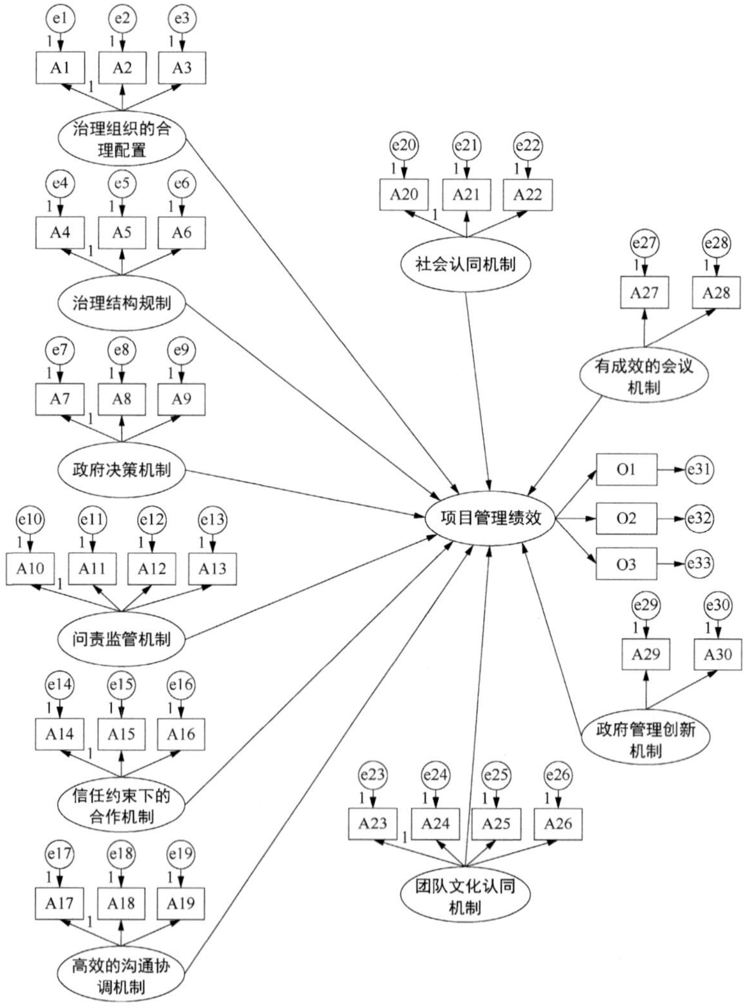

图 5-3 政府治理对大型建设工程项目管理绩效影响初始模型构建

2）模型计算

本文在因子分析的基础上，运用结构方程模型中的潜在变量路径分析方法(Path Analysis with Latent Variables，PA-LV)，对政府治理核心要素影响大型建设工程项目管理绩效研究中的十条核心假设进行验证。在 AMOS 24.0 中构建初始的 PA-LV 模型并进行计算，通过对参数和整体拟合优度进行检验后，又对模型进行了数次的调整和优化，最终得到的模型如图 5－4 所示，各核心要素的方差及相互关系在图中不体现。

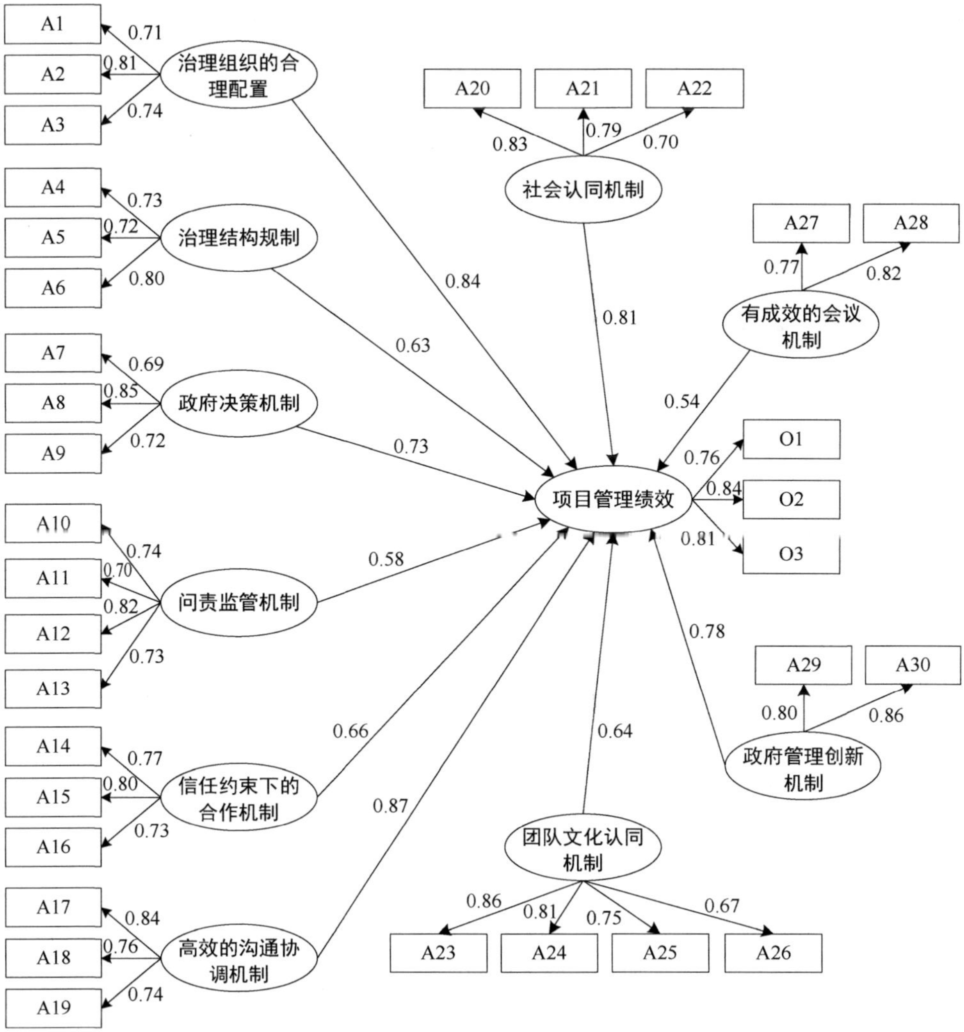

图 5－4 模型运算完成图

3）模型检验

模型的检验主要包括参数检验和模型整体的拟合优度检验两方面。在 PA-LV 模型中，路径系数特指潜在变量之间的回归系数，而潜在变量在指标变量之间的回归系数是载荷系数。参数检验主要是对路径系数和载荷系数的值及其显著性进行检验。参数显著性检验结果如表 5－5 所示，其中的系数均为标准化系数。结果表明，所有路径系数和载荷系数均具有极高的显著性，另外每个变量本身也是显著的，证明了潜在变量之间路径的存在性。

表 5－5　路径系数和载荷系数显著性检验结果

假设	影　响　路　径	Estimate（标准化后）	S.E.	C.R.	P
H1	项目管理绩效←问责监管规制	0.579	0.106	6.347	***
H2	项目管理绩效←政府决策规制	0.730	0.215	2.553	***
H3	项目管理绩效←治理结构规制	0.634	0.078	3.448	***
H4	项目管理绩效←治理组织的合理配置	0.842	0.139	6.525	***
H5	项目管理绩效←信任约束下的合作	0.657	0.089	4.501	***
H6	项目管理绩效←高效的沟通协调机制	0.872	0.158	3.274	***
H7	项目管理绩效←有成效的会议机制	0.543	0.197	2.168	***
H8	项目管理绩效←社会认同机制	0.813	0.134	4.462	***
H9	项目管理绩效←团队文化认同机制	0.640	0.202	2.268	***
H10	项目管理绩效←政府管理创新机制	0.778	0.168	7.431	***

参数检验通过后，还需对模型的整体拟合优度进行检验，以评价理论模型与实测数据之间的匹配程度，主要以适配度指标作为主要的衡量标准。如果适配度指标满足相应的标准，则说明理论模型能较好地反映实测数据之间关系。适配度指标包含一簇子指标，从不同的方面反映模型的适配度，常用的有 χ^2/d_f（卡方和自由度之比）、比较适配指数（Comparative Fit Index，CFI）、近似误差均方根（Root Mean Square Error，RMSE）、Tucker-Lewis 指数（Tucker-Lewis index，TLI）、增量拟合指数（Incremental Fit Index，IFI）、简约比较适配指数（Parsimony

Comparative Fit Index, PCFI)、最小信息准则(Akaike' Information Criterion, AIC)和精简拟合度指标(Consistent Akaike's Information Criterion, CAIC)。检验结果表明,模型的 χ^2/d_f 为 1.223<2,显著性概率 $p=0.103>0.05$,接受虚无假设,认为理论模型与实际数据可以良好契合。其他重要指标的检验值也都达到了相应的标准,如表 5-6 所示,因此模型的适配度良好。

表 5-6　模型适配度检验结果

指　数　名　称		修 正 模 型	适配性判断
绝对拟合指数	χ^2/d_f	1.223	通过
	CFI	0.906	通过
	RMSE	0.026	通过
增值拟合度指标	TLI	0.972	通过
	IFI	0.964	通过
	PCFI	0.961	通过
精简拟合度指标	AIC	238.372	通过
	CAIC	748.273	通过

5.3.4　结果讨论

由上述分析可知,之前的十条核心假设在实证研究中已经全部得到证明,也进一步验证了大型建设工程政府治理核心内涵要素提取的正确性。实证模型不仅验证了政府治理核心内涵要素对大型建设工程项目管理绩效的积极正向影响,还针对各政府治理核心要素对项目管理绩效的影响程度,有针对性地制定相应的政府治理策略。

5.4　政府治理对项目管理绩效改善的实施策略

通过上述实证分析结果可以发现,高效的沟通协调机制、治理组织的合理配置和社会认同机制对大型建设工程项目管理绩效的影响最为显著,分别为

0.872、0.842 和 0.813(表 5－5)。由于大型建设工程所涉及的投资主体和其他利益相关者众多,在建设过程中往往会遇到大量的沟通协调问题,而沟通渠道或协调效果的不畅通,会给项目管理的绩效带来不利的影响,因此,政府治理主体应该利用自身的行政权力和资源,建立有效的信息沟通平台和相关的协调性组织机构,以促进建设过程中复杂协调问题的解决。关于治理组织的合理化配置,说明了组建如工程建设指挥部一样的集成化组织机构对项目管理绩效的重要促进作用,同时对于具有多重复杂性的大型建设工程来说,项目高层管理者的领导力至关重要,所以政府治理主体在进行高层管理者的遴选时需要仔细考量。至于社会认同机制,早有研究表明,社会公众对大型项目的反对是非常有害的,政府治理主体需要积极地促进公众对项目的社会重要性的认可,以确保参与个体的倾力投入,并获得受项目影响的所有利益相关者的支持以减少项目实施的不利因素。政府治理主体还可以通过培育项目文化氛围,将项目与国家荣誉和个人价值观相联系,以提升项目成功的可能性。这一点在诸如鸟巢和北京大兴国际机场等重大工程中均有所体现。因此,政府治理主体可以通过舆论宣传和理念策划、政府高层领导者支持和公众参与机制,来寻求社会的广泛认同,进而逐渐实现项目管理绩效。

此外,政府管理创新机制对大型建设工程项目管理绩效改善的作用也较为明显,为 0.778(表 5－5)。转型期中国政府治理存在的内部问题集中反映在政府的“缺位”和“错位”上,表现在大型建设工程中项目实施层面的过度参与、法人层面的错位和政策与行政审批上的滞后,因此政府需要向服务型政府转型,优化僵化的流程,并可以对重点工程特许专门的流程,从而为项目和项目参建方提供服务。与此同时,随着我国国家治理体系和治理能力现代化的推进,“有限政府”“高效政府”的政府管理理念创新也可以运用到我国建筑业体制、法制和机制改革中,进而对政府投资大型工程项目的成功实施起到关键作用。

第 6 章　北京大兴国际机场工程政府治理实践

笔者于 2018 年 5 月至 7 月参与完成了北京大兴国际机场工程的综合管控计划编制工作，其间充分调研访谈了项目各政府投资主体。通过了解发现，政府治理主体在项目的推进过程中扮演了非常重要的角色，开展了一系列的治理措施，并取得良好的效果，也为 2019 年 6 月竣工、2019 年 9 月开航目标的实现起到了很好的促进作用。因此，本章以北京大兴国际机场工程为案例，实证分析政府治理对大型建设工程项目管理绩效提升的影响。

6.1　案例简介

北京大兴国际机场是由政府作为主要投资主体，涉及航空、高速和城际铁路、城市轨道交通、高速公路和城市公共交通等多种运输方式的超大型国际航空综合交通枢纽。它将作为继北京首都国际机场、北京南苑机场（将搬迁）后的第三个客运机场，其建设意义不仅在于破解北京地区航空硬件能力饱和，还对促进北京市、雄安新区、河北省等环京区域的一体化发展，引领中国经济新常态有着非常重大的意义。

北京大兴国际机场工程涉及多个政府投资主体，包括首都机场（集团）公司、民航局华北地区空管局、中航油集团、京投交通发展有限公司等，同时包含北京市和廊坊市两地的各行政监管部门。因此，通过北京大兴国际机场工程的实践分析，可以很好地阐释政府治理的内涵和作用机制，而本文也将以此为研究案例进行实证分析，以验证上述研究成果的可用性。

6.1.1　项目复杂性分析

北京大兴国际机场工程是一个目标工期十分紧迫的超大规模、巨型复杂项目，其投资主体众多、投资强度大；项目动拆迁工作繁重、建设任务十分艰巨；界面关系复杂且协调问题众多。其复杂性具体体现在以下几点。

1）构成复杂性

整个北京大兴国际机场工程的总投资约800亿元，周边的交通基础设施建设的总投资约1 300亿～1 500亿元，项目内容涉及机场工程、空管工程、航油工程、航空公司基地工程等多种建设工程类型，还包括高速公路、城市轨道交通、高速铁路和城际铁路等市政配套项目。

2）组织复杂性

北京大兴国际机场工程参与组织的构成复杂（图6-1），既有民航局等行业主管部门的主导参与，又有首都机场（集团）公司等10余家政府投资主体，以及涉及大量的设计单位、施工单位、咨询单位和科研院校，同时其所采用的“领导小组—项目法人—工程指挥部”的三层级组织架构也使得该工程项目具有较强的组织复杂性。

3）制度复杂性

北京大兴国际机场工程项目位于北京市和廊坊市的交界处，而两个行政属地在相关法律制度、政府管理等方面存在着一定的差异，比如在公共工程管理制度和管理体制、方式及工作程序上的不一致，会导致出现项目跨地域的问题。

4）利益相关者复杂性

由于北京大兴国际机场工程的构成、组织、制度复杂性及跨地域属性，使得其存在多个项目利益相关者，包括北京市、河北省等区域行政主管部门，民航局等行业主管部门，首都机场集团有限公司等多家政府投资主体，施工单位、设计单位等项目参建方，以及移民拆迁户等。这些利益相关者之间存在复杂的利益分配、发展冲突以及社会公平等方面的问题。

6.1.2 政府治理结构分析

北京大兴国际机场工程的复杂性特征增加了政府治理的难度。2013年2月26日，国家发展和改革委员会根据国务院、中央军委关于北京大兴国际机场建设的批复要求，专门成立了由民航局、军委联合参谋部、空军、北京市、天津市、河北省政府等中央及地方政府部门组成的民航北京机场建设领导小组，负责机场建设过程中的重大事项协调，以实施总体任务部署。为保证北京大兴国际机场按时完成建设任务并顺利投入使用，民航局于2018年3月13日在原领导小组的基础上成立了“民航北京新机场建设及运营筹备领导小组”。此外，首都机

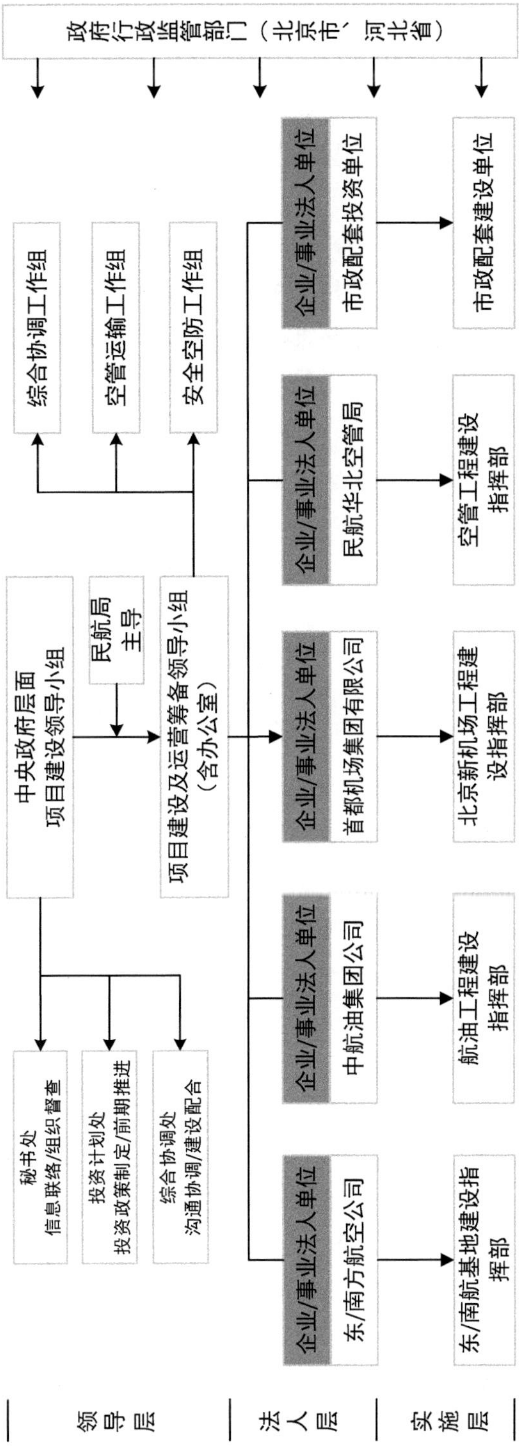

图 6-1　北京大兴国际机场工程政府治理组织结构

场集团有限公司、民航局华北空管局和中国东方航空公司、南方航空公司和中航油集团作为政府投资主体，以项目法人单位的身份进行所属工程的投融资。为了更好地执行项目建设的实施管理，这些投资主体分别以行政指令的形式成立了临时性建设管理组织——工程指挥部，由工程指挥部代其行使项目建设管理工作。

北京大兴国际机场工程是由政府主要投资并负责监督建设的大型工程。政府作为主要利益相关者，主持和指导相关主体的权责利分配，协调各主体之间的关系，维护框架内各项工作的正常运转，保证项目目标的实现。基于 3.2 节的描述，本项目政府治理的治理结构可以划分为三个层级。

第一层级（领导层）：中央政府层面的项目建设领导小组，以及由民航局统筹建立，涉及地方政府层面的项目建设及运营筹备领导小组。

第二层级（企业法人层）：首都机场集团有限公司、民航局华北空管局和中国东方航空公司、南方航空公司和中航油集团等负责项目投融资的企业法人单位。

第三层级（实施层）：各投资主体下辖的工程建设指挥部。

此外，北京大兴国际机场工程政府治理的主体还包括北京市和廊坊市两地的政府行政监管部门。

6.2 政府治理机制分析

1）规制性机制

北京大兴国际机场工程作为国务院决策的国家重大标志性工程，政府通过自身的行政权力为工程的顺利实施发挥了非常重要的作用。在监督问责层面，政府相关行政监管部门基于国家的法律法规和规章制度，以强制性机制对项目进行严格的计划审批、财政投资评审、概预算审计和行政监察，并控制检查其是否符合建设主管部门和民航局的经济性要求，以及城乡规划和国土资源部门的社会性要求，为项目的成功实施提供制度保障。比如，由于北京大兴国际机场建设部分关键工作未达到进度要求，而被审计署通报公示，进而起到了督促项目投资主体按期实施的目的。为保障北京大兴国际机场的党风廉政建设，北京新机场“廉洁工程”建设座谈会于 2018 年 7 月 6 日召开，提出各政府部门及其投资主体内部切实加强监督检查，强化制度执行，综合运用巡察监督、专项检查、跟踪审计等方法，严肃查处违纪违规问题。

在治理组织结构层面，考虑到北京大兴国际机场工程项目位置跨越北京市和河北省两地，同时也是国家重点战略工程，先后组建了由中央政府部门组成的项目建设领导小组和民航局统筹复杂的项目建设及运筹准备领导小组，各政府投资主体也相应成立了工程建设指挥部，进而形成了"领导层—法人层—指挥部层"三层统一治理结构，很好地满足了工程的实际需求。

在市场化交付模式的明确规划层面，北京大兴国际机场项目积极落实国家发改委在新机场可研批复中提出的"积极吸引社会资本参与"的具体要求以及民航局《关于鼓励社会资本投资建设运营民用机场的意见》，针对停车楼和综合服务楼开展了社会化招商工作，既解决了项目建设资金需求，又实现了北京大兴国际机场的可持续发展。

2）规范性机制

为使各政府投资主体进一步认清局势、把握大局，把思想和行动统一到民航北京新机场建设及运营筹备领导小组对北京大兴国际机场及其配套工程建设和运营的要求上来，民航局于 2018 年 5 月 1 日启动综合管控计划的编制，并针对各投资主体的工程实施情况进行月度跟踪、检查及通报，以督促各政府投资主体所负责项目的加快开展；同时搭建信息共享平台，确保信息的透明化和有效传递，以建立有效的信息沟通和信息披露机制。在此基础上，搭建了"中央部委协调事宜找项目建设领导小组，跨地域事宜找项目建设及运营筹备领导小组，项目实施事宜找工程建设指挥部"的多层级协调机构，并确保了沟通反馈的及时性。跨地域、跨部门的会议机制也作为政府治理的有效手段起到了关键性的作用，并在很多争议性、冲突性问题上达成了一致意见，保障了项目的顺利实施。

在高层管理者的遴选上，选择民航局副局长担任民航北京新机场建设及运营筹备领导小组组长，其在过往的经历中还曾担任首都机场集团总经理和北京新机场建设指挥部总指挥，具有很强的社会网络资源关系，而这为北京新机场工程的制度和组织复杂性所带来的大量沟通协调问题提供了很好的解决基础。而作为兼任民航局机场司副司长的领导小组办公室负责人则无论是在责任感层面还是在项目经验层面上，都体现出了很强的领导力，也为工程的顺利推进提供了助力。

3）文化认知机制

良好的舆论宣传和理念策划能够促进共同价值观的构建，激发社会公众的广泛认同，使政府能够获得公众及所有利益相关者的积极支持。在北京大兴国际机场建设期间，习近平总书记亲自视察工地了解情况，并强调“北京新机场是践行新发展理念的世纪工程，是国家发展一个新的动力源”。时任民航局局长的冯正霖也提出“北京新机场是加快民航基础设施建设的‘牛鼻子’工程，引领着民航机场的建设发展方向，同时也对促进北京市、雄安新区、河北省等环京区域的一体化发展有着重大的意义”。“大美首地 · 走新机场”宣传活动的开展和央视二套《第一时间》栏目关于北京新机场的专题报道也使得北京大兴国际机场工程项目获得了广泛的舆论支持。

为了促进项目团队文化的建立，北京新机场工程开展了一系列的竞争激励机制，包括先进个人、先锋模范等的评选；也有一批暖心的志愿者服务队，解决从项目到市区最后 10 公里的问题，为工人提供“家”的温暖；誓师大会和倒计时一周年等主题活动的开展也提升了建设工作者们的凝聚力。

4）政府管理创新机制

在北京大兴国际机场工程的建设过程中，政府相关部门开展了一系列的政府管理创新举措，极大地推动了工程的顺利实施。在制度创新上面，由于项目处在北京市和河北省交界处，因此创新性地提出了“一会三函”的审批制度，以解决土地手续报批对工程规划许可证和施工许可证办理的制约，确保工程的按期开工；2018 年 3 月，北京市住建委发布《北京市社会投资建设项目联合验收暂行办法》，北京新机场项目被纳入联合验收的范围内，有效缩短了竣工验收的时间，为 2019 年 9 月开航目标的顺利实现提供了便利。与此同时，为促进北京大兴机场工程的廉政建设，北京市大兴区人民检察院协同北京新机场建设指挥部开展了“廉洁工程”的建设工作。

6.3 政府治理对项目管理绩效的改善作用

北京大兴国际机场工程作为我国重点工程，政府相关部门广泛参与其中，从由中央政府层面的新机场建设领导小组，到民航局统筹的新机场建设及运营筹备领导小组，再到各政府投资主体及其下辖的工程建设指挥部，都采取了一系列的政府治理机制和举措（表 6 - 1），促进了机场及其配套工程建设工作的顺利开展，这不仅体现在工程进度、质量和投资控制上，还体现在项目各投资主体和利益相关方的良好合作上，同时也获得了社会及其同行业的广泛认可。

表 6-1　政府治理对北京大兴国际机场工程项目管理绩效改善的具体措施

<table>
<tr><th>一级指标</th><th>指　标　名　称</th><th>政府治理改善措施</th></tr>
<tr><td colspan="3">规制性机制</td></tr>
<tr><td rowspan="4">问责监管规制</td><td>行政性规制</td><td rowspan="10">(1) 严格的问责监管机制：行业主管部门民航局对项目的全面监督管理，审计部门对项目审计情况的公示，北京新机场“廉洁工程”建设座谈会的召开；
(2) 治理组织机构的契合性：考虑到项目所处位置跨越北京市和河北省两地，成立中央和地方政府层面的领导小组，统筹负责沟通协调工作；
(3) 市场化交付模式(PPP)的明确规划：停车楼和综合服务楼的社会化招商</td></tr>
<tr><td>社会性规制</td></tr>
<tr><td>经济性规制</td></tr>
<tr><td>党风廉政建设规制</td></tr>
<tr><td rowspan="3">政府决策规制</td><td>前期论证的科学性</td></tr>
<tr><td>决策流程的合规性</td></tr>
<tr><td>决策权的分配机制</td></tr>
<tr><td rowspan="3">治理结构规制</td><td>治理结构与项目的契合性</td></tr>
<tr><td>业主法人组织的成立</td></tr>
<tr><td>市场化交付模式的明确</td></tr>
<tr><td colspan="3">规范性机制</td></tr>
<tr><td rowspan="3">治理组织的合理配置</td><td>指挥部等集成组织的设置</td><td rowspan="11">(1) 领导小组和指挥部等集成组织机构的组建：分别成立了中央层面和民航局层面的领导小组，及其各投资主体下辖的工程指挥部；
(2) 综合管控计划的编制和跟踪：有效监督项目各投资主体的工程实施进展，并提供一个信息共享和交流的平台；
(3) 会议机制的成效性：领导小组层面的会议，跨区域的沟通协调会议；指挥部层面的协调会议</td></tr>
<tr><td>组织内部责权利的合理安排</td></tr>
<tr><td>高层管理者的领导力</td></tr>
<tr><td rowspan="3">信任约束下的合作机制</td><td>政府内部的跨部门协同</td></tr>
<tr><td>合同关系下的互信机制</td></tr>
<tr><td>政府对项目参建方的倾向性选择</td></tr>
<tr><td rowspan="3">高效的沟通协调机制</td><td>信息共享平台的搭建</td></tr>
<tr><td>协调机构的多层级性</td></tr>
<tr><td>沟通反馈的及时性</td></tr>
<tr><td rowspan="2">有成效的会议机制</td><td>会议制度的多维度利用</td></tr>
<tr><td>会议纪要的规范约束性</td></tr>
</table>

续 表

<table>
<tr><th>一级指标</th><th>指 标 名 称</th><th>政府治理改善措施</th></tr>
<tr><td colspan="3">文化认知机制</td></tr>
<tr><td rowspan="3">社会认同机制</td><td>舆论宣传和理念策划</td><td rowspan="7">(1) 良好的舆论宣传和理念策划：中央领导的重要讲话和线上线下的专题报道；
(2) 政府高层领导的大力支持：中央领导的视察，以及推进重大需协调问题的解决；
(3) 团队文化的建立：先进个人和先锋模范评选等；志愿者服务队的关怀；誓师大会和倒计时一周年等主题活动</td></tr>
<tr><td>政府高层领导者的支持</td></tr>
<tr><td>公众参与机制</td></tr>
<tr><td rowspan="4">团队文化认同机制</td><td>文化背景差异的弥合机制</td></tr>
<tr><td>竞争激励机制</td></tr>
<tr><td>誓师大会等主题活动</td></tr>
<tr><td>党建联建机制</td></tr>
<tr><td colspan="3">政府管理创新机制</td></tr>
<tr><td rowspan="2">政府管理创新</td><td>政府管理理念创新</td><td rowspan="2">(1) “一会三函”的创新审批制度：解决了土地手续报批对工程规划许可证和施工许可证办理的制约；
(2) 联合验收范围的纳入：有效缩短了工程竣工验收的时间</td></tr>
<tr><td>政府管理制度创新</td></tr>
</table>

第 7 章　结论与展望

7.1　研究结论

回顾全文内容，本文的研究结论主要有以下几个方面。

第一，各个国家政治体制和制度环境的差异性，使得其对应的大型建设工程政府治理理论内涵界定存在着不一致。通过对比分析国内外大型建设工程政府治理的理论和实践研究成果，可以发现，每个国家都针对自身的制度环境提出了相适应的政府治理理论和实践框架。比如，英国和挪威等欧洲国家，在研究政府治理的过程中更加强调政府和市场、政府和社会公众之间的互动关系；而我国的社会主义制度背景决定了政府依靠其行政权力，在大型工程建设过程中扮演着极其重要的角色，虽然西方观点认为行政手段和干预作为“不科学”和“落后”的表现，违背了市场经济的原则，但事实证明政府的主导作用使得我国的重大工程项目创造了许多奇迹，如建国初期的水利工程建设，工期短、造价低廉，又如近年来的青藏铁路、奥运场馆、京沪高铁等项目，不断刷新着中国速度。因此，本文从我国的政治体制和经济模式出发，通过引入政治学、公共行政学等学科的政府治理概念，将其移植到我国大型建设工程政府治理的内涵中来，最终探索性地构建了大型建设工程政府治理理论框架，涉及政府治理主体、治理结构和治理机制等方面的分析阐述。

第二，以 Scott 的组织制度理论为理论基础，可以发现我国大型建设工程政府治理的核心内涵要素包含规制性机制、规范性机制、文化认知机制和政府管理创新机制四个方面。首先，政府通过自身的行政权力、合法性和诉求紧迫性，往往会在建设过程中采取明确、外在的各种正式的规制机制，比如法律法规、监督问责和奖惩规定等，以此来实施其对工程的监督和管控。其次，规范性机制则是政府通过建立非正式的被人们默认的行为规则或契约，运用治理组织的合理化配置、信任约束下的合作、高效的沟通协调和有效的会议机制等规则，来实现项目的顺利推进。此外，政府还可以通过各种途径宣传大型建设工程的政治意义、社会效益、经济效益等积极信息，构建其特有的工程理念，从而在更大的范围内构建一个共同的价值观，以达到社会的广泛认同，即文化认知机制的建立，可以具体化为人们的价值观念、伦理道德规范以及个人与国家关系的观念等方面，它强调了参与者的共同身份、信念或连接不同利益和价值的概念框架。最后，作为法律法规的制定者和监督管理者，政府的管理创新机制的执行往往会给项目的实施带来积极的影响，进而促进项目战略目标的顺利实现。

第三，政府治理对大型建设工程项目管理绩效的改善有促进作用，其中，高效的沟通协调机制、治理组织的合理化配置和社会认同机制对项目管理绩效的影响较为显著。本文基于扎根理论分析方法，识别出了大型建设工程政府治理核心内涵要素，并通过结构方程模型分析方法验证了政府治理对大型建设工程项目管理绩效改善的促进作用，其中高效的沟通协调机制（信息共享平台的搭建、协调机构的多层级性等）、治理组织的合理化配置（指挥部等集成组织的设置、组织内部责权利的合理安排、高层管理者的领导力）和社会认同机制（舆论宣传和理念策划、政府高层领导者的支持、公众参与机制）对项目管理绩效的促进作用最为显著，并基于此提出了相应的提升政府治理的政策建议。

7.2 研究不足及展望

当前，在全球治理范式兴起和我国大型建设工程如火如荼开展的背景下，大型建设工程政府治理逐渐成为我国学术界和工程界的研究热点，但是关于大型建设工程政府治理的理论内涵、运行机制及其对项目管理绩效的改善作用，目前还没有形成系统完善的分析成果。虽然通过研究得出了一些研究结论，但由于本人研究能力和研究精力有限，本文的研究还存在不足之处，需要在后续的研究中予以改进，总结起来主要体现在以下两个方面。

第一，关于大型建设工程政府治理的内涵阐释还需要作进一步探究。由于政府治理的概念主要出现于政治学、经济学和公共行政学等领域，本文主要通过综述各学科领域下政府治理的定义研究，分析政府治理的多维度内涵，并结合大型建设工程的复杂性情境，以及政府在其中所扮演重要角色的考量，形成大型建设工程政府治理的基本内涵及特征。因此，作为一个探索性的定义研究，还需要通过国内外文献研究、专家访谈等途径作进一步完善和优化。

第二，大型建设工程政府治理的核心内涵要素还需要进一步完善。尽管本文基于十个大型建设工程实际案例的高层管理者访谈资料，借助扎根理论分析方法，进行了细致的关键概念和范畴提取，最终形成政府治理的核心要素体系，但是由于大型建设工程的多重复杂性决定了其政府治理的核心内涵要素构成十分复杂，加上本人专业能力和时间方面的限制，使得在核心要素体系的完整性方面尚有欠缺，需在后续的研究中予以改进。

参 考 文 献

[1] ZHANG B, LE Y, XIA B, et al. Mixed perceptions of business-to-government guanxi in tendering and bidding for infrastructure projects in China[J]. Journal of Professional Issues in Engineering Education & Practice, 2017, 143(4): 1 - 7.

[2] 顾晓振,季永蔚,朱恒金.公共工程、招标投标与审计监督[J].招标与投标,2014(5): 74 - 78.

[3] FLYVBJERG B. The Oxford handbook of megaproject management[J]. Oxford: Oxford University Press, 2017.

[4] SHATKIN G. The City and the bottom line: urban megaprojects and the privatization of planning in Southeast Asia[J]. Environment & Planning A, 2008, 40(2): 383 - 401.

[5] 郑生钦,王白.大型公共建设项目管理绩效评价——基于管理过程视角[J].建筑经济,2015,36(6): 40 - 45.

[6] JOSLIN R, MÜLLER R. Relationships between a project management methodology and project success in different project governance contexts[J]. International Journal of Project Management, 2015, 33(6): 1377 - 1392.

[7] KLAKEGG O J, WILLIAMS T, MAGNUSSEN O M, et al. Governance frameworks for public project development and estimation[J]. Project Management Journal, 2008, 39(S1): 27 - 42.

[8] 严玲,赵黎明.论项目治理理论体系的构建[J].上海经济研究,2005(11): 104 - 110.

[9] BRUZELIUS N, ROTHENGATTER W. Big decisions, big risks: improving accountability in mega projects[J]. Transport Policy, 2002, 9(2): 143 - 154.

[10] MARREWIJK A V, CLEGG S R, PITSIS T S, et al. Managing public-private megaprojects: paradoxes, complexity and project design[J]. International Journal of Project Management, 2008, 26(6): 591 - 600.

[11] KARDES I, OZTURK A, CAVUSGIL S T, et al. Managing global megaprojects: complexity and risk management[J]. International Business Review, 2013, 22(6): 905 - 917.

[12] MIR F A, PINNINGTON A H. Exploring the value of project management: linking project management performance and project success[J]. International Journal of Project Management, 2014, 32(2): 202 - 217.

[13] TURNER J R. Towards a theory of project management: the nature of the project

governance and project management[J]. International Journal of Project Management, 2006, 24(1): 1-3.
[14] MÜLLER R, LI Z, WANG A, et al. A framework for governance of projects: governmentality, governance structure and projectification[J]. International Journal of Project Management, 2016, 34(6): 957-969.
[15] INDELICATO G. A guide to the project management body of knowledge (PMBOK ®; guide), fourth edition[J]. Project Management Journal, 2010, 40(2): 104.
[16] 丁荣贵,高航,张宁.项目治理相关概念辨析[J].山东大学学报(哲学社会科学版),2013(2): 138-148.
[17] 严玲,邓娇娇.国内外公共项目治理研究现状及趋势展望[J].软科学,2012,26(12): 22-25.
[18] WINCH G M. Governing the project process: a conceptual framework[J]. Construction Management & Economics, 2001, 19(8): 799-808.
[19] RODNEY, TURNER,师冬平.项目型组织中的治理[J].项目管理技术,2005(5): 63-65.
[20] MÜLLER R. Project Governance[M]. Farnham, UK: Gower Publishing Ltd., 2009.
[21] HELLSTRÖM M, RUUSKA I, WIKSTRÖM K, et al. Project governance and path creation in the early stages of Finnish nuclear power projects[J]. International Journal of Project Management, 2013, 31(5): 712-723.
[22] MOSAVI A. Exploring the roles of portfolio steering committees in project portfolio governance[J]. International Journal of Project Management, 2014, 32(3): 388-399.
[23] RITSON G, JOHANSEN E, OSBORNE A. Successful programs wanted: Exploring the impact of alignment[J]. Project Management Journal, 2012, 43(1): 21-36.
[24] 汤伟钢,严玲,尹贻林.公共项目交易中的治理模式研究[J].财经问题研究,2006(7): 71-77.
[25] 尹贻林,赵华,严玲,等.公共项目合同治理与关系治理的理论整合研究[J].科技进步与对策,2011,28(13): 1-4.
[26] 丁荣贵.项目治理的基本思想[J].项目管理技术,2007(1): 72-75.
[27] 丁荣贵,费振国.项目治理研究的迭代过程模型[J].东岳论丛,2008,29(3): 67-74.
[28] 沙凯逊.建设项目治理: 从外生到内生[J].项目管理技术,2010,8(10): 13-17.
[29] 梁永宽.合同与关系: 中国背景下的项目治理机制——基于委托代理与交易成本理论的分析[J].科技管理研究,2012,32(22): 251-254.
[30] WILLIAMS A R. Getting good government: capacity building in the public sectors of developing countries Merilee S. Grindle[J]. Journal of Politics, 1997, 62(2): 625-627.
[31] 王浦劬.国家治理、政府治理和社会治理的基本含义及其相互关系辨析[J].社会学评论,2014,2(3): 12-20.
[32] 何增科.政府治理现代化与政府治理改革[J].行政科学论坛,2014,1(2): 1-13.
[33] 唐娟.政府治理模式变迁: 理论范式和实践绩效[J].行政与法,2004(10): 7-9.
[34] 彭忠益,周谨平.社会正义视域中的政府治理[J].西部学刊,2013(9): 5-8.

[35] SANER R, TOSEVA G, ATAMANOV A, et al. Government Governance (GG) and Inter-Ministerial Policy Coordination (IMPC) in eastern and central Europe and central Asia[J]. Public Organization Review, 2008, 8(3): 215 - 231.
[36] KETTL D F. The transformation of governance: globalization, devolution, and the role of government[J]. Public Administration Review, 2000, 60(6): 488 - 497.
[37] NAKAMURA A, KIM S. Public trust in government in Japan and South Korea: does the rise of critical citizens matter[J]. Public Administration Review, 2010, 70(5): 801 - 810.
[38] RICHARD SCOTT W. The institutional environment of global project organizations[J]. Engineering Project Organization Journal, 2012, 2(1 - 2): 27 - 35.
[39] CRAWFORD L H, HELM J. Government and governance: the value of project management in the public sector[J]. Project Management Journal, 2010, 40(1): 73 - 87.
[40] CONSIDINE M, LEWIS J M. Bureaucracy, network, or enterprise? Comparing models of governance in Australia, Britain, the Netherlands and New Zealand[J]. Public Administration Review, 2010, 63(2): 131 - 140.
[41] BRUNET M, AUBRY M. The three dimensions of a governance framework for major public projects[J]. International Journal of Project Management, 2016, 34(8): 1596 - 1607.
[42] SALLINEN L, RUUSKA I, AHOLA T. How governmental stakeholders influence large projects: the case of nuclear power plant projects[J]. International Journal of Managing Projects in Business, 2013, 6(1): 51 - 68.
[43] TURNER J R. Towards a theory of project management: the nature of the project governance and project management[J]. International Journal of Project Management, 2006, 24(3): 187 - 189.
[44] PLOTCH P M. What's taking so long? identifying the underlying causes of delays in planning transportation megaprojects in the united states[J]. Journal of Planning Literature, 2015, 30(3).
[45] KLAKEGG O J, WILLIAMS T, MAGNUSSEN O M, et al. Governance frameworks for public project development and estimation[J]. Project Management Journal, 2008, 39(S1): S27 - S42.
[46] FLYVBJERG B. What you should know about megaprojects and why: an overview[J]. Project Management Journal, 2014, 45(2): 6 - 19.
[47] YI H U, YUN L E, GAO X, et al. Grasping institutional complexity in infrastructure megaprojects through the multi-level governance system: a case study of the Hong Kong-Zhuhai-Macao Bridge construction[J]. Frontiers of Engineering Management, 2018, 5(1).
[48] RICHARDSCOTT W. The institutional environment of global project organizations[J]. Engineering Project Organization Journal, 2012, 2(1 - 2): 27 - 35.
[49] 丁士昭.政府工程怎么管[M].上海: 同济大学出版社,2015.

[50] KLAKEGG O J, WILLIAMS T, MAGNUSSEN O M, et al. Governance frameworks for public project development and estimation[J]. Project Management Journal, 2008, 39(S1): 27 - 42.
[51] DORMAN, MARK A. An examination of the formulation and implementation of British defence policy, 1979 - 89.[J]. Birmingham: University of Birmingham,1998.
[52] WILLIAMS T, KLAKEGG O J, MAGNUSSEN O M, et al. An investigation of governance frameworks for public projects in Norway and the UK[J]. International Journal of Project Management, 2010, 28(1): 40 - 50.
[53] 李永奎,乐云,张艳,等."政府—市场"二元作用下的我国重大工程组织模式：基于实践的理论构建[J].系统管理学报,2018(1): 147 - 156.
[54] 乐云,张云霞,李永奎.政府投资重大工程建设指挥部模式的形成、演化及发展趋势研究[J].项目管理技术,2014,12(9): 9 - 13.
[55] 严玲,赵黎明.政府投资项目双层多级委托代理链的分析[J].财经问题研究,2005(12): 41 - 47.
[56] 谢坚勋,温斌焘,许世权,等.片区整体开发型重大工程项目治理研究——以上海西岸传媒港为例[J].工程管理学报,2018(2).
[57] ZHAI Z,AHOLA T, LE Y, et al. Governmental governance of megaprojects: the case of EXPO 2010 Shanghai[J]. Project Management Journal, 2017, 48(1): 37 - 50.
[58] 张劲文,盛昭瀚.重大工程决策"政府式"委托代理关系研究——基于我国港珠澳大桥工程实践[J].科学决策,2014(12): 23 - 34.
[59] 贾广社,夏志坚,陈双,等.大型建设工程项目治理研究——以上海虹桥综合交通枢纽工程为例[J].建筑经济,2010(11): 49 - 52.
[60] MICHAEL C J, WILLIAM H M. Theory of the firm: managerial behavior, agency costs, and ownership structure [J]. Journal of Financial Economics, 1976, 3(4): 5 - 50.
[61] 聂辉华.交易费用经济学：过去、现在和未来——兼评威廉姆森《资本主义经济制度》[J].管理世界,2004(12): 146 - 153.
[62] 张跃平,刘荆敏.委托—代理激励理论实证研究综述[J].经济学动态,2003(6): 74 - 78.
[63] 邓曦,刘幸.政府投资工程代建制模式下的委托代理分析[J].武汉理工大学学报,2007, 29(4): 148 - 151.
[64] 杜亚灵,尹贻林,YA-LING,等.治理对政府投资项目管理绩效作用机理的实证研究——以企业型代建项目为例[J].软科学,2010,24(12): 5 - 10.
[65] 陈振权.政府投资项目管理中的委托代理关系研究[J].中国铁路,2004(11): 56 - 58.
[66] 罗建华,高峰.政府投资建设项目运作中的委托代理问题分析[J].长沙理工大学学报(社会科学版),2003,18(2): 49 - 51.
[67] 谢颖,黄文杰.代建制中委托代理的激励、监督与合谋防范[J].数学的实践与认识,2008, 38(1): 40 - 45.
[68] 梁永宽,汪建成.委托代理理论下的建设项目治理机制——基于南海石化项目与茂名乙烯改扩建项目的案例研究[J].建筑经济,2009(5): 83 - 86.
[69] 王华,尹贻林.基于委托—代理的工程项目治理结构及其优化[J].中国软科学,2004

(11)：93 - 96.

[70] 尹贻林，严敏，严玲.政府投资项目治理机制研究[J].水利水电技术，2006，37(8)：84 - 87.

[71] 赵康，陈加丰.制度理论：多样性、对话和未来的挑战——制度理论国际最新研究动态介绍[J].经济研究，2001(7)：28 - 34.

[72] DIMAGGIO P J，POWELL W W. The iron cage revisited：institutional isomorphism and collective rationality in organizational fields[J]. American Sociological Review，1983，48 (2)：147 - 160.

[73] DACIN M T，GOODSTEIN J，SCOTT W R. Institutional theory and institutional change：introduction to the special research forum[J]. Academy of Management Journal，2002，45(1)：43 - 56.

[74] W. 理查德・斯科特，杰拉尔德・F. 戴维斯.组织理论：理性、自然与开放系统的视角[M].北京：中国人民大学出版社，2011.

[75] MORRIS P W G. Managing the institutional context for projects[J]. Project Management Journal，2011，42(6)：20 - 32.

[76] MÜLLER R，LI Z，WANG A Y，et al. A framework for governance of projects：governmentality，governance structure and projectification[J]. International Journal of Project Management，2016，34(6)：957 - 969.

[77] JACOBSSON M，LUNDIN R A，SÖDERHOLM A. Towards a multi-perspective research program on projects and temporary organizations：analyzing the Scandinavian turn and the rethinking effort[J]. International Journal of Managing Projects in Business，2016，9(4)：752 - 766.

[78] JAVERNICK-WILL A N，SCOTT W R. Global Projects：who needs to know what? Institutional knowledge and global projects[J]. Journal of Construction Engineering & Management，2011，136(5)：546 - 557.

[79] ROGER M，DONALD R. L. The strategic management of large engineering projects：shaping institutions，risks，and governance [M]. Massachusetts：MIT Press，2000.

[80] MAHALINGAM A 1，LEVITT R E. Institutional theory as a framework for analyzing conflicts on global projects [J]. Journal of Construction Engineering and Management，2007，133(7)：517 - 528.

[81] JACOBSON D D. Revisiting IT governance in the light of institutional theory：Hawaii international conference on system sciences[C]//System Sciences，HICSS，2009 42nd Hawaii International Conference，2009.

[82] CAMPBELL J L. Why would corporations behave in socially responsible ways? An institutional theory of corporate social responsibility[J]. Academy of Management Review，2007，32(3)：946 - 967.

[83] HENISZ W，LEVITT R，RICHARDSCOTT W. Toward a unified theory of project governance：economic，sociological and psychological supports for relational contracting [J]. Engineering Project Organization Journal，2012，2(1 - 2)：37 - 55.

[84] LU Y, LI Y, MA L, et al. Evolutionary governance for Mega-Event Projects (MEPs): a case study of the World Expo 2010 in China[J]. Project Management Journal, 2018, 49(1): 57 - 78.
[85] WILLIAMS T, SAMSET K. Issues in front-end decision making on projects[J]. Project Management Journal, 2010, 41(2): 38 - 49.
[86] 张立荣,冷向明.当代中国政府治理范式的变迁机理与革新进路[J].华中师范大学学报(人文社会科学版),2007,46(2): 35 - 43.
[87] 唐娟.政府治理论:公共物品供给模式及其变迁考察[M].北京:中国社会科学出版社,2006.
[88] 何增科.理解国家治理及其现代化[J].马克思主义与现实,2014(1): 20 - 21.
[89] 张成福.责任政府论[J].中国人民大学学报,2000,14(2): 75 - 82.
[90] 魏礼群.创新政府治理　深化行政改革[M].北京:国家行政学院出版社,2015.
[91] 杨瑞龙.论所有权与控制权分离下的委托代理关系[J].财经研究,1995(2): 7 - 12.
[92] MAHALINGAM A, LEVITT R E. Institutional theory as a framework for analyzing conflicts on global projects[J]. Journal of Construction Engineering & Management, 2007, 133(7): 517 - 528.
[93] REICH A, GIRDWOOD J. Governing learning practices: governmentality and practices[M]. [s.l.]: [s.n.] 2012.
[94] HENISZ W, LEVITT R, RICHARDSCOTT W. Toward a unified theory of project governance: economic, sociological and psychological supports for relational contracting [J]. Engineering Project Organization Journal, 2012, 2(1 - 2): 37 - 55.
[95] 张瑞,王卓甫,丁继勇.增值视角下工程交易模式创新设计的影响因素研究——基于扎根理论的半结构访谈[J].科技管理研究,2018,38(10): 203 - 210.
[96] 李志钦.基于多案例的情境组合因素对公共建设项目治理策略影响研究[D].天津:天津理工大学,2017.
[97] RAHMANI F, LEIFELS K. Abductive grounded theory: a worked example of a study in construction management[J]. Construction Management & Economics, 2018: 1 - 19.
[98] 王璐,高鹏.扎根理论及其在管理学研究中的应用问题探讨[J].外国经济与管理,2010,32,382(12): 10 - 18.
[99] SUDDABY R. From the editors: what grounded theory is not[J]. Academy of Management Journal, 2006, 49(4): 633 - 642.
[100] 邹伟农.大型口述历史丛书《巨变》在沪出版[J].兰台世界,2011(17): 41.
[101] 霍春龙.论政府治理机制的构成要素、涵义与体系[J].探索,2013(1): 81 - 84.
[102] 安然.我国政府治理模式的转变与创新[D].长春:东北师范大学,2010.
[103] 张璋.政府治理工具的选择与创新——新公共管理理论的主张及启示[J].新视野,2001(5): 39 - 41.
[104] 包国宪,郎玫.治理、政府治理概念的演变与发展[J].兰州大学学报(社会科学版),2009,37(2): 1 - 7.

[105] 包国宪，霍春龙.中国政府治理研究的回顾与展望[J].南京社会科学，2011(9)：62-68.
[106] 肖俊奇.政府投资项目的规制失败和规制优化[J].甘肃行政学院学报，2013(6)：39-50.
[107] CHRISTOPHER C H. The tools of government[M]. London：Macmillan，1983.
[108] DEAN M. Liberal government and authoritarianism[J]. Economy & Society，2010，31(1)：37-61.
[109] BIESENTHAL C，CLEGG S，MAHALINGAM A，et al. Applying institutional theories to managing megaprojects[J]. International Journal of Project Management，2018，36(1)：43-54.
[110] MÜLLER R，PEMSEL S，SHAO J. Organizational enablers for project governance and governmentality in project-based organizations [J]. International Journal of Project Management，2015，33(4)：839-851.
[111] LIPS M，FLAK L S，GIL-GARCIA J R. Introduction to the transformational government：governance，organization and management minitrack [C]//Hawaii International Conference on System Sciences. IEEE，2017.
[112] ALTSHULER A，LUBEROFF D. Mega-projects：the changing politics of urban public investment[J]. International Journal of Public Sector Management，2005，17(3)：152-153.
[113] 薛薇.SPSS统计分析方法及应用[M].北京：电子工业出版社，2017.
[114] 廖敏.问卷的信度和效度以及 SPSS 软件运用[J].科技展望，2016，26(16).
[115] 林碧芳，邱皓政.结构方程模型的原理与应用[M].北京：中国轻工业出版社，2009.

附录　调 查 问 卷

政府治理对大型建设工程项目管理绩效的改善研究

尊敬的先生/女士：

您好！非常感谢您在百忙中抽空接受本问卷调查，本问卷仅为学术研究所用，不会泄露个人隐私，请放心填写。

在世界经济持续增长和经济全球化的环境下，我国国民经济得到了飞速发展，也因此对公共基础设施、空港、铁路和公路网建设形成了庞大的社会需求，进而催生出了一批大型或特大型建设工程项目。在这个过程中，政府始终扮演着非常重要的角色。

大型建设工程政府治理是指政府{包括中央和地方政府建设委员会[或领导小组]、政府投资方或委托方[如政府部门下辖的管理公司(管理局)、工程建设指挥部]，以及政府相关行政监管部门}作为治理中的主导角色，在保证政府自身行为正当性的前提下，通过“治理”的模式和方法来配置制度化权力和互动机制，并协调项目各投资主体及其他利益相关方，以实现既定的项目目标。

本文旨在研究大型建设工程政府治理的核心内容要素对项目管理绩效的影响作用。请您根据您的实际工作经验和相关知识，如实填写调查问卷。感谢您的支持！

一、基本资料

1. 您从事政府投资大型建设工程项目的工作时间为：

□1～5 年　　□6～10 年　　□11～15 年

□16～20 年　　□21～30 年　　□31 年及以上

2. 您所在单位的性质是：

□政府监管部门　□业主(含业主委托的项目管理咨询)　□设计方

□施工方　□监理方　□科研院所　□其他________

3. 您的受教育情况是：

□博士(及在读) □硕士(及在读)

□本科学历 □本科以下学历

4. 您的年龄范围是：

□30 岁及以下 □31～40 岁 □41～50 岁

□51～60 岁 □61 岁及以上

二、影响因素调查

以下一共有 33 个问题，请您基于自身所经历的或正在经历的大型建设工程项目，根据您的实际经历和切身感受进行回答。1 分表示“完全不同意”，2 分表示“不同意”，3 分表示“一般”，4 分表示“同意”，5 分表示“完全同意”，请据此进行判断，在符合您情况的答案方格内打“√”。

(1) 选定一个您所经历的政府投资大型建设工程，对其项目管理绩效进行评价。

序号	问　题　描　述	完全不同意→完全同意				
		1	2	3	4	5
1	工程按照既定的质量、进度和投资目标完成					
2	政府部门(含业主方)及其他项目参与方对工程的结果很满意					
3	项目参建方和最终使用方(含社会公众)对工程的结果很满意					

(2) 基于选定的政府投资大型建设工程，对其政府治理核心内容要素进行评价。

序号	问　题　描　述	完全不同意→完全同意				
		1	2	3	4	5
1	您所经历的工程受到严格的政府行政性规制(审批、审计、监察等)					
2	您所经历的工程受到严格的政府社会性规制(环保、城乡规划等部门的监管)					

续　表

序号	问　题　描　述	完全不同意→完全同意				
		1	2	3	4	5
3	您所经历的工程受到严格的政府经济性规制（建设主管部门和行业主管部门的监管）					
4	政府对您所经历的工程有完善、严格的党风廉政建设机制					
5	政府在进行项目决策时，很好地满足了前期论证科学性的要求					
6	政府在进行项目决策时，很好地达到了决策流程合规性的要求					
7	政府在进行项目决策时，具有合理的决策权分配机制					
8	政府临时性组织治理机构（领导小组、指挥部等）的建立与项目的契合度很高					
9	您所经历的工程成立了业主法人组织（管理公司/管理局）					
10	政府对工程项目的交付方式有着明确的规划（PPP/代建制）					
11	政府设置了集成化的临时性组织机构，如领导小组、指挥部等					
12	政府临时性组织机构内部有着很合理的责权利安排					
13	政府临时性组织机构内的高层管理者有着很好的领导力（责任感、项目经验等）					
14	政府内部有很好的跨部门协同机制（政府行政部门间的合作和协同办公）					
15	政府与其他项目参与方有着很好的合作关系，并互相信任					
16	政府在项目参建方的选择上，偏向于选择国有企业					
17	政府临时性组织机构搭建了完善的信息共享和交流平台					

续 表

序号	问　题　描　述	完全不同意→完全同意				
		1	2	3	4	5
18	政府建立了多样化、多途径的协调机制，包括正式的/非正式的协调机制					
19	政府在进行沟通协调过程中，能够做到及时的反馈					
20	政府形成了对会议制度的多维度利用（决策议题、专题协调、例行会议）					
21	政府层面的会议纪要对项目参与各方具有规范约束性					
22	政府在您所经历的工程中有着很好的舆论宣传和理念策划					
23	您所经历的工程受到了政府高层领导者的支持					
24	您所经历的工程有着很好的公众参与机制（公共监督和信息公开）					
25	政府临时性组织机构针对项目各参与方的文化背景差异，采取了相应的弥合机制以促进团队文化构建					
26	政府在您所经历的工程中，很好地采取了相关的竞争激励机制（立功竞赛、先进个人评选等）					
27	政府在您所经历的工程中，经常举办誓师大会、倒计时 100 天等主题活动					
28	政府在您所经历的工程中，有着完善的党建联建机制，以促进团队文化构建					
29	在您所经历的工程中，政府在管理制度上有着相应的创新（审批制度、验收制度等）					
30	在您所经历的工程中，政府在管理理念上有着相应的创新（市场化模式、信息化等）					